제3편

행정구제법

제1장　행정상 손해배상(국가배상)
제2장　행정상 손실보상
제3장　행정심판
제4장　행정소송

제1장 행정상 손해배상(국가배상)

제1절 국가배상법 제2조

01 손해배상(기) – 강간살인 피해자의 유족의 국가배상 청구 [대판 2022.7.14. 2017다290538, 표준판례 239]

[1] 경찰관에게 부여된 권한의 불행사가 현저하게 불합리하다고 인정되는 경우, 직무상의 의무를 위반한 것으로서 위법한지 여부(적극)

경찰은 범죄의 예방, 진압 및 수사와 함께 국민의 생명, 신체 및 재산의 보호 기타 공공의 안녕과 질서유지를 직무로 하고 직무의 원활한 수행을 위하여 경찰관 직무집행법, 형사소송법 등 관계 법령에 의하여 여러 가지 권한이 부여되어 있다. 구체적인 직무를 수행하는 경찰관으로서는 여러 상황에 대응하여 자신에게 부여된 여러 가지 권한을 적절하게 행사하여 필요한 조치를 취할 수 있고, 그러한 권한은 일반적으로 경찰관의 전문적 판단에 기한 합리적인 재량에 위임되어 있는 것이다. 그러나 구체적인 사정에서 경찰관이 권한을 행사하여 필요한 조치를 하지 아니하는 것이 현저하게 불합리하다고 인정되는 경우 그러한 권한의 불행사는 직무상의 의무를 위반한 것으로 위법하다(대판 2017.11.9. 2017다228083 등 참조).

[2] 보호관찰관이 위치추적 전자장치 피부착자의 재범 방지에 유효한 실질적인 조치를 하지 아니한 것이 현저하게 불합리하다고 인정되는 경우, 직무상의 의무를 위반한 것으로서 위법한지 여부(적극)

보호관찰관의 전자장치 피부착자에 대한 지도·감독과 원호 업무는 재범의 위험성이 매우 높은 전자장치 피부착자가 재범으로 나아가지 않게 함으로써 건전한 사회 복귀를 촉진하고 일반국민이 전자장치 피부착자의 재범에 따른 피해를 입지 않도록 하는 데 중요한 역할을 한다. 구체적인 상황에서 전자장치 피부착자에 대한 지도·감독이나 원호 업무를 어떻게 수행할 것인지는 원칙적으로 보호관찰관의 전문적, 합리적 재량에 위임되었지만, 전자장치 피부착자의 재범을 효과적으로 방지하기 위해서는 전자장치 피부착자의 성향이나 환경 및 개별 관찰 결과에 맞추어 재범 방지에 유효한 실질적인 조치를 선택하여 적극적으로 수행하여야 한다. 만약 보호관찰관이 이러한 조치를 하지 아니한 것이 현저하게 불합리하다면 직무상의 의무를 위반한 것이어서 위법하다고 보아야 한다.

[3] 다수의 성폭력범죄로 여러 차례 처벌을 받은 뒤 위치추적 전자장치를 부착하고 보호관찰을 받고 있던 甲이 乙을 강간하였고, 그로부터 13일 후 丙을 강간하려다 살해하였는데, 丙의 유족들이 경찰관과 보호관찰관의 위법한 직무수행을 이유로 국가를 상대로 손해배상을 구한 사안에서, 경찰관과 보호관찰관의 직무수행이 객관적 정당성을 결여하지 않아 위법하지 않다고 본 원심판단에 법리오해의 잘못이 있다고 한 사례

다수의 성폭력범죄로 여러 차례 처벌을 받은 뒤 위치추적 전자장치를 부착하고 보호관찰을 받고 있던 甲이 乙을 강간하였고(이하 '직전 범행'), 그로부터 13일 후 丙을 강간하려다 살해하였는데, 丙의 유족들이 경찰관과 보호관찰관의 위법한 직무수행을 이유로 국가를 상대로 손해배상을 구한 사안에서, 직전 범행의 수사를 담당하던 **경찰관**이 직전 범행의 특수성과 위험성을 고려하지 않은 채 통상적인 조치만 하였을 뿐 전자장치 위치정보를 수사에 활용하지 않은 것과 **보호관찰관**이 甲의 높은 재범의 위험성과 반사회성을 인식하였음에도 적극적 대면조치 등 이를 억제할 실질적인 조치를 하지 않은 것은 범죄를 예방하고 재범을 억지하여 사회를 방위하기 위해서 이들에게 부여된 권한과 직무를 목적과 취지에 맞게 수행하지 않았거나 소홀히 수행하였던 것이고, 이는 국민의 생명·신체에 관하여 절박하고 중대한 위험상태가 발생할 우려가 있어 그 위험 배제에 나서지 않으면 이를 보호할 수 없는 상황에서 그러한 위험을 배제할 공무원의 작위의무를 위반한 것으로 인정될 여지가 있으며, 위와 같은 경찰관과 보호관찰관의 직무상 의무 위반은 丙의 사망 사이에서 상당인과관계를 인정할 여지가 큰데도, 경찰관과 보호관찰관의 직무수행이 객관적 정당성을 결여하지 않아 위법하지 않다고 본 원심판단에 법리오해의 잘못이 있다.

| 예상지문 |

① **경찰관**이 권한을 행사하여 **필요한 조치**를 하지 아니하는 것이 **현저하게 불합리**하다고 인정되는 경우 그러한 **권한의 불행사**는 직무상의 의무를 위반한 것으로 위법하다. (O)

② **전자장치 피부착자**의 재범을 효과적으로 방지하기 위해서는 전자장치 피부착자의 성향이나 환경 및 개별 관찰 결과에 맞추어 재범 방지에 유효한 **실질적인 조치**를 선택하여 **적극적으로 수행**하여야 하고, 만약 보호관찰관이 이러한 조치를 하지 아니한 것이 현저하게 불합리하다면 직무상의 의무를 위반한 것이어서 위법하다. (O)

---

02 국가배상법상 공무원 해당 여부 [대판[전합] 2023.9.21. 2016다255941]

[1] 지방국토관리청 산하 국토관리사무소에서 도로보수원 또는 과적단속원의 고용상 지위를 공무원과 본질적으로 동일하게 처우해야 하는지 (소극)

공무원의 경우 헌법이 정한 직업공무원 제도에 따라 국가 또는 지방자치단체와 공법상 신분관계를 형성하고 각종 법률상 의무를 부담하는 점, 공무원의 근무조건은 법령의 규율에 따라 정해지고 단체협약을 통해 근로조건 개선을 도모할 수 있는 대상이 아닌 점, 전보인사에 따른 공무원 보직 및 업무의 변경가능성과 보수체계 등의 사정을 고려하면, 공무원이 아닌 사람들로서 국가 산하 국토교통부 소속 지방국토관리청장과 기간의 정함이 없는 근로계약을 체결하고 **지방국토관리청 산하 국토관리사무소**에서 도로의 유지·보수 업무를 하는 **도로보수원** 또는 과적차량 단속 등의 업무를 하는 **과적단속원**으로 근무하는 사람들(이하 도로보수원과 과적단속원을 통틀어 '국도관리원')의 **무기계약직 근로자**로서의 고용상 지위는 공무원에 대한 관계에서 근로기준법 제6조에서 정한 사회적 신분에 해당한다고 볼 수 없고, **공무원을 본질적으로 동일한 비교집단으로 삼을 수 없다.**

위와 같이 **국도관리원의 고용상 지위**가 공무원에 대한 관계에서 사회적 신분에 해당한다거나 국도관리원과 같거나 유사한 업무를 담당하고 있는 **운전직 공무원** 및 **과적단속직 공무원**이 국도관리원의 **비교대상이 될 수 없는** 이상, 불리한 처우에 대한 합리적 이유가 인정되는지에 관하여 더 나아가 판단할 필요 없이 국가가 국도관리원에게 근로조건에 관한 **차별적 처우**를 했다고 볼 수 **없다.**

① 지방국토관리청 산하 국토관리사무소에서 도로의 유지·보수 업무를 하는 **도로보수원** 또는 과적차량 단속 등의 업무를 하는 **과적단속원**으로 근무하는 사람들의 무기계약직 근로자로서의 고용상 지위는 공무원에 대한 관계에서 근로기준법 제6조에서 정한 사회적 신분에 해당한다고 볼 수 있고, **공무원을 본질적으로 동일한 비교 집단**으로 삼을 수 있다. (×)

② **국도관리원의** 고용상 지위가 **공무원에 대한 관계**에서 사회적 신분에 해당한다거나 국도관리원과 같거나 유사한 업무를 담당하고 있는 운전직 공무원 및 과적단속직 공무원이 국도관리원의 **비교대상이 될 수 없는** 이상, 불리한 처우에 대한 합리적 이유가 인정되는지에 관하여 더 나아가 판단할 필요 없이 국가가 국도관리원에게 근로조건에 관한 **차별적 처우**를 했다고 볼 수 **없다.** (○)

03 손해배상(기)- 검사의 증거제출 의무 위반 [대판 2022.9.16. 2021다295165]

검사가 피고인에게 유리한 증거를 발견하게 된 경우 피고인의 이익을 위하여 이를 법원에 제출할 의무를 부담하는지 여부(적극)

검찰청법 제4조 제1항은 검사는 공익의 대표자로서 범죄수사, 공소의 제기와 그 유지에 필요 사항 및 법원에 대한 법령의 정당한 적용 청구 등의 직무와 권한을 가진다고 규정하고, 같은 조 제3항은 검사는 그 직무를 수행할 때 헌법과 법률에 따라 국민의 인권을 보호하고 적법절차를 준수하며 주어진 권한을 남용하여서는 아니 된다고 규정하고 있다. 형사소송법 제424조는 검사는 피고인을 위하여 재심을 청구할 수 있다고 규정하고 있고, 검사는 피고인의 이익을 위하여 상소할 수 있다고 해석된다. 그러므로 검사는 공익의 대표자로서 실체적 진실에 입각한 국가 형벌권의 실현을 위하여 공소제기와 유지를 할 의무뿐만 아니라 그 과정에서 피고인의 정당한 이익을 옹호하여야 할 의무를 진다고 할 것이고, 검사가 수사 및 공판과정에서 **피고인에게 유리한 증거**를 발견하게 되었다면 피고인의 이익을 위하여 이를 법원에 제출하여야 한다(대판 2002.2.22. 2001다23447 참조).

경찰 조사에서 범행을 부인하던 원고가 검찰 조사 과정에서 범행을 인정하는 취지의 진술을 하게 된 경위를 비롯한 제1심 판시 사실 등을 종합하면 피해자의 질에서 채취한 시료에서 원고의 정액이나 유전자가 검출되지 않았다는 취지의 국립과학수사연구원의 유전자감정서는 형사 피고사건에 대한 원고의 자백이나 부인, 소송 수행 방향의 결정 또는 **방어권 행사에 결정적 영향**을 미치는 자료로 볼 수 있는데, 검사가 원고에 대한 공소제기 당시 위 유전자감정서를 **증거목록에서 누락**하였다가 **원고 측 증거신청**으로 법원에 그 존재와 내용이 드러난 이후에야 **증거로 제출**한 것은 검사가 직무를 집행하면서 과실로 **증거제출의무를 위반**한 것에 해당하므로, 피고 대한민국은 원고에게 이로 인한 **손해를 배상하여야** 한다는 것이다.

| 예상지문 |

① **검사가** 수사 및 공판과정에서 **피고인에게 유리한 증거**를 발견하게 되었다면 피고인의 이익을 위하여 이를 **법원에 제출할 직무상 의무**가 있다. (○)

② 검사가 원고에 대한 **공소제기 당시** 위 유전자감정서를 **증거목록에서 누락**하였다가 **원고 측 증거신청**으로 법원에 그 존재와 내용이 드러난 이후에야 **증거로 제출**한 것은 검사가 직무를 집행하면서 과실로 **증거제출의무를 위반**한 것에 해당하지 않으므로, 피고 대한민국은 원고에게 이로 인한 **손해를 배상할 책임이 없다.** (×)

[대판 2022.9.16. 2022다236781]

[1] 검사 등의 수사기관이 피의자를 구속하여 수사한 후 공소를 제기하였으나 법원에서 무죄판결이 선고되어 확정된 경우, 국가배상법 제2조에 따른 손해배상책임이 인정되기 위한 요건

가. 검사는 수사기관으로서 피의사건을 조사하여 진상을 명백히 하고, 죄를 범하였다고 의심할 만한 상당한 이유가 있는 피의자에게 증거 인멸 및 도주의 염려 등이 있을 때에는 법관으로부터 영장을 발부받아 피의자를 구속할 수 있으며, 나아가 수집·조사된 증거를 종합하여 객관적으로 볼 때 피의자가 유죄판결을 받을 가능성이 있는 정도의 혐의를 가지게 된 데에 합리적인 이유가 있다고 판단될 때에는 피의자에 대하여 공소를 제기할 수 있다. 그 후 형사재판 과정에서 범죄사실의 존재를 증명함에 충분한 증거가 없다는 이유로 무죄판결이 확정되었다고 하더라도 그러한 사정만으로 바로 검사의 구속 및 공소제기가 위법하다고 할 수 없고, 그 구속 및 공소제기에 관한 검사의 판단이 그 당시의 자료에 비추어 경험칙이나 논리칙상 도저히 합리성을 긍정할 수 없는 정도에 이른 경우에만 그 위법성을 인정할 수 있다(대판 2002.2.22. 2001다23447 등 참조).

나. 원심은 제1심판결 이유를 인용하여, 제1심 판시와 같은 사정들에 비추어 보면 원고가 제출한 증거들만으로는 원고를 구속 기소한 검사의 판단이 경험칙이나 논리칙상 도저히 합리성을 긍정할 수 없는 정도에 이르렀다고 인정하기 부족하다고 보아 검사의 구속 기소 행위를 원인으로 한 국가배상청구를 받아들이지 않았다.

원심판결 이유를 위에서 본 법리와 기록에 비추어 살펴보면, 원심의 이러한 판단에 상고이유 주장과 같이 필요한 심리를 다하지 아니한 채 논리와 경험의 법칙을 위반하여 자유심증주의의 한계를 벗어나거나 검사의 피의자 구속 및 공소제기로 인한 불법행위 성립에 관한 법리를 오해하는 등의 잘못이 없다.

[2] 검사가 법원의 문서송부요구를 거절한 행위가 직무상 의무 위반행위에 해당하는지 여부를 판단하는 기준

가. 검사는 공익의 대표자로서 실체적 진실에 입각한 국가 형벌권의 실현을 위하여 공소제기와 유지를 할 의무뿐만 아니라 그 과정에서 피고인의 정당한 이익을 옹호하여야 할 의무가 있다. 그리고 **법원**이 형사소송절차에서의 **피고인의 권리를 실질적으로 보장**하기 위하여 마련되어 있는 형사소송법 등 관련 **법령에 근거**하여 **검사에게** 어떠한 **조치를 이행**할 것을 **명**하였고, 관련 법령의 해석상 그러한 법원의 결정에 따르는 것이 당연하고 그와 달리 해석될 여지가 없는 경우라면, 법에 기속되는 **검사로서는 법원의 결정에 따라야 할 직무상 의무도** 있다 할 것이다(대판 2012.11.15. 2011다48452 등 참조). 법원이 형사소송법 제272조 제1항에 따라 송부요구한 서류가 피고인의 무죄를 뒷받침할 수 있거나 적어도 법관의 유·무죄에 대한 심증을 달리할 만한 상당한 가능성이 있는 중요증거에 해당하는데도 정당한 이유 없이 피고인 또는 변호인의 열람·지정 내지 법원의 송부요구를 거절하는 것은, 피고인의 신속·공정한 재판을 받을 권리와 변호인의 조력을 받을 권리를 중대하게 침해하는 것이다(대판 2012.5.24. 2012도1284 등 참조).

나. 원심은 제1심판결 이유를 인용하여, 검사의 이 사건 수첩 원본 송부요구 거절 행위 등을 원인으로 한 피고의 손해배상책임이 성립한다고 판단하였다.

원심판결 이유를 위에서 본 법리와 기록에 비추어 살펴보면, 원심의 이유 설시에 일부 적절하지 아니한 부분은 있으나 검사가 정당한 이유 없이 법원의 이 사건 수첩 원본 송부요구를 거절하는 등으로 그 직무상 의무를 위반하였고 당시 검사에게 과실도 있었다고 보아 검사의 이 사건 수첩 원본 송부요구 거절행위 등을 원인으로 한 피고의 손해배상책임이 성립한다고 판단한 결론은 정당

하다. 원심의 위와 같은 판단에 상고이유 주장과 같이 필요한 심리를 다하지 아니한 채 검사의 직무상 의무위반으로 인한 불법행위 성립에 관한 법리를 오해하는 등의 잘못이 없다.

| 예상지문 |

① **검사** 등의 수사기관이 피의자를 구속하여 수사한 후 **공소를 제기**하였으나 **법원에서 무죄판결**이 선고되어 확정된 경우, 국가배상법 제2조에 따른 **손해배상책임**이 인정된다. (×)

② 법원이 형사소송법 제272조 제1항에 따라 송부요구한 서류가 피고인의 무죄를 뒷받침할 수 있거나 적어도 법관의 유·무죄에 대한 심증을 달리할 만한 상당한 가능성이 있는 중요증거에 해당하는데도 **검사가** 정당한 이유 없이 피고인 또는 변호인의 열람·지정 내지 **법원의 송부요구를 거절**하는 것은, 피고인의 신속·공정한 재판을 받을 권리와 변호인의 조력을 받을 권리를 중대하게 침해하는 것으로서 **직무상 의무 위반행위에** 해당한다. (O)

05 손해배상(기) [대판[전합] 2022.8.30. 2018다212610, 표준판례 231]

구 국가안전과 공공질서의 수호를 위한 대통령긴급조치(긴급조치 제9호)의 발령·적용·집행으로 강제수사를 받거나 유죄판결을 선고받고 복역함으로써 개별 국민이 입은 손해에 대하여 국가배상책임이 인정되는지 여부(적극)

보통 일반의 공무원을 표준으로 공무원이 직무를 집행하면서 객관적 주의의무를 소홀히 하고 그로 말미암아 그 직무행위가 객관적 정당성을 잃었다고 볼 수 있는 때에 국가배상법 제2조가 정한 국가배상책임이 성립할 수 있다. 공무원의 직무행위가 객관적 정당성을 잃었는지는 행위의 양태와 목적, 피해자의 관여 여부와 정도, 침해된 이익의 종류와 손해의 정도 등 여러 사정을 종합하여 판단하되, 손해의 전보책임을 국가가 부담할 만한 실질적 이유가 있는지도 살펴보아야 한다(대판 2000.5.12. 99다70600, 대판 2004.12.9. 2003다50184, 대판 2021.6.30. 2017다249219 등 참조, 151쪽).

구 국가안전과 공공질서의 수호를 위한 대통령긴급조치(대통령긴급조치 제9호, 이하 '긴급조치 제9호')는 위헌·무효임이 명백하고 긴급조치 제9호 발령으로 인한 국민의 기본권 침해는 그에 따른 강제수사와 공소제기, 유죄판결의 선고를 통하여 현실화되었다. 이러한 경우 긴급조치 제9호의 발령부터 적용·집행에 이르는 일련의 국가작용은, 전체적으로 보아 공무원이 직무를 집행하면서 객관적 주의의무를 소홀히 하여 그 직무행위가 객관적 정당성을 상실한 것으로서 **위법**하다고 평가되고, **긴급조치 제9호의 적용·집행**으로 강제수사를 받거나 유죄판결을 선고받고 복역함으로써 개별 국민이 입은 손해에 대해서는 **국가배상책임이 인정**될 수 있다.

⇨ 대통령의 긴급조치 제9호 발령 및 적용·집행행위가 국가배상법 제2조 제1항에서 말하는 공무원의 고의 또는 과실에 의한 불법행위에 해당하지 않는다고 보아 국가배상책임을 부정한 대판 2014.10.27. 2013다217962, 대판 2015.3.26. 2012다48824 등은 이 판결의 견해에 배치되는 범위에서 이를 변경.

⇨ 다수의견은 대통령의 긴급조치 발령이나 법관의 재판상 직무행위가 독립적인 불법행위인지에 관하여 판단하지 아니하고, 긴급조치 제9호의 발령 및 적용·집행이라는 일련의 국가작용과 이에 관여한 다수 공무원들의 직무수행이 전체적으로 보아 객관적 주의의무를 소홀히 하여 그 정당성을 결여하였다는 것을 근거로 한다.

한편, 별개의견은 ① 대통령의 긴급조치 발령행위는 위법행위, 법관의 재판행위가 독립적인 불법행위를 구성하는지 반드시 판단할 필요 없음, ② 국가배상의 본질을 국가의 자기책임으로 보고, 국가의 직무상 과실을 요건으로 보아야 함, ③ 긴급조치의 발령과 그에 따른 강제수사 및 공소제기는 위법한 직무행위, 법관의 재판상 직무행위는 이와 구별되는 독립적인 불법행위 등으로 개진되었다.

│ 예상지문 │

구 국가안전과 공공질서의 수호를 위한 **대통령긴급조치**(긴급조치 제9호)의 발령 · 적용 · 집행으로 **강제수사**를 받거나 유죄판결을 선고받고 **복역**함으로써 개별 국민이 입은 손해에 대하여 **국가배상책임**이 인정될 수 있다.
(O)

06 손해배상(기) [대판 2023.1.12. 2020다210976]

긴급조치 제9호 위반으로 면소판결을 받은 원고가 국가배상을 구하는 사건

1. 구 국가안전과 공공질서의 수호를 위한 대통령긴급조치(긴급조치 제9호)의 발령 · 적용 · 집행으로 강제수사를 받거나 유죄판결을 선고받고 복역함으로써 개별 국민이 입은 손해에 대하여 국가배상책임이 인정되는지 여부(적극)

   긴급조치 제9호는 위헌 · 무효임이 명백하고 긴급조치 제9호 발령으로 인한 국민의 기본권 침해는 그에 따른 강제수사와 공소제기, 유죄판결의 선고를 통하여 현실화되었다. 이러한 경우 긴급조치 제9호의 발령부터 적용 · 집행에 이르는 일련의 국가작용은 전체적으로 보아 공무원이 직무를 집행하면서 객관적 주의의무를 소홀히 하여 그 직무행위가 객관적 정당성을 상실한 것으로서 위법하다고 평가되고, 긴급조치 제9호의 적용 · 집행으로 강제수사를 받거나 유죄판결을 선고받고 복역함으로써 개별 국민이 입은 손해에 대해서는 국가배상책임이 인정될 수 있다(대판[전합] 2022.8.30. 2018다212610 참조, 136쪽).

2. 긴급조치 제9호에 기한 일련의 국가작용으로 인한 불법행위로 발생한 권리에 관한 소멸시효와 관련하여, 일련의 법률적 · 제도적 변화와 완결되기까지 권리를 행사할 수 없는 장애사유가 있다고 볼 것인지(적극)

   원고가 긴급조치 제9호 위반 등 혐의로 체포 · 구속되었다가 석방되고 이어 면소판결이 선고 · 확정되었지만 면소판결은 재심대상이 아니어서 형사재심절차를 거치지 아니한 채 이 사건 청구에 이른 경위, 긴급조치에 대한 사법적 심사가 이루어져 긴급조치 제9호가 위헌 · 무효라고 판단된 시기 등 제반 사정을 종합해 보면, 이 사건 소 제기 당시까지도 원고가 피고를 상대로 긴급조치 제9호에 기한 일련의 국가작용으로 인한 불법행위로 발생한 권리를 행사할 수 없는 장애사유가 있어 소멸시효가 완성되지 않았다고 보는 것이 타당하다.

⇨ 긴급조치 제9호 위반으로 구금 · 기소되었다가 면소판결을 선고받은 원고가 국가배상을 청구하였다가 민주화운동 보상심의위원회로부터 보상금을 지급받았다는 이유로 소 각하 판결을 받아 확정된 후 재심을 청구한 사안임
대법원은 위와 같은 판시를 한 후 <u>일련의 법률적 · 제도적 변화가 이루어지기 이전까지는 소멸시효가 진행하지 않는다고 보고</u>, 이와 달리 국가배상책임이 인정되지 않고 국가배상책임이 인정된다고 가정하더라도 <u>소멸시효가 완성되었다고 보아 재심청구를 기각한 원심을 파기 · 환송하였음</u>

cf. 대판 2023.1.12. 2021다201184 (긴급조치 제1호, 제4호 위반으로 체포, 구금되었던 원고가 국가배상을 구하는 사건)

cf. 대판 2023.2.2. 2020다270633 (긴급조치 제9호 위반으로 복역한 원고가 국가배상청구의 소를 제기한 사건)

| 예상지문 |

① 구 국가안전과 공공질서의 수호를 위한 대통령긴급조치(긴급조치 제9호)의 발령·적용·집행으로 강제수사를 받거나 유죄판결을 선고받고 복역함으로써 개별 국민이 입은 손해에 대하여 국가배상책임이 인정된다.
(○)

② 긴급조치 제9호에 기한 일련의 국가작용으로 인한 불법행위로 발생한 권리에 관한 소멸시효와 관련하여, 일련의 법률적·제도적 변화와 완결되기까지 권리를 행사할 수 없는 장애사유가 있다고 볼 수 있으므로, 소멸시효는 진행되지 않는다.
(○)

07 손해배상(기) – 법령 위반 [대판 2022.7.14. 2017다266771]

[1] 교정시설 수용행위로 인하여 수용자의 인간으로서의 존엄과 가치가 침해되었는지 판단하는 기준 및 수용자가 하나의 거실에 다른 수용자들과 함께 수용되어 거실 중 화장실을 제외한 부분의 1인당 수용면적이 인간으로서의 기본적인 욕구에 따른 일상생활조차 어렵게 할 만큼 협소한 경우, 수용자의 인간으로서의 존엄과 가치를 침해하는 것인지 여부(원칙적 적극)

모든 국민은 인간으로서의 존엄과 가치를 가지며, 국가는 개인이 가지는 불가침의 기본적 인권을 보장할 의무를 진다(헌법 제10조). 국가가 형벌권을 행사하여 수용자를 교정시설에 수용하는 과정에서 수용자의 기본권을 일정한 범위에서 제한할 수밖에 없다고 하더라도, 국가는 수용자가 인간으로서 가지는 존엄과 가치를 침해하여서는 아니 된다. 형의 집행 및 수용자의 처우에 관한 법률(이하 '형집행법')에 의하면 수용자의 인권은 최대한 존중되어야 하고(제4조), 교정시설의 거실·작업장·접견실이나 그 밖의 수용생활을 위한 설비는 그 목적과 기능에 맞도록 설치되어야 하며, 특히 거실은 수용자가 건강하게 생활할 수 있도록 적정한 수준의 공간과 채광·통풍·난방을 위한 시설이 갖추어져야 한다(제6조 제2항). 따라서 <u>국가가 인간의 생존에 필요한 필수적이면서 기본적인 시설이 갖추어지지 않은 교정시설에 수용자를 수용하는 행위는 수용자의 인간으로서의 존엄과 가치를 침해하는 것으로서 위법한 행위가 될 수 있다.</u>

교정시설 수용행위로 인하여 수용자의 인간으로서의 존엄과 가치가 침해되었는지는 수용 거실의 수용자 1인당 수용면적, 수용자에게 제공되는 의류, 침구, 음식, 식수 및 기타 영양 상태, 채광·통풍·냉난방 시설 및 기타 위생시설의 상태, 수용자가 거실 밖에서 자유로이 운동하거나 활동할 수 있는 시간과 장소의 제공 정도, 교정시설의 의료 수준 등 수용자의 수용 환경에 관한 모든 사정을 종합적으로 고려하여 판단하여야 한다. 그런데 <u>수용자가 하나의 거실에 다른 수용자들과 함께 수용되어 거실 중 화장실을 제외한 부분의 1인당 수용면적이 인간으로서의 기본적인 욕구에 따른 일상생활조차 어렵게 할 만큼 협소하다면,</u> 그러한 과밀수용 상태가 예상할 수 없었던 일시적인 수용률의 폭증에 따라 교정기관이 부득이 거실 내 수용 인원수를 조정하기 위하여 합리적이고 필요한 정도로 단기간 내에 이루어졌다는 등의 특별한 사정이 없는 한, <u>그 자체로 수용자의 인간으로서의 존엄과 가치를 침해한다고 봄이 타당하다.</u>

[2] 국가배상책임에서 공무원의 행위가 '법령을 위반하였다'는 의미 및 교정시설 수용행위로 인하여 수용자의 인간으로서의 존엄과 가치가 침해된 경우, 그 수용행위가 공무원의 법령을 위반한 가해행위가 될 수 있는지 여부(적극)

국가배상책임에서 공무원의 가해행위는 법령을 위반한 것이어야 하는데, 여기서 **법령을 위반**하였다 함은 엄격한 의미의 법령 위반뿐 아니라 인권존중, 권력남용금지, 신의성실과 같이 공무원으로서 마땅히 지켜야 할 준칙이나 규범을 지키지 않고 위반한 경우를 포함하여 널리 그 행위가 객관적인 정당성을 결여하고 있음을 뜻한다(대판 2020.4.29. 2015다224797 등 참조). 따라서 교정시설 수용행위로 인하여 수용자의 인간으로서의 존엄과 가치가 침해되었다면 그 수용행위는 공무원의 법령을 위반한 가해행위가 될 수 있다(대판 2018.10.25. 2013다44720 참조).

[3] 구치소 등 교정시설에 수용된 후 출소한 甲 등이 혼거실 등에 과밀수용되어 정신적, 육체적 고통을 겪었다고 주장하며 국가를 상대로 위자료 지급을 구한 사안에서, 수용자 1인당 도면상 면적이 2㎡ 미만인 거실에 수용되었는지를 위법성 판단의 기준으로 삼아 甲 등에 대한 국가배상책임을 인정한 원심판단을 수긍한 사례

구치소 등 교정시설에 수용된 후 출소한 甲 등이 혼거실 등에 과밀수용되어 정신적, 육체적 고통을 겪었다고 주장하며 국가를 상대로 위자료 지급을 구한 사안에서, 수면은 인간의 생명 유지를 위한 필수적 행위 중 하나인 점, 관계 법령상 수용자에게 제공되는 일반 매트리스의 면적은 약 1.4㎡인데, 이는 수용자 1인당 수면에 필요한 최소한의 면적으로 볼 수 있는 점, 교정시설에 설치된 거실의 도면상 면적은 벽, 기둥의 중심선으로 둘러싸인 수평투영면적을 의미하는데, 벽, 기둥 외의 실제 내부 면적 중 사물함이나 싱크대 등이 설치된 공간을 제외하고 수용자가 실제 사용할 수 있는 면적은 그보다 좁을 수밖에 없는 점 등을 고려하면, 수용자 1인당 도면상 면적이 2㎡ 미만인 거실에 수용되었는지를 **위법성 판단의 기준**으로 삼아 甲 등에 대한 **국가배상책임을 인정**한 원심판단을 수긍한 사례.

⇨ 대판 2022.7.14. 2020다253287도 동일한 논지

| 예상지문 |

① 국가배상책임에서 **법령을 위반**하였다 함은 엄격한 의미의 법령 위반뿐 아니라 인권존중, 권력남용금지, 신의성실과 같이 공무원으로서 마땅히 지켜야 할 준칙이나 규범을 지키지 않고 위반한 경우를 포함하여 **널리** 그 행위가 **객관적인 정당성을 결여**하고 있음을 뜻한다. (O)

② 구치소 등 교정시설에 수용된 후 출소한 자가 **혼거실 등에 과밀수용**되어 정신적, 육체적 고통을 겪었다고 주장하며 국가를 상대로 **위자료 지급**을 구한 사안에서, **수용자 1인당 도면상 면적이 2㎡ 미만**인 거실에 수용되었는지 여부는 국가배상법상 **위법성 판단의 기준**이 되지 아니한다. (×)

| 기출지문 |

구치소 등 교정시설의 혼거실에 과밀수용된 경우(1인당 도면상 면적이 2㎡ 미만인 혼거실에 수용된 경우) 국가배상책임이 인정될 수 없다. [23-2] (×)

08 손해배상(국) – 법령 위반 [대판 2022.9.29. 2018다224408]

[1] 불법행위로 입은 정신적 고통에 대한 위자료 액수 결정이 사실심법원의 직권에 속하는 재량 사항인지 여부(적극) / 불법행위 시와 변론종결 시 사이에 장기간의 세월이 지나 통화가치 등에 상당한 변동이 생긴 경우, 불법행위로 인한 위자료 배상채무의 지연손해금은 위자료 산정의 기준시인 사실심 변론종결일부터 발생한다고 보아야 하는지 여부(적극) 및 이 경우 배상이 지연된 사정을 참작하여 사실심 변론종결 시의 위자료 원금을 산정할 필요가 있는지 여부(적극) / 제1심판결에서 배상이 지연된 사정을 참작하여 제1심 변론종결일을 기준으로 위자료를 산정하였는데 항소심이 이를 그대로 유지한 경우, 위자료 배상채무의 지연손해금은 제1심 변론종결일부터 발생하는지 여부(적극)

[2] 국가배상책임에서 '법령 위반'의 의미 / 헌법상 과잉금지의 원칙 내지 비례의 원칙을 위반하여 국민의 기본권을 침해한 국가작용이 국가배상책임에서 법령을 위반한 가해행위가 되는지 여부(적극)

국가배상책임에 있어 공무원의 가해행위는 법령을 위반한 것이어야 하는데, 여기서 **법령을 위반**하였다는 것은 엄격한 의미의 법령 위반뿐 아니라 <u>인권존중, 권력남용금지, 신의성실과 같이 공무원으로서 마땅히 지켜야 할 준칙이나 규범을 지키지 아니하고 위반한 경우를 포함하여 널리 그 행위가 객관적인 정당성을 결여하고 있음</u>을 뜻한다(대판 2008.6.12. 2007다64365 등 참조). 따라서 **헌법상 과잉금지의 원칙** 내지 비례의 **원칙을 위반**하여 국민의 **기본권을 침해**한 국가작용은 국가배상책임에 있어 **법령을 위반**한 가해행위가 된다.

[3] 헌법재판소가 2018. 8. 30. 선고한 '민법 제166조 제1항, 제766조 제2항 중 진실·화해를 위한 과거사정리 기본법 제2조 제1항 제3호(민간인 집단 희생사건), 제4호(중대한 인권침해사건·조작의혹사건)에 적용되는 부분은 헌법에 위반된다'는 위헌결정의 효력이 위 제3호, 제4호 사건에서 공무원의 위법한 직무집행으로 입은 손해에 대한 배상을 구하는 소송이 위헌결정 당시까지 법원에 계속되어 있는 경우에도 미치는지 여부(적극) 및 위 손해배상청구권에 대하여 민법 제166조 제1항, 제766조 제2항이나 국가재정법 제96조 제2항에 따른 '객관적 기산점을 기준으로 하는 소멸시효'가 적용되는지 여부(소극)

▎ 예상지문 ▎

① **불법행위 시와 변론종결 시** 사이에 장기간의 세월이 지나 **통화가치 등**에 **상당한 변동**이 생긴 경우, 예외적으로 불법행위로 인한 위자료 배상채무의 **지연손해금**은 위자료 산정의 기준시인 **사실심 변론종결일**부터 발생한다고 보아야 한다. (O)

② **헌법상 과잉금지의 원칙** 내지 비례의 **원칙을 위반**하여 국민의 **기본권을 침해**한 국가작용은 **국가배상책임**에 있어 **법령을 위반**한 가해행위가 된다. (O)

09 손해배상(기) – 법령 위반 [대판 2020.6.4. 2015다233807]

[1] 정부에 대한 비판 자체를 원천적으로 배제하려는 공권력의 행사에 정당성을 인정할 수 있는지 여부(소극) / 국가배상책임을 인정하기 위한 요건으로서 '법령 위반'의 의미 및 공무원의 행위가 객관적인 정당성을 결여하고 있는 경우가 이에 포함되는지 여부(적극)

정부의 정책에 대하여 정치적인 반대의사를 표시하는 것은 헌법이 보장하는 정치적 자유의 가장 핵심적인 부분이다. 자신의 정치적 생각을 집회와 시위를 통해 설파하거나 서명운동 등을 통해 자신과 의견이 같은 세력을 규합해 나가는 것은 국가의 안전에 대한 위협이 아니라, 우리 헌법의 근본이념인 '자유민주적 기본질서'의 핵심적인 보장 영역에 속한다. 정부에 대한 비판에 대하여 합리적인 홍보와 설득으로 대처하는 것이 아니라, 비판 자체를 원천적으로 배제하려는 공권력의 행사는 대한민국 헌법이 예정하고 있는 자유민주적 기본질서에 부합하지 아니하므로 정당성을 인정할 수 없다.

그러나 공무원의 행위를 원인으로 한 국가배상책임을 인정하려면 '공무원이 직무를 집행하면서 고의 또는 과실로 법령을 위반하여 타인에게 손해를 입힌 때'라고 하는 국가배상법 제2조 제1항의 요건이 충족되어야 한다. 여기서 '**법령을 위반하여**'라고 함은 <u>엄격하게 형식적 의미의 법령에 명시적으로 공무원의 행위의무가 정하여져 있음에도 이를 위반하는 경우만을 의미하는 것은 아니고, 인권존중·권력남용금지·신의성실과 같이 공무원으로서 마땅히 지켜야 할 준칙이나 규범을 지키지 아니하고 위반한 경우를 비롯하여 널리 그 행위가 객관적인 정당성을 결여</u>하고 있는 경우를 포함한다.

[2] 국가기관이 자신이 관리·운영하는 홈페이지에 게시된 글에 대하여 정부의 정책에 찬성 또는 반대하는 내용인지에 따라 선별적으로 삭제 여부를 결정하는 것이 허용되는지 여부(원칙적 소극)

<u>일반적으로 **국가기관**이 자신이 관리·운영하는 **홈페이지에 게시된** 글에 대하여 정부의 **정책에 찬성**하는 내용인지, 반대하는 내용인지에 따라 **선별적으로 삭제** 여부를 결정하는 것은 특별한 사정이 없는 한 국민의 기본권인 **표현의 자유**와 자유민주적 기본질서에 배치되므로 **허용되지 않는다**.</u>

[3] 해군본부가 해군 홈페이지 자유게시판에 게시된 '제주해군기지 건설사업에 반대하는 취지의 항의글' 100여 건을 삭제하는 조치를 취하자, 항의글을 게시한 甲 등이 국가를 상대로 손해배상을 구한 사안에서, 위 삭제 조치가 객관적 정당성을 상실한 위법한 직무집행에 해당한다고 보기 어렵다고 한 사례

해군본부가 해군 홈페이지 자유게시판에 집단적으로 게시된 '**제주해군기지 건설사업에 반대하는 취지의 항의글**' 100여 건을 삭제하는 조치를 취하자, 항의글을 게시한 甲 등이 위 조치가 위법한 직무수행에 해당하며 **표현의 자유** 등이 침해되었다고 주장하면서 국가를 상대로 손해배상을 구한 사안에서, 해군 홈페이지 자유게시판이 정치적 논쟁의 장이 되어서는 안 되는 점, <u>위와 같은 **항의글을 게시한** 행위는 정부정책에 대한 **반대의사 표시**이므로 '해군 인터넷 홈페이지 운영규정'에서 정한 게시글 **삭제 사유**인 '**정치적 목적**이나 성향이 있는 경우'에 해당하는 점, 해군본부가 집단적 항의글이 위 운영규정 등에서 정한 삭제 사유에 해당한다고 판단한 것이 사회통념상 합리성이 없다고 단정하기 어려운 점, 반대의견을 표출하는 항의 시위의 1차적 목적은 달성되었고 현행법상 국가기관으로 하여금 인터넷 공간에서의 항의 시위의 결과물인 게시글을 영구히 또는 일정 기간 보존하여야 할 의무를 부과하는 규정은 없는 점 등에 비추어 위 삭제 조치가 **객관적 정당성을 상실한 위법한 직무집행에 해당한다고 보기 어렵다**.</u>

| 예상지문 |

① **국가기관**이 자신이 관리·운영하는 **홈페이지**에 게시된 글에 대하여 **정부의 정책에 찬성**하는 내용인지, **반대하는 내용**인지에 따라 **선별적으로 삭제** 여부를 결정하는 것은 국민의 기본권인 **표현의 자유**와 자유민주적 기본질서에 **배치**되므로 허용되지 않는다. (○)

② 해군본부가 해군 홈페이지 자유게시판에 집단적으로 게시된 '제주해군기지 건설사업에 반대하는 취지의 항의글' 100여 건을 삭제하는 조치를 취하자, 항의글을 게시한 甲 등이 위 조치가 위법한 직무수행에 해당하며 표현의 자유 등이 침해되었다고 주장하면서 국가를 상대로 손해배상을 구한 사안에서, 위 삭제 조치는 객관적 정당성을 상실한 위법한 직무집행에 해당한다. (×)

│ 기출문제 │

4. 甲의 누나 乙은 육군훈련소가 甲에게 종교행사를 강요한 것에 대해서 육군 홈페이지에 이를 비판하는 내용의 글을 수차례 반복적으로 작성·게시하였다. 이에 육군본부 소속으로 홈페이지 관리책임자인 군무원 X는 乙이 게시판에 작성한 글이 「육군 홈페이지 운영규정」을 위반함을 이유로 삭제하였다. 「육군 홈페이지 운영규정」은 홈페이지에 게시된 이용자의 게시물은 삭제하지 않는 것을 원칙으로 하나, 홈페이지 관리책임자는 홈페이지의 건전한 운영을 위하여 이용자가 게시한 자료가 '정치적 목적이나 성향이 있는 경우', '동일인 또는 동일인이라고 인정되는 자가 똑같은 내용을 주 2회 이상 게시하거나 유사한 내용을 1일 2회 이상 게시하는 경우', '기타 본 규정에 비추어 삭제가 필요하다고 판단되는 경우' 등에는 삭제할 수 있다고 규정하고 있다.
[23-3]

(1) 乙이 육군본부의 홈페이지 게시글 삭제조치가 위법하다고 주장하며 국가배상청구소송을 제기할 경우 승소 가능성에 대해서 검토하시오. (20점)

10 손해배상(기) - 법령 위반 [대판 2020.4.29. 2015다224797]

[1] 국가배상책임에서 '법령 위반'의 의미 및 수사기관이 범죄수사를 하면서 지켜야 할 법규상 또는 조리상의 한계를 위반한 것이 '법령 위반'에 해당하는지 여부(적극)

국가배상책임에 있어 공무원의 가해행위는 법령을 위반한 것이어야 하고, 법령을 위반하였다 함은 엄격한 의미의 법령 위반뿐 아니라 인권존중, 권력남용금지, 신의성실과 같이 공무원으로서 마땅히 지켜야 할 준칙이나 규범을 지키지 않고 위반한 경우를 포함하여 널리 그 행위가 객관적인 정당성을 결여하고 있음을 뜻하는 것이므로, 수사기관이 범죄수사를 하면서 지켜야 할 법규상 또는 조리상의 한계를 위반하였다면 이는 법령을 위반한 경우에 해당한다.

[2] 피의자가 소년 등 사회적 약자인 경우, 수사기관은 수사과정 중 피의자의 방어권 행사에 불이익이 발생하지 않도록 더욱 세심하게 배려할 직무상 의무를 부담하는지 여부(적극) 및 수사기관이 고의 또는 과실로 위 직무상 의무를 위반하여 피의자신문조서를 작성함으로써 피의자의 방어권이 실질적으로 침해된 경우, 국가배상책임이 성립하는지 여부(적극)

수사기관은 수사 등 직무를 수행할 때에 헌법과 법률에 따라 국민의 인권을 존중하고 공정하게 하여야 하며 실체적 진실을 발견하기 위하여 노력하여야 할 법규상 또는 조리상의 의무가 있고, 특히 피의자가 소년 등 사회적 약자인 경우에는 수사과정에서 방어권 행사에 불이익이 발생하지 않도록 더욱 세심하게 배려할 직무상 의무가 있다. 따라서 경찰관은 피의자의 진술을 조서화하는 과정에서 조서의 객관성을 유지하여야 하고, 고의 또는 과실로 위 직무상 의무를 위반하여 피의자신문조서를 작성함으로써 피의자의 방어권이 실질적으로 침해되었다고 인정된다면, 국가는 그로 인하여 피의자가 입은 손해를 배상하여야 한다.

11 손해배상(국) [대판 2023.6.1. 2021다202224]

사법보좌관의 배당표원안 작성에 대한 국가배상책임 성립 여부가 문제된 사건

Ⅰ. 판시사항

1. 법관의 재판상 직무행위로 인한 국가배상책임이 인정되기 위한 요건

2. 배당표원안을 작성하고 확정하는 사법보좌관의 행위가 재판상 직무행위에 해당하는지 여부(적극) 및 이에 대한 국가배상책임에 대하여도 법관의 재판상 직무행위로 인한 국가배상책임에 관한 위 법리가 적용되는지 여부(적극)

Ⅱ. 판결요지

법관이 행하는 재판사무의 특수성과 그 재판과정의 잘못에 대하여는 따로 불복절차에 의하여 시정될 수 있는 제도적 장치가 마련되어 있는 점 등에 비추어 보면, 법관의 재판에 법령 규정을 따르지 않은 잘못이 있더라도 이로써 바로 재판상 직무행위가 국가배상법 제2조 제1항에서 말하는 위법한 행위로 되어 국가의 손해배상책임이 발생하는 것은 아니다. 법관의 재판상 직무행위로 인한 국가배상책임이 인정되려면 법관이 위법하거나 부당한 목적을 가지고 재판을 하였다거나 법이 법관의 직무수행상 준수할 것을 요구하고 있는 기준을 현저하게 위반하는 등 법관이 그에게 부여된 권한의 취지에 명백히 어긋나게 이를 행사하였다고 인정할 만한 특별한 사정이 있어야 한다는 것이 확립된 판례의 입장이다 (대판 2001.3.9. 2000다29905, 대판 2001.4.24. 2000다16114, 대판 2001.10.12. 2001다47290, 대판 2016.10.13. 2014다 215499 및 대판 2022.3.17. 2019다226975 등 참조).

법원조직법 제54조 제2항 제2호는 사법보좌관이 '「민사집행법」에 따른 부동산에 대한 강제경매절차, 담보권 실행 등을 위한 경매절차에서의 법원의 사무' 중 대법원규칙으로 정하는 업무를 할 수 있다고 규정하고 그 위임에 따라 사법보좌관규칙 제2조 제1항 제10호는 사법보좌관이 '「민사집행법」 제252조 부터 제259조까지의 규정에 따른 배당절차에 관한 법원의 사무'를 행할 수 있다고 규정한다. 사법보좌관이 위 각 규정에 기초하여 민사집행법 제254조 및 제256조로 준용되는 제149조에 따라 배당표원안을 작성하고 확정하는 업무를 행하는 것은 배당절차를 관할하는 집행법원의 업무에 해당한다. 나아가 채권자는 사법보좌관이 작성한 배당표에 대해 이의하고 배당이의의 소를 제기하는 등의 불복절차를 통하여 이를 시정할 수 있다.

따라서 배당표원안을 작성하고 확정하는 사법보좌관의 행위는 재판상 직무행위에 해당하고, 사법보좌관의 이러한 재판상 직무행위에 대한 국가의 손해배상책임에 대하여도 위 법리가 마찬가지로 적용된다고 할 것이다.

⇨ 사법보좌관이 원고 농업협동조합중앙회와 그 업무수탁기관인 농협은행 주식회사를 동일한 주체로 오인하여 가압류권자인 원고를 제외하고 배당표원안을 작성함에 따라 원고가 배당을 받지 못한 금액 상당에 대해 피고 대한민국을 상대로 손해배상을 청구함

원심은, 사법보좌관이 원고와 원고의 업무수탁기관인 농협은행 주식회사를 동일한 주체로 오인하여 원고를 배당절차에서 누락한 것은 그 직무를 수행함에 있어 보통 갖추어야 할 주의의무를 게을리 한 것으로서 직무상 과실에 해당하므로, 피고는 원고에게 가압류권자로서 배당을 받지 못한 손해를 배상할 책임이 있다고 판단하였음

대법원은, 위와 같은 법리를 설시하면서 사법보좌관이 가압류권자인 원고를 배당에서 제외하고 배당표원안을 작성하였다는 사정만을 들어 위법하거나 부당한 목적을 가지고 배당표원안을 작성하였다거나 사법보좌관에게 부여된 권한의 취지에 명백히 어긋나게 이를 행사하였다고 인정할 만한 특별한 사정이 있다고 보기 어려움에도, 피고에게 손해배상책임이 있다고 단정한 원심판결에는 사법보좌관의 재판상 직무행위에 대한 국가의 손해배상책임에 관한 법리를 오해하여 판결에 영향을 미친 잘못이 있다고 보아, 원심판결을 파기·환송함

❘ 예상지문 ❘

① 법관의 재판상 직무행위로 인한 국가배상책임이 인정되려면 법관이 위법하거나 부당한 목적을 가지고 재판을 하였다거나 법이 법관의 직무수행상 준수할 것을 요구하고 있는 기준을 현저하게 위반하는 등 법관이 그에게 부여된 권한의 취지에 명백히 어긋나게 이를 행사하였다고 인정할 만한 특별한 사정이 있어야 한다. (○)

② 사법보좌관이 민사집행법에 따라 배당표원안을 작성하고 확정하는 사법보좌관의 행위는 재판상 직무행위에 해당하나, 사법보좌관에 불과한 자의 재판상 직무행위에 대하여 법관의 재판상 직무행위로 인한 국가배상책임의 법리가 동일하게 적용될 수는 없다고 볼 것이다. (✕)

12 손해배상(기) – 사법작용에 대한 국가배상책임 [대판 2022.3.17. 2019다226975]

법관의 재판에 대한 국가배상책임이 인정되기 위한 요건 / 재판에 대하여 불복절차 또는 시정절차가 마련되어 있는 경우, 이를 통한 시정을 구하지 않은 사람이 국가배상에 의한 권리구제를 받을 수 있는지 여부(원칙적 소극) 및 이는 보전재판의 경우에도 마찬가지인지 여부(적극)

법관의 재판에 법령 규정을 따르지 않은 잘못이 있더라도 이로써 바로 재판상 직무행위가 국가배상법 제2조 제1항에서 말하는 위법한 행위로 되어 국가의 손해배상책임이 발생하는 것은 아니다. 법관의 오판으로 인한 국가배상책임이 인정되려면 법관이 위법하거나 부당한 목적을 가지고 재판을 하였다거나 법이 법관의 직무수행상 준수할 것을 요구하고 있는 기준을 현저하게 위반하는 등 법관이 그에게 부여된 권한의 취지에 명백히 어긋나게 이를 행사하였다고 인정할 만한 특별한 사정이 있어야 한다는 것이 판례이다(대판 2001.3.9. 2000다29905, 2001.4.24. 2000다16114, 2001.10.12. 2001다47290, 대판 2003.7.11. 99다24218 참조).

특히 재판에 대하여 **불복절차** 또는 시정절차가 마련되어 있는 경우, 법관이나 다른 공무원의 귀책사유로 불복에 의한 시정을 구할 수 없었다거나 그와 같은 시정을 구할 수 없었던 부득이한 사정이 없는 한, 그와 같은 **시정을 구하지 않은** 사람은 원칙적으로 **국가배상에 의한 권리구제를 받을 수 없다**(대판 2003.7.11. 99다24218, 대판 2016.10.13. 2014다215499 등 참조).

민사집행법은 보전처분 취소재판에 대한 즉시항고에 대하여 집행정지의 효력을 부여하고 있는 민사소송법 제447조 준용을 배제하고 있다(민사집행법 제286조 제7항, 제287조 제5항, 제288조 제3항, 제307조 제2항). 이는 집행부정지 원칙을 채택함으로써 증가하는 채권자의 위험을 감수하더라도 보전재

판의 신속한 절차진행이 더 중요하다고 본 입법자의 결단이라고 할 수 있다. 다만 민사집행법 제289조는 "가압류를 취소하는 결정에 대하여 즉시항고가 있는 경우에, 불복의 이유로 주장한 사유가 법률상 정당한 사유가 있다고 인정되고 사실에 대한 소명이 있으며, 그 가압류를 취소함으로 인하여 회복할 수 없는 손해가 생길 위험이 있다는 사정에 대한 소명이 있는 때에는, 법원은 당사자의 신청에 따라 담보를 제공하게 하거나 담보를 제공하지 아니하게 하고 가압류취소결정의 효력을 정지시킬 수 있다"라고 정하여 일정한 요건을 갖춘 경우 당사자의 신청에 따라 가압류취소결정의 효력을 정지시킬 수 있도록 하고 있고, 가처분취소결정에 대해서도 이를 준용하고 있다(민사집행법 제301조). 이러한 효력정지 제도는 법원의 잘못된 보전처분 취소결정으로 생길 수 있는 손해를 방지하기 위하여 법률에 규정된 긴급 구제절차라고 할 수 있다.

보전재판의 특성상 신속한 절차진행이 중시되고 당사자 일방의 신청에 따라 심문절차 없이 재판이 이루어지는 경우도 많다는 사정을 고려하여 <u>민사집행법에서는 보전재판에 대한 불복 또는 시정을 위한 수단으로서 즉시항고와 효력정지 신청 등 구제절차를 세심하게 마련해 두고 있다</u>. 재판작용에 대한 국가배상책임에 관한 판례는 재판에 대한 불복절차 또는 시정절차가 마련되어 있으면 이를 통한 시정을 구하지 않고서는 원칙적으로 국가배상을 구할 수 없다는 것으로, <u>보전재판이라고 해서 이와 달리 보아야 할 이유가 없다.</u>

│ 예상지문 │

① **법관**의 재판에 법령 규정을 따르지 않은 잘못이 있다면 이로써 바로 **재판상 직무행위**가 국가배상법 제2조 제1항에서 말하는 위법한 행위로 되어 국가의 손해배상책임이 발생하는 것이다.　　　　　　　(×)

② 재판에 대하여 **불복절차** 또는 시정절차가 마련되어 있는 경우, 법관이나 다른 공무원의 귀책사유로 불복에 의한 시정을 구할 수 없었다거나 그와 같은 시정을 구할 수 없었던 부득이한 사정이 없는 한, 그와 같은 **시정을 구하지 않은 사람**은 원칙적으로 **국가배상**에 의한 권리구제를 **받을 수 없다.**　　　　　　　(○)

---

13 손해배상(기) [대판 2024.3.12. 2020다290569]

사법경찰관의 체포·구속 등 수사활동이 위법함을 이유로 국가배상을 구하는 사건

1. 사법경찰관의 수사활동이나 수사과정에서 이루어지는 판단·처분 등이 위법하다고 평가되는 경우

수사기관으로서 피의사건을 조사하여 진상을 명백히 하는 구체적인 직무를 수행하는 사법경찰관으로서는 제반 상황에 대응하여 자신에게 부여된 권한을 적절하게 행사할 수 있고, 이러한 권한은 일반적으로 사법경찰관의 합리적인 재량에 위임되어 있다고 볼 수 있다. 그러므로 <u>사법경찰관의 **수사활동**이나 수사과정에서 이루어지는 판단·처분 등이 **위법하다고 평가**되기 위하여는 사법경찰관에게 이러한 권한을 부여한 형사소송법 등의 관련 법령의 취지와 목적에 비추어 구체적인 사정에 따라 사법경찰관의 **수사활동·판단·처분** 등이 **경험칙이나 논리칙**에 비추어 도저히 그 **합리성을 긍정할 수 없는 정도**에 이르렀다고 인정되는 경우라야 한다. 후일 그 범죄사실의 존재를 증명함에 **충분한 증거가 없다**는 등의 이유로 **검사의 불기소처분**이 있거나 **법원의 무죄판결**이 선고·확정되더라도 **마찬가지다**</u>(대판 2000.3.23. 99다44823, 44830, 대판 2005.9.9. 2003다29517, 대판 2006.12.7. 2004다14932 등 참조).

2. '판사의 영장 발부에 관한 결정'이나 '영장의 집행 결과에 따른 피의자의 체포 내지 구속 그 자체'에 관련한 사법경찰관의 수사활동이나 판단, 처분 등이 위법하다고 평가할 수 있는지 여부(원칙적 소극)

검사는 관할 지방법원 판사에게 청구하여 체포영장, 구속영장을 발부받아 피의자를 체포, 구속할 수 있고, 사법경찰관은 검사에게 신청하여 검사의 청구로 관할 지방법원 판사의 체포영장, 구속영장을 발부받아 피의자를 체포, 구속할 수 있다(형사소송법 제200조의2 제1항, 제201조 제1항). 체포영장, 구속영장의 청구를 받은 판사는 상당하다고 인정할 때에 이를 발부한다(형사소송법 제200조의2 제2항, 제201조 제4항).

따라서 체포영장 또는 구속영장은 검사의 청구에 의하여 관할 지방법원 판사가 체포, 구속의 사유와 필요성 등을 엄밀하게 심사하거나 심리하여 그 발부 여부를 결정하는 것이므로, 검사에게 영장의 청구를 신청할 수 있을 뿐인 **사법경찰관의 수사활동**이나 판단, 처분 등이 곧바로 **판사의 영장의 발부** 여부에 관한 결정을 **기속**하거나 좌우하는 것은 **아니다**. 체포영장 또는 구속영장으로 피의자를 체포, 구속하는 것은 체포영장, 구속영장을 집행한 결과일 뿐이다. 이 점을 고려하면, 사법경찰관이 수사를 통해 검사의 영장 청구에 관한 판단이나 판사의 영장 발부에 관한 결정에 영향을 줄 수 있는 **증거나 자료를 확보**하였음에도 불구하고 그 증거나 자료를 **일부라도 누락**하거나 **조작하는 경우**와 같이 사법경찰관의 독자적인 위법행위가 인정되는 등의 **특별한 사정이 없는 한**, '판사의 영장 발부에 관한 결정'이나 '영장의 집행 결과'에 따른 피의자의 **체포 내지 구속 그 자체**'에 관련해서는 원칙적으로 **사법경찰관의 수사활동**이나 판단, 처분 등이 **위법**하다고 평가하기 **어렵다**.

※ 사법경찰관이 관할 지방법원 판사가 발부한 체포영장·구속영장에 의하여 송유관 기름 절도범행의 피의자인 원고를 체포·구속하였는데, 송치 후 검사가 혐의에 관한 증거가 부족하다는 이유로 원고를 석방하고 최종적으로 혐의없음 처분을 하였음. 이에 원고는 사법경찰관이 자신을 체포·구속한 것을 포함하여 사법경찰관의 수사활동 등이 위법하고 이로 인해 정신적 고통을 겪게 되었다고 주장하면서, 피고(대한민국)를 상대로 국가배상을 청구한 사안임.
원심은, 범죄혐의에 대한 객관적 증거가 부족하고 체포나 구속사유에 대한 소명이 부족한데도 원고를 체포·구속하는 데에 나아간 사법경찰관의 행위가 위법하다고 보아, 원고의 청구를 일부 인용하였음.
대법원은 아래와 같은 법리를 설시하면서, 이 사건 체포·구속이나 이 사건 접견제한조치가 경험칙이나 논리칙에 비추어 도저히 그 합리성을 긍정할 수 없을 정도에 이르렀다고 보기 부족하고, 사법경찰관이 수사를 통해 검사의 영장 청구에 관한 판단이나 판사의 영장 발부에 관한 결정에 영향을 줄 수 있는 증거나 자료를 확보하였음에도 불구하고 그 증거나 자료를 일부라도 누락하거나 조작하는 경우와 같이 사법경찰관의 독자적인 위법행위가 인정되는 등의 특별한 사정이 나타나지 않을 뿐만 아니라 원심이 그에 관한 심리를 진행한 바도 없다고 보아, 이와 달리 사법경찰관이 원고를 체포·구속한 행위가 위법하다고 판단하면서 피고의 손해배상책임을 일부 인정한 원심을 파기·환송함.

| 예상지문 |

① **사법경찰관의 수사활동**이나 판단, 처분 등이 곧바로 **판사의 영장의 발부** 여부에 관한 결정을 **기속**하거나 좌우하는 것은 아니다..   (○)

② **사법경찰관이 수사**를 통해 검사의 영장 청구에 관한 판단이나 **판사의 영장 발부**에 관한 결정에 **영향을 줄 수 있는 증거나 자료를 확보**하였음에도 불구하고 그 증거나 자료를 **일부라도 누락**하거나 조작하는 경우와

같이 사법경찰관의 독자적인 위법행위가 인정되는 등의 **특별한 사정이 없는** 한, '판사의 영장 발부에 관한 **결정**'이나 '영장의 집행 결과에 따른 피의자의 체포 내지 구속 그 자체'에 관련해서는 원칙적으로 **사법경찰관의 수사활동이나 판단, 처분** 등이 **위법하다고 평가하기 어렵다.** (○)

14 손해배상(기) – 부작위에 의한 국가배상책임 [대판 2020.5.28. 2017다211559]

판결요지

[1] 공무원의 **부작위**로 인한 국가배상책임을 인정하기 위해서는 공무원의 작위로 인한 국가배상책임을 인정하는 경우와 마찬가지로 '공무원이 직무를 집행하면서 고의 또는 과실로 법령을 위반하여 타인에게 손해를 입힌 때'라는 국가배상법 제2조 제1항의 요건이 충족되어야 한다. 여기서 '**법령 위반**'이란 엄격하게 형식적 의미의 **법령에 명시적으로** 공무원의 작위의무가 규정되어 있는데도 이를 **위반하는 경우만을** 의미하는 것은 아니고, **인권존중·권력남용금지·신의성실**과 같이 공무원으로서 마땅히 지켜야 할 준칙이나 규범을 지키지 않고 위반한 경우를 포함하여 널리 **객관적인 정당성이 없는 행위**를 한 경우를 포함한다. 국민의 생명·신체·재산 등에 관하여 절박하고 중대한 위험상태가 발생하였거나 발생할 우려가 있어서 국민의 생명·신체·재산 등을 보호하는 것을 **본래적 사명**으로 하는 국가가 **초법규적, 일차적**으로 그 위험 배제에 나서지 않으면 국민의 생명·신체·재산 등을 보호할 수 없는 경우에는 형식적 의미의 **법령에 근거가 없더라도** 국가나 관련 공무원에 대하여 그러한 **위험을 배제할 작위의무**를 인정할 수 있다. 그러나 그와 같이 절박하고 **중대한 위험상태**가 발생하였거나 발생할 우려가 **없는** 경우에는 원칙적으로 공무원이 **관련 법령을 준수**하여 직무를 수행하였다면 공무원의 부작위를 가지고 '고의 또는 과실로 **법령을 위반**'하였다고 할 수는 **없다.** 따라서 공무원의 부작위로 인한 국가배상책임을 인정할 것인지 여부가 문제 되는 경우에 관련 공무원에 대하여 작위의무를 명하는 법령 규정이 없다면 공무원의 부작위로 인하여 침해된 국민의 법익 또는 국민에게 발생한 손해가 어느 정도 심각하고 절박한 것인지, 관련 공무원이 그와 같은 결과를 예견하여 결과를 회피하기 위한 조치를 취할 가능성이 있는지 등을 종합적으로 고려하여 판단하여야 한다.

[2] 상급행정기관이 소속 공무원이나 하급행정기관에 대하여 업무처리지침이나 법령의 해석·적용 기준을 정해 주는 '행정규칙'은 일반적으로 행정조직 내부에서만 효력을 가질 뿐 대외적으로 국민이나 법원을 구속하는 효력이 없다. 공무원의 조치가 **행정규칙을 위반**하였다고 해서 그러한 사정만으로 **곧바로 위법**하게 되는 것은 **아니고,** 공무원의 조치가 **행정규칙을 따른** 것이라고 해서 **적법성이 보장**되는 것도 **아니다.** 공무원의 조치가 적법한지는 행정규칙에 적합한지 여부가 아니라 상위 법령의 규정과 입법 목적 등에 적합한지 여부에 따라 판단해야 한다.

[3] 자살예방 및 생명존중문화 조성을 위한 법률과 장병의 자살예방 대책과 관련한 부대관리훈령 등의 규정 내용을 종합하면, 자살우려자 식별과 신상파악·관리·처리의 책임이 있는 각급 부대의 지휘관 등 관계자는 장병의 자살을 예방하기 위해 마련된 부대관리훈령 등의 관련 규정을 준수하여 자살이 우려되는 장병을 식별하고 장병의 신상을 파악하려고 노력하고, 자살의 가능성이 확인된 장병에 대해서는 정신과 군의관의 진단 등을 거쳐 그 결과에 따라 해당 장병을 적절하게 관리하는 등의 조치를 취하여 자살 등의 사고를 미리 방지하고 그가 신체적·정신적 건강을 회복할 수 있도록 할 의무가 있다. 각급 부대의 관계자가 위와 같은 자살예방 관련 규정에 따라 필요한 조치를 취하지 않은 상황에서 소속 장병의 자살 사고가 발생한 경우, 자살 사고가 발생할 수 있음을 예견

할 수 있었고 그러한 조치를 취했을 경우 자살 사고의 결과를 회피할 수 있었다면, 특별한 사정이 없는 한 해당 관계자의 직무상 의무 위반과 이에 대한 과실이 인정되고, 국가는 국가배상법 제2조 제1항에 따라 배상책임을 진다.

[4] 해군 기초군사교육단에 입소하여 교육을 받은 후 하사로 임관한 甲이 해군교육사령부에서 받은 인성검사에서 '부적응, 관심, 자살예측'이라는 결과가 나왔으나, 甲의 소속 부대 당직소대장 乙은 위 검사 결과를 교관 등에게 보고하지 않았고, 甲은 그 후 실시된 면담 및 검사에서 특이사항이 없다는 판정을 받고 신상등급 C급(신상에 문제점이 없는 자)으로 분류되었는데 함선 근무 중 자살한 사안에서, 甲이 해군교육사령부에서 받은 인성검사에서 자살이 예측되는 결과가 나타난 이상 당시 甲에게 자살 가능성이 있음을 충분히 예견할 수 있는 사정이 있었는데도 위 인성검사 결과를 제대로 반영하지 아니한 것은 자살우려자 식별과 신상파악·관리·처리의 책임이 있는 교관, 지휘관 등 관계자가 자살예방 및 생명존중문화 조성을 위한 법률 및 장병의 자살을 예방하기 위해 마련된 관련 규정들에 따른 조치 등 甲의 자살을 방지하기 위해 필요한 조치를 할 직무상 의무를 과실로 위반한 것이고, 그와 같은 직무상 의무 위반과 위 자살 사고 사이에 상당인과관계가 있다고 보아 국가의 배상책임을 인정한 사례.

예상지문

① 상급행정기관이 소속 공무원이나 하급행정기관에 대하여 업무처리지침이나 법령의 해석·적용 기준을 정해 주는 '**행정규칙**'은 일반적으로 행정조직 내부에서만 효력을 가질 뿐 **대외적으로** 국민이나 법원을 구속하는 **효력이 없다.** 공무원의 조치가 **행정규칙을** 위반하였다고 해서 그러한 사정만으로 **곧바로** 위법하게 되는 것은 아니고, 공무원의 조치가 **행정규칙을 따른** 것이라고 해서 **적법성이 보장**되는 것도 아니다. **공무원의 조치가 적법한지는** 행정규칙에 적합한지 여부가 아니라 **상위법령**의 규정과 입법 목적 등에 적합한지 여부에 따라 판단해야 한다. (O)

② 甲이 해군교육사령부에서 받은 **인성검사**에서 **자살이 예측**되는 결과가 나타난 이상 당시 甲에게 **자살 가능성**이 있음을 **충분히 예견**할 수 있는 사정이 있었는데도 위 인성검사 결과를 제대로 반영하지 아니한 것은 甲의 **자살을 방지**하기 위해 **필요한 조치를 할 직무상 의무**를 과실로 **위반**한 것이고, 그와 같은 직무상 의무 위반과 위 자살 사고 사이에 **상당인과관계**가 있으므로 국가의 **배상책임이 인정**된다. (O)

기출지문

① 공무원의 부작위로 인한 국가배상책임을 인정하기 위한 조건인 '**법령에 위반하여**'라고 함은 엄격하게 **형식적 의미의 법령**에 명시적으로 공무원의 작위의무가 정하여져 있음에도 이를 위반하는 경우만을 의미하는 것은 아니고 **인권존중**·권력남용금지·신의성실과 같이 공무원으로서 마땅히 지켜야 할 준칙이나 규범을 지키지 아니하고 위반한 경우를 포함하여 널리 그 행위가 객관적인 정당성을 결여하고 있는 경우도 **포함한다.** [13변시] (O)

② 공무원의 부작위가 공무원으로서 마땅히 지켜야 할 준칙이나 규범을 위반한 경우를 포함하여 널리 객관적인 정당성이 없는 경우, 그 부작위는 '법령을 위반'하는 경우에 해당한다. [22지방7급] (O)

③ 상급행정기관이 소속 공무원이나 하급행정기관에 대하여 업무처리지침이나 법령의 해석·적용 기준을 정해 주는 행정규칙을 위반한 공무원의 조치가 있다고 해서 그러한 사정만으로 곧바로 그 조치의 위법성이 인정되는 것은 아니다. [22지방7급] (O)

④ 군대의 특성상 군대 내에서 장병의 자살을 예방할 의무에 관한 명시적인 법률 및 구체적인 규정이 있는 경우에만 지휘관 등 상급자에게 자살 장병에 대한 직무상 의무위반 및 과실을 인정할 수 있다. [22-3] (X)

15 건축허가신청반려처분취소 [대판 2021.7.21. 2021두33838]

판결요지

[1] 공무원의 **부작위로 인한 국가배상책임**을 인정하기 위해서는 공무원의 작위로 인한 국가배상책임을 인정하는 경우와 마찬가지로 '공무원이 직무를 집행하면서 고의 또는 과실로 법령을 위반하여 타인에게 손해를 입힌 때'라고 하는 **국가배상법 제2조 제1항**의 요건이 충족되어야 한다. 여기서 '**법령을 위반**하여'란 엄격하게 형식적 의미의 법령에 명시적으로 공무원의 작위의무가 정하여져 있음에도 이를 위반하는 경우만을 의미하는 것은 아니고, **인권존중 · 권력남용금지 · 신의성실**과 같이 공무원으로서 마땅히 지켜야 할 준칙이나 규범을 지키지 아니하고 위반한 경우를 포함하여 널리 그 행위가 객관적인 정당성을 결여하고 있는 경우도 포함한다. 따라서 국민의 생명 · 신체 · 재산 등에 대하여 절박하고 중대한 위험상태가 발생하였거나 발생할 상당한 우려가 있어서 국민의 생명 등을 보호하는 것을 본래적 사명으로 하는 국가가 초법규적 · 일차적으로 그 위험의 배제에 나서지 아니하면 국민의 생명 등을 보호할 수 없는 경우에는 형식적 의미의 법령에 근거가 없더라도 국가나 관련 공무원에 대하여 그러한 위험을 배제할 작위의무를 인정할 수 있다. 그러나 그와 같은 **절박하고 중대한 위험상태**가 발생하였거나 발생할 상당한 우려가 있는 경우가 아닌 한, 원칙적으로 공무원이 관련 **법령에서 정하여진** 대로 (통상적인) **직무를 수행**하였다면 그와 같은 공무원의 (위험배제의) **부작위**를 가지고 '고의 또는 과실로 법령을 위반'하였다고 할 수는 없다. 따라서 공무원의 부작위로 인한 국가배상책임을 인정할 것인지가 문제 되는 경우에 관련 공무원에 대하여 작위의무를 명하는 법령의 규정이 없는 때라면 공무원의 부작위로 인하여 침해되는 국민의 법익 또는 국민에게 발생하는 손해가 어느 정도 심각하고 절박한 것인지, 관련 공무원이 그와 같은 결과를 예견하여 그 결과를 회피하기 위한 조치를 취할 수 있는 가능성이 있는지 등을 종합적으로 고려하여 판단하여야 한다.

[2] 구 개발제한구역의 지정 및 관리에 관한 특별조치법 시행령 제22조 [별표 2] 제4호 (마)목은 "이주단지를 조성한 후 또는 건축물을 **이축한 후의 종전 토지**는 다른 사람의 소유인 경우와 공익사업에 편입된 경우를 제외하고는 그 지목을 전 · 답 · 과수원, 그 밖에 **건축물의 건축을 위한 용도가 아닌 지목으로 변경하여야** 한다"라고 규정하면서 그 **변경 주체와 절차**에 대해서는 **아무런 규정**을 두고 있지 않다. 따라서 위 규정을 **관련 공무원**에 대하여 **건축물 이축**에 있어 **종전 토지의 지목**을 건축물의 **건축을 위한 용도가 아닌** 지목으로 **변경하여야 할 적극적인 작위의무**를 명하는 규정으로 볼 수 **없고**, 관련 법령에 그와 같은 작위의무 규정을 찾아볼 수도 **없다**.

| 예상지문 |

① 관련 공무원에 대하여 **작위의무를 명**하는 법령의 **규정이 없는** 때라면 공무원의 부작위로 인하여 침해되는 국민의 법익 또는 국민에게 발생하는 **손해가** 어느 정도 **심각하고 절박**한 것인지, 관련 공무원이 그와 같은 **결과를 예견**하여 그 **결과를 회피**하기 위한 조치를 취할 수 있는 **가능성**이 있는지 등을 **종합적**으로 고려하여 판단하여야 한다.　　　　　　　　　　　　　　　　　　　　　　　　　　　　　　　　　　(○)

② 관련 공무원이 **건축물 이축**에 있어 종전 토지의 지목을 건축물의 **건축을 위한 용도가 아닌 지목으로 변경하여야 할 적극적인 작위의무 부작위**하여 지적공부에 따라 지상 **건축이 가능**한 것으로 **오인하여** 이 사건 **토지를 취득**한 경우 관련 공무원이 속한 지방자치단체는 **배상책임이 인정**된다.　　　　(×)

① 공무원의 직무집행이 법령이 정한 요건과 절차에 따라 이루어진 것이라면, 그 과정에서 개인의 권리가 침해되는 일이 생긴다고 하더라도, 특별한 사정이 없는 한 그 직무집행의 법령적합성이 곧바로 부정되는 것은 아니다. [23변시]　　　　　　　　　　　　　　　　　　　　　　　　　　　　　　　　　　　(○)

② 공무원의 직무집행이 법령이 정한 요건과 절차에 따라 이루어진 것이라도 그 과정에서 개인의 권리가 침해되는 일이 생긴다면 특별한 사정이 없는 한 「국가배상법」상 위법성이 인정된다. [23-1, 21-2]　　　　　　　　(×)

16 부마민주항쟁 관련자의 보상등 [대판 2023.9.21. 2023다230476]

[1] 부마민주항쟁 관련자의 명예회복 및 보상 등에 관한 법률 제32조 제2항에 따라 보상금 등 지급결정에 동의함으로써 성립하는 재판상 화해의 대상에 부마민주항쟁과 관련하여 입은 피해 중 '정신적 손해' 부분이 포함되는지 여부(소극)

'부마민주항쟁 관련자의 명예회복 및 보상 등에 관한 법률'(이하 '**부마항쟁보상법**')은 보상항목으로 보상금과 생활지원금 및 의료지원금(이하 '보상금 등')을 규정하고 있는데, 부마항쟁보상법과 그 시행령이 규정하는 구체적인 지급대상, 지급요건, 지급액 산정기준 등을 종합하여 보면 보상금은 <u>소극적 손실이나 손해</u>에 대한 보상 또는 배상의 성격을, 생활지원금은 소극적 손실이나 손해에 대한 <u>보상 또는 배상 및 사회보장의 성격</u>을, 의료지원금은 적극적 손실이나 손해에 대한 보상 또는 배상의 성격을 가지는 것으로 해석된다.

부마항쟁보상법 제32조 제2항은 "신청인이 제28조에 따라 이 법에 따른 보상금 등의 지급결정에 동의한 때에는 부마민주항쟁과 관련하여 입은 피해에 대하여 민사소송법에 따른 재판상 화해가 성립된 것으로 본다."라고 규정하고 있다(이하 '화해간주조항'). 화해간주조항은 관련자와 그 유족이 위원회의 지급결정에 동의하여 적절한 보상을 받은 경우 보상금 등 지급절차를 신속하게 이행·종결시킴으로써 이들을 신속히 구제하고 보상금 등 지급결정에 안정성을 부여하기 위하여 도입된 것으로서, 화해간주조항에서 규정하는 '피해'란 적법한 행위로 발생한 '손실'과 위법한 행위로 발생한 '손해'를 모두 포함하는 포괄적인 개념에 해당한다. 그런데 앞서 본 바와 같이 <u>부마항쟁보상법과 그 시행령이 규정하는 보상금 등에는 정신적 손해배상에 상응하는 항목이 존재하지 아니하고, 위원회가 보상금 등을 산정함에 있어 정신적 손해를 고려할 수 있다는 규정도 확인되지 아니한다. 따라서 보상금 등의 지급만으로 **정신적 손해**에 대한 **적절한 배상**이 이루어졌다고 보기 **어렵다**.</u>

정신적 손해에 대해 적절한 배상이 이루어지지 않은 상태에서 **화해간주조항**에 따라 **정신적 손해를 포함**한 피해 일체에 대해 재판상 화해가 성립한 것으로 간주한다면, 적극적·소극적 손실이나 손해의 보상 또는 배상에 상응하는 보상금 등 지급결정에 동의하였다는 사정만으로 정신적 손해에 대한 국가배상청구를 제한하는 것으로서 **국가배상청구권에 대한 과도한 제한**에 해당한다. 나아가 적절한 손실보상과 손해배상을 전제로 한 관련자의 신속한 구제와 지급결정에 대한 안정성 부여라는 공익에도 부합하지 아니한다.

<u>따라서 **화해간주조항**에 따라 보상금 등 지급결정에 **동의함**으로써 성립하는 **재판상 화해의 대상**에 부마민주항쟁과 관련하여 입은 피해 중 '**정신적 손해**' 부분은 **포함되지 아니**한다고 해석함이 타당하다.</u>

① **부마항쟁보상법의 화해간주조항**에 따라 정신적 손해를 포함한 피해 일체에 대해 재판상 화해가 성립한 것으로 간주하는 것이 분쟁의 일회적 해결이나는 점에서 바람직 하므로, 보상금 등 지급결정에 동의하였다는 사정만으로 **정신적 손해**에 대한 국가배상청구를 **제한**하는 것이 **국가배상청구권에 대한 과도한 제한**으로 보기는 어렵다. (×)

② **부마항쟁보상법의 화해간주조항**에 따라 보상금 등 지급결정에 동의함으로써 성립하는 **재판상 화해**의 대상에 부마민주항쟁과 관련하여 입은 피해 중 '**정신적 손해**' 부분은 **포함되지 아니**한다고 해석함이 타당하다. (O)

17 손해배상(기) – 항고소송의 기판력이 국배에 미치는지 [대판 2021.6.30. 2017다249219]

판결요지

행정처분이 나중에 **항고소송**에서 위법하다고 판단되어 **취소되더라도** 그것만으로 행정처분이 공무원의 **고의나 과실**로 인한 **불법행위**를 구성한다고 **단정할 수 없다**. 보통 일반의 공무원을 표준으로 하여 볼 때 위법한 행정처분의 담당 공무원이 객관적 주의의무를 소홀히 하고 그로 인해 행정처분이 객관적 정당성을 잃었다고 볼 수 있는 경우에 국가배상법 제2조가 정한 국가배상책임이 성립할 수 있다. 이 때 객관적 정당성을 잃었는지는 행위의 양태와 목적, 피해자의 관여 여부와 정도, 침해된 이익의 종류와 손해의 정도 등 여러 사정을 종합하여 판단하되, 손해의 전보책임을 국가 또는 지방자치단체가 부담할 만한 실질적 이유가 있는지도 살펴보아야 한다.

① **행정처분**이 나중에 **항고소송**에서 위법하다고 판단되어 **취소되더라도** 그것만으로 행정처분이 공무원의 **고의나 과실**로 인한 **불법행위**를 구성한다고 **단정할 수 없다**. (O)

② 원고는 이 사건 사업부지 매수를 완료한 다음 2년 이상 사업을 준비하여 수개월 동안 피고의 **관계부서와 협의**를 하여 이 사건 **사업계획 승인신청**을 하였고 이후 수개월에 걸쳐 피고의 **보완 요청**에 응하여 사업계획 승인에 필요한 요건을 갖추었으나, **경관 훼손이나 교통 영향** 등에 관해서는 **종전에 문제 삼지 않**거나 원고에게 보완을 요구하여 관련 자료를 제출받았는데도 객관적 자료 없이 이러한 사유로 **불승인처분**을 하였다면 담당 공무원의 업무 수행은 보통 일반의 공무원을 표준으로 하여 볼 때 **객관적 주의의무를 소홀**히 한 것으로 볼 수 있다. (O)

18 손해배상 – 복수정답인정에 따른 국가배상 청구 [대판 2022.4.28. 2017다233061]

[1] 어떠한 행정처분이 항고소송에서 취소된 경우, 그 기판력으로 곧바로 국가배상책임이 인정되는지 여부 (소극) 및 이 경우 국가배상책임이 인정되기 위한 요건과 판단 기준

어떠한 행정처분이 항고소송에서 취소되었다고 할지라도 그 기판력으로 곧바로 국가배상책임이 인정될 수는 없고, '공무원이 직무를 집행하면서 고의 또는 과실로 법령을 위반하여 타인에게 손해를 입힌 때'라고 하는 국가배상법 제2조 제1항의 요건이 충족되어야 한다. 보통 일반의 공무원을 표준으로 공무원이 객관적 주의의무를 소홀히 하고 그로 말미암아 객관적 정당성을 잃었다고 볼 수 있

으면 국가배상법 제2조가 정한 국가배상책임이 성립할 수 있다. 객관적 정당성을 잃었는지는 침해행위가 되는 행정처분의 양태와 목적, 피해자의 관여 여부와 정도, 침해된 이익의 종류와 손해의 정도 등 여러 사정을 종합하여 판단하여야 한다(대판 2000.5.12. 99다70600, 대판 2021.10.28. 2017다219218 등 참조).

[2] 법령에 따라 국가가 시행과 관리를 담당하는 시험에서 시험문항의 출제나 정답결정에 대한 오류 등의 위법을 이유로 시험출제에 관여한 공무원이나 시험위원의 고의 또는 과실에 따른 국가배상책임을 인정하기 위한 요건 및 판단 기준

법령에 따라 국가가 시행과 관리를 담당하는 시험에서 시험문항의 출제나 정답결정에 대한 오류 등의 위법을 이유로 시험출제에 관여한 공무원이나 시험위원의 고의 또는 과실에 따른 국가배상책임을 인정하기 위해서는, 해당 시험이 응시자에 대하여 일정한 수준을 갖추었는지를 평가하여 특정한 자격을 부여하는 사회적 제도로서 공익성을 가지고 있는지 여부, 국가기관이나 소속 공무원이 시험문제의 출제, 정답결정 등의 결정을 위하여 외부의 전문 시험위원을 법령에서 정한 요건과 절차에 따라 적정하게 위촉하였는지 여부, 위촉된 시험위원들이 최대한 주관적 판단의 여지를 배제하고 객관적 입장에서 해당 과목의 시험을 출제하였으며 시험위원들 사이에 출제된 문제와 정답의 결정과정에 다른 의견은 없었는지 여부, 시험문항의 출제나 정답결정에 대한 오류가 사후적으로 정정되었고 응시자들에게 국가기관이나 소속 공무원이 그에 따른 적절한 구제조치를 하였는지 여부 등의 여러 사정을 종합하여 시험출제에 관여한 공무원이나 시험위원이 객관적 주의의무를 소홀히 하여 시험문항의 출제나 정답결정에 대한 오류 등에 따른 행정처분이 객관적 정당성을 상실하였다고 판단되어야 한다(대판 2003.11.27. 2001다33789, 33796, 33802, 33819 등 참조).

⇨ 2013. 11. 7. 실시된 2014년 대학수학능력시험에서 세계지리 8번 문제에 대한 정답결정에 재량의 일탈·남용이 있었다는 법원 판결에 따라 복수정답이 인정된 사안에서 응시생들이 출제와 정답결정의 오류에 대한 위법성을 주장하며 국가배상을 구하였음. 원심은 원고들의 정신적 손해에 대한 위자료를 일부 인정하였으나 대법원은 문제출제, 이의처리, 복수정답 인정과 피해자 구제 과정을 종합하여 볼 때 국가배상을 인정할 정도의 객관적 정당성을 상실하였다고 보기 어렵다는 이유로 원심판결을 파기하였음.

| 예상지문 |

① 어떠한 행정처분이 **항고소송에서 취소**되었다고 할지라도 그 **기판력**으로 곧바로 **국가배상책임**이 인정될 수는 없고, '공무원이 직무를 집행하면서 고의 또는 과실로 법령을 위반하여 타인에게 손해를 입힌 때'라고 하는 국가배상법 제2조 제1항의 요건이 충족되어야 한다. (○)

② 법령에 따라 국가가 시행과 관리를 담당하는 시험에서 시험문항의 출제나 정답결정에 대한 오류 등의 위법을 이유로 국가배상책임을 인정하기 위해서는 여러 사정을 종합하여 **시험출제**에 관여한 공무원이나 시험위원이 객관적 주의의무를 소홀히 하여 **시험문항의 출제나 정답결정에 대한 오류** 등에 따른 행정처분이 **객관적 정당성을 상실**하였다고 판단되어야 한다. (○)

손해배상(기) - 공법인 임직원·피용인의 배상책임 [대판 2021.1.28. 2019다260197]

판결요지

[1] **공법인이** 국가로부터 **위탁받은** 공행정사무를 집행하는 과정에서 **공법인의 임직원이나 피용인**이 고의 또는 과실로 **법령을 위반**하여 타인에게 손해를 입힌 경우에는, **공법인**은 위탁받은 공행정사무에 관한 **행정주체의 지위**에서 **배상책임을 부담**하여야 하지만, 공법인의 **임직원이나 피용인**은 실질적인 의미에서 공무를 수행한 사람으로서 **국가배상법 제2조**에서 정한 **공무원에 해당**하므로 **고의 또는 중과실**이 있는 **경우에만 배상책임**을 부담하고 경과실이 있는 경우에는 배상책임을 면한다. 한편 **공무원의 중과실**이란 공무원에게 통상 요구되는 정도의 상당한 주의를 하지 않더라도 약간의 주의를 한다면 손쉽게 위법·유해한 결과를 예견할 수 있는 경우임에도 만연히 이를 간과한 경우와 같이, 거의 고의에 가까운 현저한 주의를 결여한 상태를 의미한다.

[2] 변호사법의 변호사등록 관련 규정들의 내용과 체계에다가, 변호사등록의 '자격제도'로서의 성격, 입법자가 사회적 필요 내지 공익적 요구에 상응하여 변호사법 제8조 제1항 각호의 등록거부사유를 새롭게 추가하여 왔던 입법 연혁 등을 종합하여 보면, 변호사법 제8조 제1항 각호에서 정한 등록거부사유는 한정적 열거규정으로 봄이 타당하다.

[3] 甲이 선고유예 판결의 확정으로 변호사등록이 취소되었다가 선고유예기간이 경과한 후 대한변호사협회에 변호사 등록신청을 하였는데, 협회장 乙이 등록심사위원회에 甲에 대한 변호사등록 거부 안건을 회부하여 소정의 심사과정을 거쳐 대한변호사협회가 甲의 변호사등록을 마쳤고, 이에 甲이 대한변호사협회 및 협회장 乙을 상대로 변호사 등록거부사유가 없음에도 위법하게 등록심사위원회에 회부되어 변호사등록이 2개월간 지연되었음을 이유로 손해배상을 구한 사안에서, 대한변호사협회는 등록신청인이 변호사법 제8조 제1항 각호에서 정한 등록거부사유에 해당하는 경우에만 변호사등록을 거부할 수 있고, 그 외 다른 사유를 내세워 변호사등록을 거부하거나 지연하는 것은 허용될 수 없는데, 甲의 선고유예 판결에 따른 결격사유 이외에 변호사법이 규정한 다른 등록거부사유가 있는지 여부를 짧은 시간 안에 명백하게 확인할 수 있었음에도 그러한 확인절차를 거치지 않은 채 단순한 의심만으로 변호사등록 거부 안건을 등록심사위원회에 회부하고, 여죄 유무를 추궁한다며 등록심사기간을 지연시킨 것에 관하여 협회장 乙 및 등록심사위원회 위원들의 **과실이 인정**되므로, **대한변호사협회**는 이들이 속한 행정주체의 지위에서 배상책임을 부담하여야 하고, 甲에게 변호사등록이 위법하게 지연됨으로 인하여 얻지 못한 수입 상당액의 손해를 배상할 의무가 있는 반면, 乙은 **대한변호사협회의 장(長)**으로서 국가로부터 위탁받은 공행정사무인 '변호사등록에 관한 사무'를 수행하는 범위 내에서 국가배상법 제2조에서 정한 **공무원에 해당**하므로 **경과실** 공무원의 면책 법리에 따라 甲에 대한 배상책임을 부담하지 않는다.

| 예상지문 |

> **변호사 등록거부사유가 없음**에도 위법하게 등록심사위원회에 회부되어 **변호사등록이 지연**되었음을 이유로 대한변호사협회 및 협회장을 상대로 **얻지 못한 수입 상당액의 손해배상**을 청구한 경우 대한변호사협회 및 협회장의 과실이 인정되므로 각각 손해를 **배상할 의무**가 있다. (×)

① 변호사등록은 대한변호사협회가 「변호사법」에 의하여 국가로부터 위탁받아 수행하는 공행정사무에 해당한다.
[22경찰간부]   (○)

② 대한변호사협회는 공법인으로서 위탁받은 공행정사무에 관한 행정주체의 지위에서 배상책임을 부담한다.
[22-2]   (○)

③ 공법인의 피용인은 실질적인 의미에서 공무를 수행한 사람으로서 「국가배상법」 제2조에서 정한 공무원에 해당하므로 고의 또는 중과실이 있는 경우 배상책임을 부담한다. [22-2]   (○)

④ 공무원의 중과실이란 공무원에게 통상 요구되는 정도의 상당한 주의를 하지 않더라도 약간의 주의를 한다면 손쉽게 위법·유해한 결과를 예견할 수 있는 경우임에도 만연히 이를 간과한 경우와 같이, 거의 고의에 가까운 현저한 주의를 결여한 상태를 의미한다. [22-2]   (○)

⑤ 공법인이 국가로부터 위탁받은 공행정사무를 집행하는 과정에서 공법인의 임직원이 경과실로 법령을 위반하여 타인에게 손해를 입힌 경우, 공법인의 임직원은 「국가배상법」 제2조에서 정한 공무원에 해당하여 배상책임을 면한다. [23경찰간부]   (○)

⑥ 乙은 대한변호사협회장으로서 서울지방변호사회의 의견을 임의로 무시한 경과실이 인정되면 甲에 대한 개인적 배상책임을 부담한다. [22-2]   (×)

20 손해배상(기) [대판 2021.6.10. 2017다286874]

불법어로행위자가 단속반의 추적을 피해 해상도주를 하다 배가 좌초되어 바다로 추락·사망하였는데 단속공무원들이 구조의무 등을 위반하였다는 이유로 그 유족이 국가배상을 청구한 사안에서, 당시 구조와 관련된 단속공무원들의 판단이 결과론적·사후적 관점에서 최선이 아니었다는 이유로 과실을 단정할 수 있는지 여부(소극)

4. 구조의무 위반에 따른 손해배상책임 인정 여부

가. 공무원의 직무집행상 **과실이란** 공무원이 그 직무를 수행하면서 해당 직무를 담당하는 **평균인이 통상 갖추어야 할 주의의무를 게을리** 한 것을 말한다(대판 1987.9.22. 87다카1164 참조). 공무원에게 부과된 직무상 의무의 내용이 단순히 공공 일반의 이익을 위한 것이거나 행정기관 내부의 질서를 규율하기 위한 것이 아니고 전적으로 또는 부수적으로 사회구성원 개인의 안전과 이익을 보호하기 위하여 설정된 것이라면, 공무원이 그와 같은 직무상 의무를 위반함으로써 피해자가 입은 손해에 대해서는 상당인과관계가 인정되는 범위에서 국가가 배상책임을 진다. 이때 상당인과관계의 유무는 일반적인 결과 발생의 개연성은 물론 직무상 의무를 부과하는 법령을 비롯한 행동규범의 목적, 가해행위의 양태와 피해의 정도 등을 종합적으로 고려하여 판단하여야 한다(대판 1993.2.12. 91다43466, 대판 2016.7.27. 2014다227843 참조).

다. 이러한 사정을 위에서 본 법리에 비추어 살펴보면, 이 사건 감독공무원들에게 직무집행상 과실이 있다고 단정하기 어렵고, 나아가 이들의 행위와 소외 5의 사망 사이에 상당인과관계가 있다고 볼 수도 없다.

⇨ 이 사건 사고 주변 해역은 암초가 많고 조류가 센 편이며, 당시 기온이 낮고, 앞을 거의 볼 수 없는 어두운 상태였다. 이 사건 감독공무원들은 소외 5의 정확한 추락위치조차 모르는 상태였으므로 이 사건 사고선박 주변에서부터 그 수색 범위를 점차 넓혀갈 수밖에 없었고 혹시라도 이 사건 단

속정에 소외 5가 부딪히는 것을 방지하기 위해 수색작업 또한 천천히 진행할 수밖에 없었다. 더구나 유일한 이동·수색수단인 이 사건 단속정의 워터제트 흡입구에 이물질이 끼어 2차 사고가 발생하거나 도중에 단속정이 멈출 수 있는 위험이 있었다. 단속팀장인 소외 1로서는 이와 같은 여러 상황을 종합하여 제한된 인원과 장비로 암초수색과 해상수색을 무리하게 병행하기보다는 소외 2를 본부에 보내 정확한 상황을 알리면서 지원요청을 하고 아울러 단속정의 위험 상태를 해소한 후 수색하는 편이 낫다고 판단한 것으로 볼 수 있다.

물론 소외 2를 본부에 보내지 않고 무선으로 상황보고를 하는 것이 당시 더 합리적인 판단이었다고 볼 여지도 있으나, 무선 보고와 대면 보고를 반드시 같은 것으로 취급할 수 없을 뿐만 아니라 위와 같이 단속정의 고장 위험까지 있었다는 것을 함께 감안하면, 비록 그 결정이 결과론적·사후적 관점에서 최선이 아니었다고 하더라도 사고 당시를 기준으로 전혀 합리성이 없다거나 평균인이 통상 갖추어야 할 주의의무를 게을리 한 잘못이 있다고 쉽게 단정할 수는 없다.

| 예상지문 |

① 공무원에게 부과된 **직무상 의무의 내용**이 단순히 공공 일반의 이익을 위한 것이거나 행정기관 내부의 질서를 규율하기 위한 것이 아니고 **전적으로 또는 부수적으로** 사회구성원 **개인의 안전과 이익을 보호하기 위하**여 설정된 것이라면, 공무원이 그와 같은 **직무상 의무를 위반**함으로써 피해자가 입은 **손해**에 대해서는 **상당인과관계**가 인정되는 범위에서 국가가 **배상책임**을 진다. (O)

② **불법어로행위자**가 단속반의 추적을 피해 **해상도주**를 하다 **배가 좌초**되어 바다로 추락·사망하였는데 단속공무원들이 **구조의무 등을 위반**하였다는 이유로 그 유족이 **국가배상**을 청구한 사안에서, 당시 구조와 관련된 단속공무원들의 판단이 **결과론적·사후적 관점**에서 **최선이 아니었다고** 하더라도 사고 당시를 기준으로 전혀 합리성이 없다거나 평균인이 통상 갖추어야 할 주의의무를 게을리 한 잘못(과실)이 있다고 쉽게 **단정할 수는 없다**. (O)

21 손해배상(기) [대판 2024.2.8. 2020다209938]

아파트에 발생한 화재로 사망한 거주자들의 유족들이 지방자치단체를 상대로 손해배상을 구하는 사건

※ 소방공무원들에 의한 소방특별조사가 이루어진 **아파트에 화재**가 발생하여 거주자들이 사망하자, 그 유족인 원고들이 피고 경기도를 상대로 소방공무원들이 **소방특별조사** 당시 **건축법령 위반 사항**(방화문에 도어클로저 미설치)을 적발하여 시정하지 못한 **과실**이 있다고 주장하며 손해배상을 구하는 사안임.

원심은, 이 사건 아파트에는 계단실 방화문에 도어클로저가 설치되어야 함에도 시공 시부터 설치되지 않았고, 소방공무원들은 이 사건 조사를 할 때 도어클로저가 설치되지 않았음을 확인하지 않았고 이에 관한 시정명령 등의 지도·감독도 하지 않았으며, 이러한 소방공무원들의 직무상 의무위반과 이 사건 화재로 인한 위 거주자들의 사망 사이에 **상당인과관계**가 인정된다고 보아, 피고의 **배상책임을 인정**하였음.

대법원은, 구 소방시설법령에 비추어 볼 때 방화문에 방화문이 자동으로 닫히게 하는 장치인 **도어클로저가 설치**되었는지 여부는 방화시설의 설치·유지 및 관리에 관한 사항으로 구 소방시설법령에 따라 **소방특별조사**를 실시하는 경우 **반드시 조사하여야 하는 항목이 아니라** 조사의 목적을 달성하기 위해 필요한 경우에 실시할 수 있는 조사항목으로 보이고, 이 사건 조사 당시 **도어클로저 설치** 여부가 **조사항목에 포함되어 있지 않았다면**, 특별한 사정이 없는 한 **소방공무원들이 이를 확**

인하지 않았다고 하더라도 소방특별조사에 관한 **직무상 과실**이 있다고 보기는 **어렵다**고 보아(다만 방화시설 등의 설치·유지 및 관리에 관하여 현저한 의무위반이 있고 이를 시정하지 않으면 화재의 예방이나 확산방지가 어려울 것임이 명백한 경우 등과 같은 사유에 대해서는 소방특별조사의 조사항목에 포함되지 않는 사항이라도 소방공무원이 확인하고 조치하여야 하는 경우가 있을 수 있음), 이와 달리 방화문이 구 소방시설법령에서 정하는 '소방시설등'에 포함된다는 이유 등을 근거로 방화문에 도어클로저 설치 여부를 조사하지 않은 소방공무원들의 행위에 곧바로 직무상 과실이 있다고 판단한 <u>원심판결을 파기·환송함</u>.

방화문에 도어클로저 설치 여부가 구 소방시설법령에 따른 소방특별조사 시 필수 조사 항목인지 여부(원칙적 소극)

가. 구 「소방시설 설치·유지 및 안전관리에 관한 법률」(이하 '구 소방시설법') 제4조와 제5조는 소방방재청장, 소방본부장 또는 소방서장에게 소방대상물의 화재발생 위험을 확인하기 위한 소방특별조사와 그 결과에 따른 소방대상물의 개수 등의 조치명령에 관한 권한을 규정하고 있다. 구 「소방시설 설치·유지 및 안전관리에 관한 법률 시행령」(대통령령, 이하 '구 소방시설법 시행령') 제7조는 소방특별조사의 세부항목에 관하여 각 호에서 '소방안전관리 업무 수행에 관한 사항', '소방계획서의 이행에 관한 사항' 등을 규정하면서 본문 단서에서는 '소방특별조사의 목적을 달성하기 위하여 필요한 경우에는 구 소방시설법 제10조에 따른 방화시설의 설치·유지 및 관리에 관한 사항을 조사할 수 있다'고 규정하고 있다. 구 소방시설법 제10조에서 정하는 방화시설이란 건축법 제50조부터 제53조까지 규정에 따른 방화벽, 내부 마감재료 등으로 방화문도 여기에 포함되는 것으로 해석된다.

나. 이러한 법령 규정에 비추어 볼 때 **방화문에 도어클로저가 설치**되었는지 여부는 방화시설의 설치·<u>유지 및 관리에 관한 사항</u>으로 구 소방시설법과 구 소방시설법 시행령에 따라 **소방특별조사를 실시하는 경우 반드시 조사**하여야 하는 항목이 **아니라** 조사 목적 달성을 위해 **필요하다면 실시할 수 있는 조사 항목**으로 보인다.

---

22 손해배상(기) – 선박 제거를 명하는 행정처분에 따른 인양비용 상당의 손해배상

[대판 2020.7.9. 2017다56455]

판결요지

[1] 불법행위를 이유로 배상하여야 할 손해는 현실로 입은 확실한 손해에 한하므로, 가해자가 행한 불법행위로 인하여 피해자가 제3자에 대하여 채무를 부담하게 된 경우 피해자가 가해자에게 그 채무액 상당의 손해배상을 구하기 위해서는 채무의 부담이 현실적·확정적이어서 실제로 변제하여야 할 성질의 것이어야 하고, 현실적으로 손해가 발생하였는지 여부는 사회통념에 비추어 객관적이고 합리적으로 판단하여야 한다.

[2] 가해자가 행한 불법행위로 인하여 피해자에게 어떤 행정처분이 부과되고 확정되었다면 그 행정처분에 중대하고 명백한 하자가 있어 무효로 되지 아니한 이상 행정처분의 당사자인 피해자는 이를 이행할 의무를 부담하게 된다. 따라서 행정처분의 **이행에 비용**이 발생하는 경우에는 특별한 사정이 없는 한 행정처분 당시에 그 **비용 상당의 손해**가 **현실적으로 발생**한 것으로 볼 수 있다. 그러나 행정처분이 있은 이후 행정처분을 **이행하기 어려운 장애사유**가 있어 **오랫동안 이행**이 이루어지

지 않았고, 해당 **행정관청에서도** 이러한 **사정을 참작하여** 그 이행을 **강제하기 위한 조치를** 취하지 **않고** 불이행된 상태를 방치하는 등 특별한 사정이 있는 **경우에는 손해가 현실화되었다고** 인정하는 데 보다 **신중할 필요가** 있다. 이와 같은 경우에 **행정처분의 이행에 따른 비용** 상당의 **손해가 현실적·확정적으로** 발생하였다고 보기 위해서는 **행정처분 당시의 자료와 사실심 변론종결 시점까지 제출된 모든 자료를** 종합하여 **행정처분의 존재뿐만** 아니라 그 행정처분의 **이행가능성과 이행필요성이** 인정되어야 한다. 특히 당사자에게 부과된 행정처분을 이행하는 것이 기술적으로 매우 어렵고, 설령 가능하다고 하더라도 막대한 비용이 예상되어 실현가능성이 희박해 보이며, 행정처분 발령 당시와 달리 사실심 변론종결 시점에는 그 행정처분의 이행을 강행하여야 할 필요성에 의문이 제기되는 등의 예외적인 상황이 존재하고, 실제로 행정관청에서 장기간 행정처분이 불이행되고 있음에도 특별한 조치를 취하지 않고 있을 뿐만 아니라 제반 사정에 비추어 볼 때 부과된 행정처분이 취소나 철회될 가능성도 배제할 수 없는 경우라면, 행정처분을 받은 당사자가 **가까운 장래에** 그 행정처분을 **이행할 개연성을** 인정하기 **부족하여** 이행에 따른 비용 상당의 **손해가 확정적으로 발생하였다고 보기는 어렵다.** 그리고 불법행위로 인한 손해배상청구에서 위와 같은 **손해의 발생** 사실은 행정처분을 받은 당사자인 **피해자가 이를 증명하여야** 한다.

| 예상지문 |

① **행정처분의 이행에 비용이 발생**하는 경우에는 특별한 사정이 없는 한 행정처분 당시에 그 비용 상당의 손해 가 현실적으로 **발생한 것으로** 볼 수 있다.   (○)

② 행정처분이 있은 이후 행정처분을 **이행하기 어려운 장애사유가** 있어 오랫동안 이행이 이루어지지 않았고, 해당 **행정관청에서도** 이러한 **사정을 참작하여** 그 이행을 강제하기 위한 조치를 **취하지 않고** 불이행된 상태 를 방치하는 등 **특별한 사정이** 있는 경우에도 **손해가 현실화**되었다고 볼 수 **있다.**   (×)

③ 행정처분의 **이행에 따른 비용상당의** 손해가 **현실적·확정적**으로 발생하였다고 보기 위해서는 행정처분 당시 의 자료와 **사실심 변론종결** 시점까지 **제출된 모든 자료를** 종합하여 행정처분의 존재뿐만 아니라 그 행정처 분의 **이행가능성과 이행필요성이** 인정되어야 한다.   (○)

관련 판례

1 손해배상

甲이 소유하던 구분건물의 대지지분이 **등기공무원의 과실**로 실제 **지분보다 많은 지분으로 등기부에 잘못 기재** 되어 있는 상태에서 乙이 부동산임의경매절차를 통해 위 구분건물을 낙찰받아 소유권이전등기를 마친 다음 이 를 다시 丙 주식회사에 매도하여 丙 회사 명의의 소유권이전등기가 이루어졌는데, 그 후 丙 회사가 乙에게 '구 분건물의 대지지분이 등기부 기재와 다르므로 등기부 기재대로 부족지분을 취득하여 이전해 달라'는 취지의 내 용증명을 보내자, 乙이 등기공무원의 과실로 구분건물의 대지지분이 잘못 기재되는 바람에 실제 취득하지 못한 부족지분에 상응하는 만큼 **매매대금을 과다 지급**하는 손해를 입었다며 국가를 상대로 **손해배상을** 구한 사안에 서, 중간매도인인 乙은 丙 회사로부터 담보책임을 추궁당해 손해배상금을 지급하였거나 丙 회사에 대하여 손해 배상의 지급을 명하는 판결을 받는 등으로 丙 회사에 대해 현실적·확정적으로 실제 변제하여야 할 성질의 채 무를 부담하는 등 특별한 사정이 없는 한 위와 같이 **매매대금을 과다 지급**하였다거나 丙 회사로부터 부족지분 의 이전을 요구받았다는 사정만으로 **현실적으로 손해를** 입었다고 볼 수 **없는**데도, 이와 달리 보아 국가의 손해 배상책임을 인정한 원심판단에 법리오해의 잘못이 있다(대판 2019.8.14. 2016다217833).

2 손해배상(기)

甲 등이 토지 위에 건축물을 신축하면서 乙 지방자치단체에 건축신고를 하였는데, **乙 지방자치단체 소속 공무 원**이 위 토지가 군사기지 및 군사시설 보호법상 폭발물 관련 제한보호구역으로 지정되어 있었음에도 관할부대

장에게 **협의요청을 하지 않은 채** 건축신고를 **수리하였고**, 이후 **관할부대장이 공사중지 등을 요청**하여 乙 지방자치단체가 甲에게 건축물 신축을 **중지하라는 명령**을 내리자, 甲 등이 乙 지방자치단체를 상대로 건축신고 수리가 **적법하게 이루어진 것으로 믿고** 건축물의 **신축에 이르렀다가 이를 철거해야 할 의무**를 지게 되었다는 이유로 **손해배상을 구한** 사안에서, 乙 지방자치단체 소속 공무원의 과실은 인정되나, 위 건축물은 원심 **변론종결 시점까지 사용승인을 받지 못한** 관계로 건축법 제22조 제3항에 따라 위 건축물을 **사용하여서는 아니 되는 의무**가 부과되고 있을 뿐이고, 종전에 수리된 건축신고가 취소되거나 건축법 제79조 제1항에 따라 **위 건축물의 철거를 명하는 시정명령이 내려지지는 않은** 상태이며, 이는 그 취소나 시정명령이 후행처분으로서 실제로 이루어질 가능성에 의문을 제기하게 하거나 앞으로도 그와 같은 조치가 이루어지지 아니할 상당한 가능성이 있는 것은 아닌지 의문을 갖게 하는 사정에 해당하므로, 원심 **변론종결 시점까지** 위 건축물에 관한 **사용승인이 반려된 상태**가 지속되고 있다는 점만으로 甲 등에게 **가까운 장래에** 위 건축물의 철거 내지 이를 전제로 하는 **손해의 결과가 현실적·확정적으로** 발생하였다고 **단정하기 어려운데**, 이와 달리 본 원심판단에 법리오해의 잘못이 있다(대판 2020.10.15. 2017다278446).

23 손해배상(기) [대판 2020.10.15. 2017다278446]

판결요지

[1] 불법행위를 이유로 배상하여야 할 손해는 현실로 입은 확실한 손해에 한하므로, 가해자가 행한 **불법행위로** 인하여 **피해자가 채무를 부담**하게 된 경우 피해자가 **채무액 상당의 손해배상을** 구하기 위해서는 **채무부담이 현실적·확정적**이어서 실제로 변제하여야 할 성질의 것이어야 하고, 현실적 손해발생 여부는 사회통념에 비추어 객관적이고 합리적으로 판단하여야 한다.

[2] 가해자가 행한 불법행위로 인하여 피해자에게 어떤 행정처분이 부과되고 확정되었다면 그 행정처분에 중대하고 명백한 하자가 있어 무효로 되지 아니한 이상 행정처분의 당사자인 피해자는 이를 이행할 의무를 부담하게 된다. 따라서 행정처분의 **이행비용이 발생**하는 경우 특별한 사정이 없는 한 처분 당시 그 비용상당의 **손해가 현실적으로 발생**한 것으로 볼 수 있다.
그러나 행정처분이 있은 이후 행정처분을 **이행하기 어려운 장애사유가** 있어 오랫동안 이행이 이루어지지 않았고, 해당 **행정관청에서도** 이러한 사정을 참작하여 그 이행을 강제하기 위한 조치를 취하지 않고 **불이행된 상태를 방치하는** 등 특별한 사정이 있는 경우에는 **손해가 현실화되었다고** 인정하는 데 보다 **신중할 필요가** 있다. 이와 같은 경우에 행정처분의 **이행에 따른 비용** 상당의 손해가 **현실적·확정적으로** 발생하였다고 보기 위해서는 행정처분 당시의 자료와 사실심 변론종결 시점까지 제출된 모든 자료를 종합하여 **행정처분의 존재**뿐만 아니라 그 행정처분의 **이행가능성과 이행필요성이** 인정되어야 한다.

[3] 甲 등이 토지 위에 건축물을 신축하면서 乙 지방자치단체에 건축신고를 하였는데, 乙 지방자치단체 소속 공무원이 위 토지가 군사기지 및 군사시설 보호법상 폭발물 관련 제한보호구역으로 지정되어 있었음에도 관할부대장에게 협의요청을 하지 않은 채 건축신고를 수리하였고, 이후 관할부대장이 공사중지 등을 요청하여 乙 지방자치단체가 甲에게 건축물 신축을 중지하라는 명령을 내리자, 甲 등이 乙 지방자치단체를 상대로 건축신고 수리가 적법하게 이루어진 것으로 믿고 건축물의 신축에 이르렀다가 이를 철거해야 할 의무를 지게 되었다는 이유로 손해배상을 구한 사안에서, 원심 변론종결 시점까지 위 건축물에 관한 **사용승인이 반려된** 상태가 지속되고 있다는 점만으로 甲 등에게 가까운 장래에 위 **건축물의 철거** 내지 이를 전제로 하는 **손해의 결과가 현실적·확정적으로** 발생하였다고 **단정하기 어려운데**, 이와 달리 본 원심판단에 법리오해의 잘못이 있다.

가해자가 행한 **불법행위**로 인하여 **피해자가 채무를 부담**하게 된 경우 피해자가 **채무액 상당의 손해배상**을 구하기 위해서는 **채무부담**이 **현실적 · 확정적**이어서 실제로 변제하여야 할 성질의 것이어야 한다.　　　　　(O)

24 손해배상(기) - 손해 [대판 2021.7.29. 2015다221668]

국가나 지방자치단체가 행정절차를 진행하는 과정에서 주민들의 의견제출 등 절차적 권리를 보장하지 않은 위법이 있더라도 절차적 권리 침해로 인한 정신적 고통에 대한 배상이 인정되지 않는 경우 / 주민들의 절차적 권리 침해로 인한 정신적 고통이 여전히 남아 있다고 볼 특별한 사정이 있는 경우, 국가나 지방자치단체는 그로 인한 손해를 배상할 책임이 있는지 여부(적극) / 이때 특별한 사정에 대한 주장 · 증명책임의 소재(= 이를 청구하는 주민들) 및 특별한 사정이 있는지 판단하는 기준

국가나 지방자치단체가 공익사업을 시행하는 과정에서 해당 사업부지 인근 주민들은 의견제출을 통한 행정절차 참여 등 법령에서 정하는 절차적 권리를 행사하여 환경권이나 재산권 등 사적 이익을 보호할 기회를 가질 수 있다. 그러나 법령에서 주민들의 행정절차 참여에 관하여 정하는 것은 어디까지나 주민들에게 자신의 의사와 이익을 반영할 기회를 보장하고 행정의 공정성, 투명성과 신뢰성을 확보하며 국민의 권익을 보호하기 위한 것일 뿐, **행정절차에 참여할 권리** 그 자체가 **사적 권리**로서의 성질을 가지는 것은 **아니다**. 이와 같이 행정절차는 그 자체가 독립적으로 의미를 가지는 것이라기보다는 행정의 공정성과 적정성을 보장하는 공법적 수단으로서의 의미가 크므로, 관련 행정처분의 성립이나 무효 · 취소 여부 등을 따지지 않은 채 주민들이 일시적으로 행정절차에 참여할 권리를 침해받았다는 사정만으로 곧바로 국가나 지방자치단체가 주민들에게 정신적 손해에 대한 배상의무를 부담한다고 단정할 수 없다.

이와 같은 행정절차상 권리의 성격이나 내용 등에 비추어 볼 때, 국가나 지방자치단체가 행정절차를 진행하는 과정에서 주민들의 의견제출 등 **절차적 권리**를 보장하지 **않은 위법**이 있다고 하더라도 그 후 이를 시정하여 절차를 다시 진행한 경우, 종국적으로 행정처분 단계까지 이르지 않거나 처분을 직권으로 취소하거나 철회한 경우, 행정소송을 통하여 처분이 취소되거나 처분의 무효를 확인하는 판결이 확정된 경우 등에는 주민들이 절차적 권리의 행사를 통하여 환경권이나 재산권 등 사적 이익을 보호하려던 **목적이 실질적으로 달성**된 것이므로 특별한 사정이 없는 한 **절차적 권리 침해**로 인한 **정신적 고통**에 대한 **배상**은 인정되지 **않는다**. 다만 이러한 조치로도 주민들의 절차적 권리 침해로 인한 **정신적 고통**이 여전히 **남아 있다**고 볼 특별한 사정이 있는 경우에 국가나 지방자치단체는 그 정신적 고통으로 인한 손해를 **배상할 책임**이 있다. 이때 특별한 사정이 있다는 사실에 대한 주장 · 증명책임은 이를 청구하는 주민들에게 있고, 특별한 사정이 있는지는 주민들에게 행정절차 참여권을 보장하는 취지, 행정절차 참여권이 침해된 경위와 정도, 해당 행정절차 대상사업의 시행경과 등을 종합적으로 고려해서 판단해야 한다.

국가나 지방자치단체가 **행정절차를 진행**하는 과정에서 주민들의 의견제출 등 절차적 권리를 보장하지 않은 위법이 있다면, **행정절차에 참여할 권리** 그 자체가 사적 권리로서의 성질을 가지므로, 주민들이 **일시적으로** 행정절차에 참여할 권리를 침해받았다면 그러한 사정만으로 국가나 지방자치단체가 주민들에게 정신적 손해에 대한 **배상의무를 부담**한다고 보아야 한다.　　　　　(×)

한국전력공사가 송전선로 예정경과지를 선정하면서 당초 예정경과지의 주민들의 반대로 甲 지역을 예정경과지로 변경하면서 **甲 지역 주민들을 상대로** 구 환경·교통·재해 등에 관한 영향평가법상 **주민의견수렴절차를 거치지 않았는데**, 사업관할청으로부터 甲 지역을 사업부지로 포함하는 송전선로 건설사업 승인을 받은 사안에서, 사업부지가 변경된 후 한국전력공사가 甲 지역에 대한 환경영향평가서 초안을 재작성하고 甲 지역 주민들의 의견을 수렴하는 절차를 거치지 않은 채 사업을 진행함으로써, 甲 지역 주민들이 **환경상 이익의 침해**를 최소화할 수 있는 **의견을 제출할** 수 있는 **기회를 박탈**하여 甲 지역 주민들에게 상당한 **정신적 고통**을 가하였다고 보아 한국전력공사에 甲 지역 주민들이 입은 정신적 손해를 **배상할 의무**가 있다고 한 사례(대판 2021.8.12. 2015다208320)

| 기출지문 |

① 국가가 행정절차 진행 과정에서 절차적 권리를 보장하지 않은 위법이 있다고 하더라도, 종국적으로 행정처분 단계까지 이르지 않은 경우 특별한 사정이 없는 한 절차적 권리 침해로 인한 정신적 고통에 대한 국가배상책임은 인정되지 않는다. [22-1]　　　　　　　　　　　　　　　　(O)

② 국가가 처분절차를 진행하는 과정에서 주민들의 의견제출 등 절차적 권리를 보장하지 않은 위법이 있는 경우, 그 후 행정소송을 통하여 그 처분이 취소되거나 처분의 무효를 확인하는 판결이 확정되었다고 하더라도 특별한 사정이 없는 한 절차적 권리 침해로 인한 정신적 고통에 대한 국가배상책임이 인정된다. [23-1](×)

25 손해배상(기) – 인과관계 [대판 2020.7.9. 2016다268848]

공무원이 법령에서 부과된 직무상 의무를 위반한 것을 계기로 제3자가 손해를 입은 경우, 제3자에게 손해배상청구권이 인정되기 위한 요건으로서 공무원의 직무상 의무 위반행위와 제3자의 손해 사이에 상당인과관계가 있는지 판단하는 기준

공무원이 법령에서 부과된 직무상 의무를 위반한 것을 계기로 제3자가 손해를 입은 경우에 제3자에게 손해배상청구권이 인정되기 위하여는 공무원의 직무상 의무 위반행위와 제3자의 손해 사이에 상당인과관계가 있어야 하고, 상당인과관계의 유무를 판단할 때 일반적인 결과발생의 개연성은 물론 직무상 의무를 부과한 법령 기타 행동규범의 목적이나 가해행위의 태양 및 피해의 정도 등을 종합적으로 고려하여야 한다. 공무원에게 직무상 의무를 부과한 법령의 목적이 사회 구성원 개인의 이익과 안전을 보호하기 위한 것이 아니고 단순히 공공일반의 이익이나 행정기관 내부의 질서를 규율하기 위한 것이라면, 설령 공무원이 그 직무상 의무를 위반한 것을 계기로 하여 제3자가 손해를 입었다고 하더라도 공무원이 직무상 의무를 위반한 행위와 제3자가 입은 손해 사이에 **상당인과관계**가 있다고 할 수 **없다**.

| 기출지문 |

공무원이 고의 또는 과실로 그에게 부과된 직무상 의무를 위반하였을 경우라고 하더라도 국가는 그러한 직무상의 의무 위반과 피해자가 입은 손해 사이에 상당인과관계가 인정되는 범위 내에서만 배상책임을 지는 것이고, 이 경우 **상당인과관계**가 인정되기 위하여는 공무원에게 부과된 직무상 의무의 내용이 단순히 공공 일반의 이익을 위한 것이거나 행정기관 내부의 질서를 규율하기 위한 것이 아니고 **전적으로 또는 부수적**으로 사회구성원 **개인의 안전과 이익**을 보호하기 위하여 설정된 것이어야 한다. [13변시]　　　　　　　　(O)

26 구상금 [대판 2023.6.29. 2023다205968]

주한미군 소속 장갑차가 일으킨 교통사고에 대한 국가배상책임이 문제된 사건

주한미군 소속 장갑차에 대하여 국가배상법 제2조 제1항 본문 후단의 「자동차손해배상 보장법」에 따른 손해배상책임 규정이 적용되는지, 아니면 국가배상법 제2조 제1항 본문 전단에 따른 손해배상책임 규정만 적용되는지(= 전단에 따른 손해배상책임 규정만 적용)

「대한민국과 아메리카합중국간의 상호방위조약 제4조에 의한 시설과 구역 및 대한민국에서의 합중국 군대의 지위에 관한 협정」(이하 'SOFA') 제23조 제5항은 <u>공무집행중인 미합중국 군대의 구성원이나 고용원의 작위나 부작위 또는 미합중국 군대가 법률상 책임을 지는 기타의 작위나 부작위 또는 사고로서 대한민국 안에서 대한민국 정부 이외의 제3자에게 손해를 가한 것으로부터 발생하는 청구권은 대한민국이 이를 처리하도록</u> 규정하고 있으므로 위 청구권의 실현을 위한 소송은 <u>대한민국을 상대로 제기하는 것이 원칙이고</u>, 이에 따른 대한민국에 대한 청구권에 대해서는 「대한민국과 아메리카합중국간의 상호방위조약 제4조에 의한 시설과 구역 및 대한민국에서의 합중국 군대의 지위에 관한 협정의 시행에 관한 민사특별법」(이하 '주한미군민사법') 제2조에 따라 <u>국가배상법이 적용된다</u>(대판 1997.12.12. 95다29895 참조).

국가배상법 제2조 제1항 본문은, 전단에서 국가나 지방자치단체는 공무원 또는 공무를 위탁받은 사인이 직무를 집행하면서 고의 또는 과실로 법령을 위반하여 타인에게 손해를 입힌 경우를 규정하는 것 외에 후단에서 「자동차손해배상 보장법」(이하 '자동차손배법')에 따라 손해배상의 책임이 있을 때에도 이 법에 따라 그 손해를 배상하여야 한다고 규정하고 있는데, SOFA 제23조 제5항 (가)호, 제24조 및 자동차관리법 제2조 제1호, 제70조 및 같은 법 시행령 제2조 제3호 등 관계규정을 종합하면, SOFA 제23조 제5항 및 주한미군민사법 제2조에 따라 국가배상법이 적용될 경우 <u>미합중국 군대의 공용 차량에 대해서는 국가배상법 제2조 제1항 본문 후단의 자동차손배법에 따른 손해배상책임 규정은 적용되지 않고, 국가배상법 제2조 제1항 본문 전단에 따른 손해배상책임 규정만 적용된다.</u> 그 이유는 다음과 같다.

가) 자동차손배법은 자동차관리법 적용을 받는 자동차와 「건설기계관리법」의 적용을 받는 건설기계 중 대통령령으로 정하는 것에 적용된다(자동차관리법 제2조 제1호). 그런데 SOFA 제24조는 '합중국 군대의 구성원, 군속 또는 그들의 가족의 사용 차량'에 대해서는 대한민국 정부가 면허하고 등록한다고 정하고 있으나(제3항) '합중국 군대 및 군속의 공용 차량'에 대해서는 명확한 번호표 또는 이를 용이하게 식별할 수 있는 개별적인 기호를 붙여야 한다'고 규정하고 있을 뿐이고(제2항), 자동차관리법 역시 제70조 제2호에서 대한민국 주재 '미합중국 군대의 구성원·군무원 또는 그들의 가족이 사적 용도로 사용하는 자동차'에 대해서 특례를 규정하고 있을 뿐 <u>미합중국 군대의 공용 차량에 대해서는 규정을 두고 있지 않다.</u>

나) <u>주한미군의 공무집행상 행위로 인한 손해배상청구권은 대한민국 군대의 행동으로부터 발생하는 청구권에 관한 대한민국의 법령에 따라 제기하고 심사하여 해결하거나 재판하도록</u> 되어 있다[SOFA 제23조 제5항 (가)호]. 그런데 <u>대한민국의「군수품관리법」에 따른 차량은 자동차관리법 적용제외 대상이므로</u>(자동차관리법 제2조 제1호, 같은 법 시행령 제2조 제3호) <u>대한민국 군대 소속 차량에 대해서는 자동차손배법이 적용되지 않는다.</u>

▷ 대법원은, 원심이 이 사건 주한미군 소속 장갑차에 자동차손배법이 적용된다고 판단한 것은 잘못이지만, 주한미군 구성원에게는 공무집행상 과실이 있고, 그 과실로 인하여 피해자들이 사망하는 이 사건 사고가 발생하였다는 점을 인정할 수 있는 이상 손해배상책임을 인정한 원심의 결론은 정당하다는 이유로 상고를 기각함

① 공무집행중인 미합중국 군대의 구성원이나 고용원의 작위나 부작위 또는 미합중국 군대가 법률상 책임을 지는 기타의 작위나 부작위 또는 사고로서 대한민국 안에서 대한민국 정부 이외의 제3자에게 손해를 가한 것으로부터 발생하는 청구권은 대한민국이 이를 처리하도록 규정하고 있으므로 위 청구권의 실현을 위한 소송은 **대한민국을 상대**로 제기하는 것이 원칙이다.　　　　　　　　　　　　　　　　(○)

② **미합중국 군대의 공용 차량**에 대해서는 국가배상법 제2조 제1항 **본문 후단**의 **자동차손배법에 따른 손해배상책임** 규정은 **적용되지 않고**, 국가배상법 제2조 제1항 **본문 전단에 따른 손해배상책임 규정만** 적용된다.　　　　　　　　　　　　　　　　　　　　　　　　　　　　　　　　　　　　　　　(○)

27 국가배상법상 소멸시효 [대판 2023.12.14. 2023다248903]

판결요지

[1] **국가배상법 제2조 제1항 본문 전단 규정**에 따른 배상청구권은 금전의 급부를 목적으로 하는 국가에 대한 권리로서 국가재정법 제96조 제2항, 제1항이 적용되므로 이를 **5년간** 행사하지 아니할 때에는 **시효로 인하여 소멸**한다. **소멸시효**는 객관적으로 권리가 발생하여 그 **권리를 행사할 수 있는 때**로부터 진행하고 그 권리를 행사할 수 없는 동안은 진행하지 않으나, '**권리를 행사할 수 없는**' 경우란 권리행사에 **법률상의 장애사유**가 있는 경우를 의미하고 **사실상** 권리의 존재나 **권리행사 가능성을 알지** 못하였고 알지 못함에 **과실이 없다**고 하여도 이에 **해당하지 않**는다.

[2] 어떤 권리의 **소멸시효기간**이 얼마나 되는지에 관한 주장은 단순한 법률상의 주장에 불과하여 변론주의의 적용 대상이 되지 않으므로 **법원이 직권으로 판단**할 수 있다.

[3] 甲의 모친인 乙이 협의이혼 후 甲의 부친이 친권을 행사하였고, 甲은 세월호사고로 사망하였는데, 그 후 甲의 사망사실을 뒤늦게 알게 된 乙이 국가를 상대로 손해배상을 구한 사안에서, **乙 고유의 위자료채권**은 금전의 급부를 목적으로 하는 국가에 대한 권리이므로 국가재정법에 따른 **5년의 소멸시효**기간이 적용되고, 권리의 행사에 법률상의 장애사유가 없는 한 그 권리를 행사할 수 있는 때로부터 진행하므로, 세월호사고 당시 해양경찰서 소속 공무원에 대한 업무상과실치사죄의 **유죄판결이 확정**된 날로부터 기산하더라도 **소멸시효기간이 경과**하였다고 볼 여지가 크며, 한편 **甲의 일실수입 및 위자료채권은 상속재산에 속한 권리**로서 상속인이 확정된 때로부터 6월간 소멸시효가 정지되는데, 乙에 대하여 상속의 효과가 확정된 때는 乙이 甲의 사망사실을 알게 된 날 이후이고, 그로부터 6월의 소멸시효 정지기간이 지나기 전에 乙이 소를 제기하였으므로, **甲의 일실수입 및 위자료채권에 대한 乙의 상속분**은 **소멸시효가 완성되지 않았다**고 한 사례.

① **국가배상법** 제2조 제1항 본문 전단 규정에 따른 **배상청구권**은 금전의 급부를 목적으로 하는 국가에 대한 권리로서 국가재정법 제96조 제2항, 제1항이 적용되므로 이를 **5년간** 행사하지 아니할 때에는 **시효로 인하여 소멸**한다.　　　　　　　　　　　　　　　　　　　　　　　　　　　　　　(○)

② **소멸시효**는 객관적으로 권리가 발생하여 그 권리를 행사할 수 있는 때로부터 진행하고 그 권리를 행사할 수 없는 동안은 진행하지 않으나, '**권리를 행사할 수 없는**' 경우란 권리행사에 **법률상의 장애사유**가 있는 경우 뿐만 아니라, **사실상** 권리의 존재나 **권리행사 가능성**을 알지 못하였고 알지 못함에 **과실이 없는** 경우도 해당한다.   (×)

28 환경오염피해에 대한 입증의 정도 [대판 2023.12.28. 2019다300866]

판결요지

구 **환경오염피해구제법**의 입법 목적과 취지, 관련 규정의 내용 등을 종합하여 보면, 환경오염피해에 대하여 시설의 사업자에게 구 환경오염피해구제법 제6조 제1항에 따른 **손해배상책임**을 묻는 경우, 피해자가 같은 법 제9조 제2항이 정한 여러 **간접사실**을 통하여 전체적으로 보아 시설의 설치·운영과 관련하여 **배출된 오염물질** 등으로 인해 다른 사람의 생명·신체 및 재산에 피해가 발생한 것으로 볼 만한 **상당한 개연성**이 있다는 점을 증명하면 그 시설과 피해 사이의 **인과관계가 추정**된다고 보아야 하고, 이때 해당 시설에서 배출된 오염물질 등이 피해자나 피해물건에 **도달하여 피해가 발생**하였다는 사실이 **반드시 직접 증명**되어야만 하는 것은 **아니**라고 할 것이다. 한편 사업자는 같은 법 제9조 제2항의 간접사실들에 대하여 반증을 들어 다투거나 같은 조 제3항의 사실들을 증명하여 추정을 번복하거나 배제시킬 수 있다.

| 예상지문 |

① 환경오염피해구제법에 따른 손해배상책임을 묻는 경우, 그 시설과 피해 사이의 **인과관계를 추정**하기 위하여 해당 시설에서 배출된 오염물질 등이 피해자나 피해물건에 **도달하여 피해가 발생**하였다는 사실이 **반드시 직접 증명**되어야만 한다.   (×)

② 배출된 오염물질 등으로 인해 다른 사람의 생명·신체 및 재산에 피해가 발생한 것으로 볼 만한 **상당한 개연성**이 있다는 점을 증명하면 그 시설과 피해 사이의 **인과관계가 추정**된다고 보아야 하고, 이때 해당 시설에서 배출된 **오염물질** 등이 피해자나 피해물건에 **도달하여 피해가 발생**하였다는 사실이 **반드시 직접 증명**되어야만 하는 것은 아니고, 한편 사업자는 같은 법 제9조 제2항의 **간접사실들**에 대하여 **반증**을 들어 다투거나 같은 조 제3항의 사실들을 증명하여 **추정을 번복**하거나 배제시킬 수 있다.   (○)

제2절 국가배상법 제5조

01 손해배상(자) [대판 2022.7.28. 2022다225910, 표준판례 259]

[1] 국가배상법 제5조 제1항에 규정된 '영조물 설치·관리상의 하자'의 의미 및 그 판단 기준

국가배상법 제5조 제1항에 규정된 '영조물 설치·관리상의 하자'는 공공의 목적에 공여된 영조물이 그 용도에 따라 **통상 갖추어야 할 안전성**을 갖추지 못한 상태에 있음을 말한다. 그리고 위와 같은 안전성의 구비 여부는 영조물의 설치자 또는 관리자가 그 영조물의 위험성에 비례하여 **사회통념상**

일반적으로 요구되는 정도의 **방호조치의무를** 다하였는지를 기준으로 판단하여야 하고, 아울러 그 설치자 또는 관리자의 재정적·인적·물적 제약 등도 고려하여야 한다. 따라서 영조물이 그 설치 및 관리에 있어 **완전무결한 상태를** 유지할 정도의 **고도의 안전성을** 갖추지 **아니**하였다고 하여 **하자가** 있다고 단정할 수는 **없고**, 영조물 이용자의 상식적이고 질서 있는 이용 방법을 기대한 상대적인 안전성을 갖추는 것으로 족하다(대판 2002.8.23. 2002다9158, 대판 2013.10.24. 2013다208074 등 참조).

[2] 甲 등이 원동기장치자전거를 운전하던 중 'ㅏ' 형태의 교차로에서 유턴하기 위해 신호를 기다리게 되었고, 위 교차로 신호등에는 유턴 지시표지 및 그에 관한 보조표지로서 '좌회전 시, 보행신호 시 / 소형 승용, 이륜에 한함'이라는 표지가 설치되어 있었으나, 실제 좌회전 신호 및 좌회전할 수 있는 길은 없었는데, 甲이 위 신호등이 녹색에서 적색으로 변경되어 유턴을 하다가 맞은편 도로에서 직진 및 좌회전 신호에 따라 직진 중이던 차량과 충돌하는 사고가 발생하자, 甲 등이 위 교차로의 도로관리청이자 보조표지의 설치·관리주체인 지방자치단체를 상대로 손해배상을 구한 사안에서, 위 표지에 위 신호등의 신호체계 및 위 교차로의 도로구조와 맞지 않는 부분이 있더라도 거기에 통상 갖추어야 할 안전성이 결여된 설치·관리상의 하자가 있다고 보기 어렵다고 한 사례

甲 등이 원동기장치자전거를 운전하던 중 'ㅏ' 형태의 교차로에서 유턴하기 위해 신호를 기다리게 되었고, 위 교차로 신호등에는 유턴 지시표지 및 그에 관한 보조표지로서 '좌회전 시, 보행신호 시 / 소형 승용, 이륜에 한함'이라는 표지가 설치되어 있었으나, 실제 좌회전 신호 및 좌회전할 수 있는 길은 없었는데, 甲이 위 신호등이 녹색에서 적색으로 변경되어 유턴을 하다가 맞은편 도로에서 직진 및 좌회전 신호에 따라 직진 중이던 차량과 충돌하는 사고가 발생하자, 甲 등이 위 교차로의 도로관리청이자 보조표지의 설치·관리주체인 지방자치단체를 상대로 손해배상을 구한 사안에서, 위 표지는 도로에서의 위험을 방지하고 교통의 안전과 소통을 확보할 목적으로 설치된 교통안전시설이므로 그 내용이 설치 장소의 구조나 상황, 신호체계에 부합되어야 함이 원칙이고, 특히 위 표지는 도로에서 자동차 등을 운전하는 자(이하 '운전자')로 하여금 어떤 신호가 켜져 있을 때 유턴을 할 수 있는지 알리는 역할을 하는 유턴 보조표지이므로 그 표지의 내용으로 인하여 운전자에게 착오나 혼동이 발생하는 경우 교통사고 발생의 위험성이 크게 증가할 수 있다는 측면에서도 더욱 그러한데, 위 표지의 내용으로 인하여 운전자에게 착오나 혼동을 가져올 우려가 있는지 여부는 일반적이고 평균적인 운전자의 인식을 기준으로 판단하여야 하는바, 위 표지에 따르면 좌회전 신호이거나 혹은 보행자 신호등이 녹색 신호일 때 유턴이 가능하다는 의미로 이해되지만, 위 교차로에는 좌회전할 도로가 설치되어 있지 않았고 신호등에도 좌회전 신호가 없었으므로 일반적이고 평균적인 운전자라면 보행자 신호등이 녹색 신호일 때 유턴을 할 것으로 보이는 점, 위 사고 이전에 위 표지가 잘못 설치되었다는 민원이 제기되지 않았고 위 표지로 인한 사고가 발생한 적이 없는 점을 고려하면, 위 표지에 위 신호등의 신호체계 및 위 교차로의 도로구조와 맞지 않는 부분이 있더라도 거기에 통상 갖추어야 할 안전성이 결여된 설치·관리상의 하자가 있다고 보기 어려운데도, 위 표지에 설치·관리상의 하자가 있다고 본 원심판단에 법리오해의 잘못이 있다.

| 예상지문 |

「국가배상법」 제5조 제1항의 영조물이 그 설치 및 관리에 있어 **완전무결한 상태를** 유지할 정도의 **고도의 안전성을** 갖추지 **아니**하였다고 하여 **하자가** 있다고 단정할 수는 **없고**, 영조물 이용자의 상식적이고 질서 있는 이용 방법을 기대한 **상대적인 안전성을** 갖추는 것으로 족하다. (○)

02 손해배상(국) [대판 2022.1.14. 2019다282197]

수사기관이 형사소송법 제130조 제2항, 제3항 및 제219조의 요건을 충족하지 않는데도 위법하게 압수물을 폐기한 이후 형사재판에서 무죄판결이 확정되어 위법한 폐기로 인해 압수물의 환부를 받지 못한 피압수자에게 손해가 발생한 경우, 수사기관의 위법한 폐기처분으로 인한 손해배상청구권에 관한 장기소멸시효의 기산점(=무죄의 형사판결이 확정되었을 때)

판결 선고 당시 압수물이 현존하지 않거나 형사소송법 제130조 제2항, 제3항 및 제219조에 따라 압수물이 이미 폐기된 경우 법원으로서는 그 물건에 대하여 몰수를 선고할 수 없는바, 수사기관이 형사소송법 제130조 제2항, 제3항 및 제219조의 요건을 충족하지 아니함에도 위법하게 몰수하여야 할 압수물을 폐기한 경우, 이후 형사재판에서 압수물이 현존하지 않는 등의 사유로 해당 압수물에 대한 몰수형이 선고되지 아니한 채 유죄판결이 선고·확정되었다면 다른 특별한 사정이 없는 한 위법한 폐기가 없었더라도 해당 압수물에 대해서는 몰수형이 선고되었을 것이어서 피압수자에게 어떠한 손해가 발생하였다고 보기 어려울 것이나, 만약 형사재판에서 **무죄판결**이 선고·확정되었다면, 이 경우 위법한 폐기가 없었더라면 압수물 환부의무가 발생하여 압수물의 환부가 이루어졌을 것이므로 결국 **위법한 폐기**로 인해 압수물의 환부를 받지 못한 **피압수자에게 손해**가 발생하였음을 인정할 수 있다. 결국 수사기관의 위법한 폐기처분으로 인한 피압수자의 손해는 형사재판 결과가 확정되기 전까지는 관념적이고 부동적인 상태에서 잠재적으로만 존재하고 있을 뿐 아직 현실화되었다고 볼 수 없으므로, 수사기관의 위법한 폐기처분으로 인한 **손해배상청구권**에 관한 장기**소멸시효의 기산점**은 위법한 폐기처분이 이루어진 시점이 아니라 **무죄**의 형사**판결이 확정**되었을 때로 봄이 타당하다.

| 예상지문 |

> 형사재판에서 유죄인 경우에는 몰수할 수 있는 압수물을 위법하게 폐기하였으나 후에 형사재판에서 무죄가 확정되었다면 압수물 폐기에 대한 손해배상청구권의 장기 소멸시효의 **기산점**은 압수물 폐기시가 아니라 **무죄확정**시이다. (O)

03 손해배상(기) [대판 2022.11.30. 2019다216879]

「거창사건 등 관련자의 명예회복에 관한 특별조치법」에 의하여 사망자 및 유족결정이 이루어지고 「진실·화해를 위한 과거사정리 기본법」에 따른 진실규명결정이 이루어지지 않은 거창사건에 관한 국가배상청구가, 과거사정리법 제2조 제1항 제3호의 '1945년 8월 15일부터 한국전쟁 전후의 시기에 불법적으로 이루어진 민간인 집단 희생사건'에 해당하여 장기소멸시효의 적용이 배제되는지 여부(적극)

헌법재판소는 2018. 8. 30. 민법 제166조 제1항, 제766조 제2항 중 「진실·화해를 위한 과거사정리 기본법」(이하 '과거사정리법') 제2조 제1항 제3호의 '민간인 집단 희생사건', 같은 항 제4호의 '중대한 인권침해사건·조작의혹사건'에 적용되는 부분은 헌법에 위반된다는 결정(헌재 2018.8.30. 2014헌바 148 등, 이하 '이 사건 위헌결정')을 선고하였다. 이러한 위헌결정의 효력은 과거사정리법 제2조 제1항 제3호의 '민간인 집단 희생사건'이나 같은 항 제4호의 '중대한 인권침해사건·조작의혹사건'에서 공무원의 위법한 직무집행으로 입은 손해에 대한 배상을 청구하는 소송이 위헌결정 당시까지 법원에 계속되어 있는 경우에도 미친다. 따라서 그러한 손해배상청구권에 대해서는 민법 제766조 제2항에 따른 10년의 소멸시효 또는 국가재정법 제96조 제2항에 따른 5년의 소멸시효가 적용되지 않는다(대판 2019.11.14. 2018다233686 등 참조).

「거창사건 등 관련자의 명예회복에 관한 특별조치법」에 의하여 사망자 및 유족결정이 이루어진 피해자에 대하여 정리위원회에 의한 진실규명결정이 별도로 이루어지지 않았더라도, 거창사건은 시기와 내용 및 성격상 과거사정리법 제2조 제1항 제3호의 '1945년 8월 15일부터 한국전쟁 전후의 시기에 불법적으로 이루어진 민간인 집단 희생사건'에 해당한다. 원고들의 이 사건 손해배상청구는 과거사정리법 제2조 제1항 제3호가 정하는 민간인 집단 희생사건에서 공무원의 위법한 직무집행으로 인하여 입은 손해에 대한 국가배상청구로서 이 사건 위헌결정의 효력에 의하여 민법 제166조 제1항, 제766조 제2항, 구 회계법 제32조에 따른 장기소멸시효가 적용되지 아니하며, <u>민법 제766조 제1항이 정한 주관적 기산점과 이를 기초로 한 단기소멸시효만이 적용될 수 있을 뿐이다.</u>

| 예상지문 |

> 「거창사건 등 관련자의 명예회복에 관한 특별조치법」에 의하여 사망자 및 유족결정이 이루어진 피해자에 대하여 정리위원회에 의한 진실규명결정이 별도로 이루어지지 않았더라도, **거창사건**은 시기와 내용 및 성격상 과거사정리법 제2조 제1항 제3호의 '1945년 8월 15일부터 **한국전쟁 전후**의 시기에 불법적으로 이루어진 민간인 집단 희생사건'에 해당하여 **장기소멸시효**의 적용이 배제된다. (O)

04 손해배상(기) [대판 2023.3.9. 2021다202903]

[1] 이 사건에서 수사발표 및 보도자료 배포, 불법구금에 대하여 위법하다고 판단하면서 지명수배 조치만 따로 위법하다고 보기 어렵다고 할 수 있는지(소극)

이 사건에서 <u>국가배상책임의 성립 요건으로서 '공권력의 위법한 행사'를 판단할 때에는 국가기관의 직무집행을 전체적으로 판단할 필요가 있다.</u> 수사발표나 배포된 보도자료의 내용에 비추어 원고 양○수에 대한 지명수배 조치가 충분히 예상되는 상황이었고, 원고 양○수는 검거를 우려하여 10여 년간 대한민국에 입국하지 못하였다. 또한 원고 양○수가 입국하자 수사기관에서 바로 임의동행한 것도 지명수배로 인한 것으로서 지명수배 조치가 불법구금을 용이하게 하였다고 볼 수 있다. 피고 대한민국 산하 안기부가 관련자들에 대한 <u>불법구금, 가혹행위 등 위법하게 증거를 수집하였고</u> 이에 기초하여 이루어진 <u>수사발표 및 보도자료 배포, 원고 양○수에 대한 지명수배는 모두 원고 양○수에 대한 수사절차의 일환으로서 전체적으로 보아 공무원이 직무를 집행하면서 객관적 주의의무를 소홀히 하여 그 직무행위가 객관적 정당성을 상실한 것으로서 위법하다고</u> 평가할 수 있다.

[2] 수사발표 및 보도자료 배포에 대해서는 중대한 인권침해사건·조작의혹사건에 해당한다고 판단한 반면, 불법구금에 대해서는 중대한 인권침해사건·조작의혹사건에 해당하지 않는다고 보아 불법구금에 대해서만 개별적으로 소멸시효 완성 여부를 판단할 수 있는지(소극)

가. 과거사정리법상 '민간인 집단 희생사건', '중대한 인권침해사건·조작의혹사건'에서 공무원의 위법한 직무집행으로 입은 손해에 대한 국가배상청구권에 대해서는 민법 제766조 제2항에 따른 장기소멸시효가 적용되지 않는다(대판 2019.11.14. 2018다233686 등 참조).

나. 원심도 인정한 바와 같이 장○균 등 관련자들에 대한 수사발표 및 보도자료 배포는 피고 산하 안기부 및 보안사 수사관들이 위 관련자들에 대한 불법구금, 가혹행위 등을 통해 받아낸 임의성 없는 자백을 기초로 증거를 조작한 사건으로 과거사정리법상 '중대한 인권침해사건·조작의혹사건'에 해당한다. 원고 양○수는 그 간첩일당의 일본측 대남공작 조직원으로 지목되었다.

따라서 원고 양○수에 대한 수사발표 및 보도자료 배포, 지명수배, 불법구금은 모두 중대한 인권침해사건·조작의혹사건을 구성하는 일부분이고, 그중 일부 행위만을 떼어내어 과거사정리법의 적용을 부정하는 것은 상당하지 않다.

| 예상지문 |

① 수사발표 및 보도자료 배포, 지명수배는 **모두 수사절차의 일환**으로서 전체적으로 보아 위법하다고 평가할 수 있는데도, 수사발표 및 보도자료 배포, 불법구금에 대해서는 위법하다고 인정하면서, **지명수배 조치만** 따로 위법하지 않다고 판단할 수 없다. (O)

② 수사발표 및 보도자료 배포에 대해서는 중대한 인권침해사건·조작의혹사건에 해당한다고 판단한 반면, 불법구금에 대해서는 중대한 인권침해사건·조작의혹사건에 해당하지 않는다고 보아 **불법구금**에 대해서만 **개별적으로** 소멸시효 완성 여부를 판단할 수 없다. (O)

제2장 행정상 손실보상

01 개성공단 전면중단 조치 위헌확인 [헌재 2022.1.27. 2016헌마364]

개성공단 전면중단 조치가 헌법 제23조 제3항을 위반하여 청구인들의 재산권을 침해하는지 여부(소극)

청구인들은 개성공단에서 영업을 계속하지 못하여 발생한 기업들의 영업손실이나 개성공단 자회사나 영업소에 대하여 가지고 있던 주식 등 권리의 가치 하락 등도 재산권 제한으로서 보상이 이루어져야 한다는 취지의 주장도 한다.

그러나 헌법상 보장된 **재산권**은 사적 유용성 및 그에 대한 원칙적인 처분권을 내포하는 재산가치 있는 구체적인 권리이므로, 구체적 권리가 아닌 영리획득의 단순한 기회나 기업활동의 사실적·법적 여건은 기업에게는 중요한 의미를 갖는다고 하더라도 재산권보장의 대상이 아니다(헌재 1996.8.29. 95헌바36; 헌재 2006.1.26. 2005헌마424 등 참조). 이 사건 중단조치에 의한 영업중단으로 영업상 손실이나 주식 등 권리의 가치하락이 발생하였더라도 이는 영리획득의 기회나 기업활동의 여건 변화에 따른 재산적 손실일 뿐이므로, 헌법 제23조의 재산권보장의 범위에 속한다고 보기 어렵다.

따라서 청구인들이 주장하는 재산권 제한이나 재산적 손실에 대해 헌법 제23조 제3항이 규정한 정당한 보상이 지급되지 않았더라도, 이 사건 중단조치가 위 헌법규정을 위반하여 청구인들의 재산권을 침해한 것으로 볼 수 없다.

| 기출지문 |

개성공단 전면 중단조치에 의한 영업중단으로 인해 발생하는 영업상 손실이나 주식 등 권리의 가치하락으로 인한 손실은 헌법 제23조의 재산권보장의 범위에 속한다. [23변시] (×)

02 부당이득금 [대판 2024.2.15. 2023다295442]

판결요지

[1] 어느 사유지가 종전부터 자연발생적으로 또는 도로예정지로 편입되어 **사실상 일반 공중의 교통에 공용되는 도로로 사용**되고 있는 경우, 토지 소유자가 스스로 그 토지를 도로로 제공하거나 그러한 사용 상태를 용인함으로써 인근 주민이나 일반 공중이 이를 무상으로 통행하고 있는 상황에서, 도로의 점유자를 상대로 한 부당이득반환청구나 손해배상청구, 토지인도청구 등 그 토지에 대한 **독점적·배타적인 사용·수익권의 행사를 제한**할 수 있는 경우가 있다.

이와 같이 토지 소유자가 그 소유 토지를 일반 공중 등의 통행로로 무상 제공하거나 그에 대한 통행을 용인하는 등으로 자신의 의사에 부합하는 토지이용상태가 형성되어 그에 대한 **독점적·배타적 사용·수익권의 행사가 제한**되는 것은 금반언이나 신뢰보호 등 **신의성실의 원칙상** 기존 이용상태가 유지되는 한 토지 소유자가 이를 수인해야 함에 따른 결과일 뿐이고 그로써 **소유권의 본질적 내용인 사용·수익권 자체를 대세적·확정적으로 상실하는 것은 아니다**. 또한 토지 소유자의 독점적·배타적 사용·수익권 행사가 제한되는 경우에도 일정한 요건을 갖춘 때에는 신의성실의 원칙으로부터 파생되는 사정변경의 원칙에 따라 소유자가 다시 독점적·배타적 사용·수익권을 행사할 수 있다. 이러한 신의성실의 원칙과 독점적·배타적 사용·수익권 제한 법리의 관련성에 비추어 보면, **독점적·배타적 사용·수익권 행사가 제한되는지**를 판단할 때는 **토지 소유자의 의사**를 비롯하여 다음에 보는 **여러 사정을 종합적**으로 고찰할 때 토지 소유자나 그 승계인이 **권리를 행사**하는 것이 **금반언이나 신뢰보호** 등 **신의성실의 원칙상 허용될 수 있는지**가 고려되어야 한다.

즉 독점적·배타적 사용·수익권을 행사하는 것을 **제한할 수 있는지** 여부는 소유자가 토지를 소유하게 된 경위와 보유기간, 소유자가 토지를 공공의 사용에 제공하거나 그 사용을 용인하게 된 경위와 그 규모, 토지 제공 당시 소유자의 의사, 토지 제공에 따른 소유자의 이익 또는 편익의 유무와 정도, 해당 토지의 위치나 형태, 인근의 다른 토지들과의 관계, 주위 환경, 소유자가 보인 행태의 모순 정도 및 이로 인한 일반 공중의 신뢰 내지 편익 침해 정도, 소유자가 행사하는 권리의 내용이나 행사 방식 및 권리 보호의 필요성 등 **여러 사정을 종합적**으로 고찰하고, **토지 소유자의 소유권 보장과 공공의 이익** 사이의 **비교형량**을 하여 판단하여야 한다. 또한 독점적·배타적 **사용·수익권 행사를 제한하는 법리**는 토지 소유자의 권리행사를 제한하는 **예외적인 법리**이므로, 공공필요에 의한 재산권의 수용·사용 또는 제한에 관한 정당한 보상을 지급하여야 한다는 **헌법 제23조 제3항** 및 법치행정의 취지에 비추어 신중하고 **엄격하게 적용되어야** 하고, 독점적·배타적 사용·수익권 행사의 **제한을 주장하는 사람**이 그 **제한 요건을 충족하였다는 점에 대한 증명책임**을 진다.

[2] 甲이 사정받은 토지가 분할됨과 동시에 분할된 일부 토지의 지목이 '도로'로 변경되어 도로로 사용되다가 乙이 위 토지를 매수하였는데, 乙이 丙 지방자치단체를 상대로 丙 지방자치단체가 위 토지를 도로부지로 사용하였다는 이유로 부당이득반환을 구한 사안에서, 위 도로부지에 포함된 토지가 관할관청에 의하여 직권으로 모토지에서 분할되면서 도로로 개설되어 공중의 통행에 이용되었을 가능성을 배제할 수 없는 점, 甲 및 그 상속인들이 **관할관청으로부터 보상**을 받았다는 등 이들이 토지 분할로 인하여 얻은 이익이나 편익이 있었다고 볼 만한 자료는 제출되지 않은 점, 토지가 도로로 사용되는 것에 대하여 **소유자가 적극적으로 이의**하지 않았고 그 **기간이 길다**는 것만으로 소유자가 사전에 무상 점유·사용에 대한 동의를 하였다거나 사후에 이를 용인하였다고 볼 수는 없는 점, 乙이 소멸시효가 완성되지 않은 **과거 5년 및 장래의 토지** 임료 상당 **부당이득반환청구**를 하고 있을 뿐, 토지 인도청구 등 **일반 공중의 도로 통행**에 관한 신뢰나 편익에 **직접적으로 영향**을 줄 만한 청구는 하고 있지 않은 점 등을 종합하면, 甲 및 그 상속인들이 위 토지에 대한 독점적·

배타적인 사용·수익권을 행사하는 것을 제한할 수 있다고 보기 어려운데도, **甲 및 그 상속인들이** **위 토지에 대한 독점적·배타적 사용·수익권을 포기하였으므로** 乙이 **부당이득반환청구를 할 수 없다고** 본 원심판단에 **법리오해의 잘못이** 있다고 한 사례.

| 예상지문 |

① 독점적·배타적 **사용·수익권 행사가 제한**되는지를 판단할 때는 토지 소유자의 의사를 비롯하여 **여러 사정** **을 종합적으로 고찰**할 때 토지 소유자나 그 승계인이 권리를 행사하는 것이 **금반언이나 신뢰보호 등 신의성** **실의 원칙상 허용**될 수 있는지가 고려되어야 한다. (O)

② 토지 소유자가 그 소유 토지를 **일반 공중 등의 통행로로 무상 제공**하거나 그에 대한 통행을 용인하는 등으로 자신의 의사에 부합하는 토지이용상태가 형성되어 그에 대한 독점적·배타적 **사용·수익권의 행사가 제한되** **는 경우** 그로써 소유권의 본질적 내용인 사용·수익권 자체를 **대세적·확정적으로 상실한다.** (×)

③ **독점적·배타적 사용·수익권을 행사하는 것을 제한할 수 있는지 여부**는 **여러 사정을 종합적으로 고찰**하고, 토지 소유자의 **소유권 보장과 공공의 이익** 사이의 **비교형량**을 하여 판단하여야 한다. (O)

④ 독점적·배타적 **사용·수익권 행사를 제한**하는 법리는 토지 소유자의 권리행사를 제한하는 **예외적인 법리이** 므로, 공공필요에 의한 재산권의 수용·사용 또는 제한에 관한 **정당한 보상**을 지급하여야 한다는 **헌법 제23** **조 제3항** 및 법치행정의 취지에 비추어 **신중하고 엄격하게 적용**되어야 하고, 독점적·배타적 사용·수익권 행사의 **제한을 주장하는 사람**이 그 제한 요건을 충족하였다는 점에 대한 **증명책임**을 진다. (O)

03 손실보상금 [대판 2022.5.26. 2021두45848]

공익사업을 위한 토지 등의 취득 및 보상에 관한 법률 제70조 제5항에서 정한 '공익사업의 계획 또는 시행의 공고·고시'에 해당하기 위한 공고·고시의 방법

토지보상법 및 같은 법 시행령은 토지보상법에서 규정하고 있는 공익사업의 계획 또는 시행의 공고· 고시의 절차, 형식이나 기타 요건에 관하여 따로 규정하고 있지 않다.

공익사업의 근거 법령에서 공고·고시의 절차, 형식이나 기타 요건을 정하고 있는 경우에는 원칙적으로 공고·고시가 그 법령에서 정한 바에 따라 이루어져야 보상금 산정의 기준이 되는 공시지가의 공시기준일이 해당 공고·고시일 전의 시점으로 앞당겨지는 효과가 발생할 수 있다.

공익사업의 근거 법령에서 공고·고시의 절차, 형식 및 기타 요건을 정하고 있지 않은 경우, '행정 효율과 협업 촉진에 관한 규정'이 적용될 수 있다(제2조). 위 규정은 고시·공고 등 행정기관이 일정한 사항을 일반에게 알리는 문서를 공고문서로 정하고 있으므로(제4조 제3호), 위 규정에서 정하는 바에 따라 공고문서가 기안되고 해당 행정기관의 장이 이를 결재하여 그의 명의로 일반에 공표한 경우 위와 같은 효과가 발생할 수 있다.

다만 당해 공익사업의 시행으로 인한 개발이익을 배제하려는 토지보상법령의 입법 취지에 비추어 '행정 효율과 협업 촉진에 관한 규정'에 따라 기안, 결재 및 공표가 이루어지지 않았다고 하더라도 공익 사업의 계획 또는 시행에 관한 내용을 **공고문서에 준하는** 정도의 형식을 갖추어 **일반에게 알린** 경우에는 토지보상법 제70조 제5항에서 정한 '공익사업의 계획 또는 시행의 **공고·고시**'에 해당한다고 볼 수 있다.

⇨ 국토교통부는 2008. 8. 26. 언론을 통해 전국 5곳에 국가산업단지를 새로 조성한다는 내용을 발표하였고, 이후 국토교통부장관은 2009. 9. 30.경 대구국가산업단지 개발사업에 관하여 산업단지계획을 승인 고시하였는데, 위 산업단지개발사업 지구 내 토지 소유자인 원고들이 수용재결 및 2008. 1. 1. 공시된 비교표준지의 공시지가를 기준으로 보상금액을 결정한 이의재결에 불복하여 2009. 1. 1. 공시된 공시지가를 기준으로 산정해야 한다고 주장하면서 보상금 증액을 청구한 사안임.

대법원은 위와 같은 법리를 판시하고 국토교통부의 2008. 8. 26.자 언론발표가 토지보상법 제70조 제5항에서 정한 '공익사업의 계획 또는 시행의 공고·고시'에 해당하지 않는다고 판단하여, 이와 달리 위 언론발표가 토지보상법 제70조 제5항에서 정한 '공익사업의 계획 또는 시행의 공고·고시'에 해당한다는 전제에서 2008. 1. 1. 공시된 비교표준지의 공시지가를 기준으로 보상금액을 평가해야 한다고 판단한 원심을 파기환송하였음.

| 예상지문 |

> 당해 공익사업의 시행으로 인한 개발이익을 배제하려는 토지보상법령의 입법 취지에 비추어 「행정 효율과 협업 촉진에 관한 규정」에 따라 기안, 결재 및 공표가 이루어지지 않았다고 하더라도 **공익사업**의 계획 또는 시행에 관한 내용을 **공고문서에 준하는** 정도의 형식을 갖추어 일반에게 알린 경우에는 「토지보상법」 제70조 제5항에서 정한 '공익사업의 계획 또는 시행의 **공고·고시**'에 해당한다고 볼 수 있다.   (○)

04 손해배상(기) [대판 2021.11.11. 2018다204022]

[1] 공익사업의 시행자가 토지소유자와 관계인에게 보상액을 지급하지 않고 승낙도 받지 않은 채 공사에 착수하여 토지소유자와 관계인이 손해를 입은 경우, 사업시행자가 손해배상책임을 지는지 여부(적극)

공익사업의 시행자는 해당 공익사업을 위한 공사에 착수하기 이전에 토지소유자와 관계인에게 보상액 전액을 지급하여야 한다(토지보상법 제62조 본문). 공익사업의 시행자가 토지소유자와 관계인에게 **보상액을 지급하지 않고** 승낙도 받지 않은 채 공사에 착수함으로써 토지소유자와 관계인이 **손해를 입은 경우**, 토지소유자와 관계인에 대하여 불법행위가 성립할 수 있고, 사업시행자는 그로 인한 **손해를 배상할 책임**을 진다.

[2] 공익사업의 시행자가 사전보상을 하지 않은 채 공사에 착수하여 토지소유자와 관계인이 손해를 입은 경우, 사업시행자의 손해배상 범위 / 이때 토지소유자와 관계인에게 손실보상금에 해당하는 손해 외에 별도의 손해가 발생한 경우, 사업시행자가 이를 배상할 책임이 있는지 여부(적극) 및 그 증명책임의 소재(=이를 주장하는 자)

공익사업의 시행자가 사전보상을 하지 않은 채 공사에 착수함으로써 토지소유자와 관계인이 손해를 입은 경우, 토지소유자와 관계인이 입은 손해는 손실보상청구권이 침해된 데에 따른 손해이므로, 사업시행자가 배상해야 할 손해액은 원칙적으로 손실보상금이다. 다만 그 과정에서 토지소유자와 관계인에게 손실보상금에 해당하는 손해 외에 별도의 손해가 발생하였다면, 사업시행자는 그 손해를 배상할 책임이 있으나, 이와 같은 손해배상책임의 발생과 범위는 이를 주장하는 사람에게 증명책임이 있다.

[3] 전통시장 공영주차장 설치사업의 시행자인 甲 지방자치단체가 공익사업을 위한 토지 등의 취득 및 보상에 관한 법률에 따른 사업인정 절차를 거치지 않고 위 사업부지의 소유자들로부터 토지와 건물을 매수하여 협의취득하였고, 위 토지상의 건물을 임차하여 영업한 乙 등이 甲 지방자치단체에 영업손실 보상금을 지급해달라고 요청하였으나, 甲 지방자치단체가 아무런 보상 없이 위 사업을 시행하자, 乙 등이 甲 지방자치단체를 상대로 영업손실 보상액 상당의 손해배상금과 정신적 손해에 대한 위자료 지급을 구한 사안에서, 乙 등이 입은 손해는 원칙적으로 위 법률 제77조 등이 정한 영업손실 보상금이고, 손실보상금의 지급이 지연되었다는 사정만으로 손실보상금에 해당하는 손해 외에 乙 등에게 별도의 손해가 발생하였다고 볼 수 없는데도, 이와 달리 본 원심판결에 법리오해의 잘못이 있다고 한 사례

전통시장 공영주차장 설치사업의 시행자인 甲 지방자치단체가 토지보상법에 따른 사업인정 절차를 거치지 않고 위 사업부지의 소유자들로부터 토지와 건물을 매수하여 협의취득하였고, 위 토지상의 건물을 임차하여 영업한 乙 등이 甲 지방자치단체에 영업손실 보상금을 지급해달라고 요청하였으나, 甲 지방자치단체가 아무런 보상 없이 위 사업을 시행하자, 乙 등이 甲 지방자치단체를 상대로 영업손실 보상액 상당의 손해배상금과 정신적 손해에 대한 위자료 지급을 구한 사안에서, 위 사업은 지방자치단체인 甲이 공공용 시설인 공영주차장을 직접 설치하는 사업으로 토지보상법 제4조 제3호의 '공익사업'에 해당하고, 乙 등의 각 영업이 위 사업으로 폐업하거나 휴업한 것이므로 **사업인정고시가 없더라도** 공익사업의 시행자인 甲 지방자치단체는 공사에 착수하기 전 乙 등에게 **영업손실 보상금을 지급할 의무가** 있는데도 보상액을 지급하지 않고 공사에 착수하였으므로, 甲 지방자치단체는 乙 등에게 그로 인한 손해를 배상할 책임이 있는데, 乙 등이 입은 손해는 원칙적으로 토지보상법 제77조 등이 정한 영업손실 보상금이고, 그 밖에 별도의 손해가 발생하였다는 점에 관한 乙 등의 구체적인 주장·증명이 없는 한 손실보상금의 지급이 지연되었다는 사정만으로 손실보상금에 해당하는 손해 외에 乙 등에게 별도의 손해가 발생하였다고 볼 수 없는데도, 이와 달리 본 원심판결에 법리오해의 잘못이 있다.

| 기출지문 |

05 **손실보상금** [대판 2020.4.29. 2019두32696]

판결요지

[1] 공익사업을 위한 토지 등의 취득 및 보상에 관한 법률 제77조 제4항은 **농업손실 보상액**의 구체적인 산정 및 평가 방법과 보상기준에 관한 사항을 **국토교통부령**으로 정하도록 위임하고 있다. 그 위임에 따라 2013. 4. 25. 국토교통부령 제5호로 개정된 공익사업을 위한 토지 등의 취득 및 보상에 관한 법률 시행규칙(이하 '개정 시행규칙') 제48조 제2항 단서 제1호가 실제소득 적용 영농보상금의 예외로서, 농민이 제출한 입증자료에 따라 산정한 실제소득이 동일 작목별 평균소득의 2배를 초과하는 경우에 해당 작목별 평균생산량의 2배를 판매한 금액을 실제소득으로 간주하도록 규정함으로써 실제소득 적용 영농보상금의 '상한'을 설정하였다.

이와 같은 개정 시행규칙 제48조 제2항 단서 제1호는, 영농보상이 장래의 불확정적인 일실소득을 보상하는 것이자 농민의 생존배려·생계지원을 위한 보상인 점, 실제소득 산정의 어려움 등을 고려하여, 농민이 실농으로 인한 대체생활을 준비하는 기간의 생계를 보장할 수 있는 범위 내에서 실제소득 적용 영농보상금의 '상한'을 설정함으로써 나름대로 합리적인 적정한 보상액의 산정방법을 마련한 것이므로, 헌법상 정당보상원칙, 비례원칙에 위반되거나 위임입법의 한계를 일탈한 것으로는 볼 수 없다.

[2] 사업인정고시일 전부터 해당 토지를 소유하거나 사용권원을 확보하여 적법하게 농업에 종사해 온 농민은 사업인정고시일 이후에도 수용개시일 전날까지는 해당 토지에서 그간 해온 농업을 계속할 수 있다. 그러나 사업인정고시일 이후에 수용개시일 전날까지 농민이 해당 공익사업의 시행과 무관한 어떤 다른 사유로 경작을 중단한 경우에는 손실보상의 대상에서 제외될 수 있다. 사업인정고시가 이루어졌다는 점만으로 농민이 구체적인 영농보상금 청구권을 확정적으로 취득하였다고는 볼 수 없으며, 보상협의 또는 재결절차를 거쳐 협의성립 당시 또는 수용재결 당시의 사정을 기준으로 구체적으로 산정되는 것이다.

또한 공익사업을 위한 토지 등의 취득 및 보상에 관한 법률 시행규칙 제48조에 따른 영농보상은 수용개시일 이후 편입농지에서 더 이상 영농을 계속할 수 없게 됨에 따라 발생하는 손실에 대하여 장래의 2년간 일실소득을 예측하여 보상하는 것이므로, 수용재결 당시를 기준으로도 영농보상은 아직 발생하지 않은 장래의 손실에 대하여 보상하는 것이다.

따라서 공익사업을 위한 토지 등의 취득 및 보상에 관한 법률 시행규칙 부칙(2013. 4. 25.) 제4조 제1항이 영농보상금액의 구체적인 산정방법·기준에 관한 2013. 4. 25. 국토교통부령 제5호로 개정된 공익사업을 위한 토지 등의 취득 및 보상에 관한 법률 시행규칙(이하 '개정 시행규칙') 제48조 제2항 단서 제1호를 개정 시행규칙 시행일 전에 사업인정고시가 이루어졌으나 개정 시행규칙 시행 후 보상계획의 공고·통지가 이루어진 공익사업에 대해서도 적용하도록 규정한 것은 진정소급입법에 해당하지 않는다.

| **예상지문** |

① 사업인정고시일 이후에 수용개시일 전날까지 농민이 해당 **공익사업의 시행과 무관**한 어떤 **다른 사유로 경작**을 **중단**한 경우에는 **손실보상**의 대상에서 **제외**될 수 있다. (O)

② **사업인정고시**가 이루어졌다는 점만으로 농민이 **구체적인 영농보상금 청구권**을 확정적으로 취득하였다고는 볼 수 **없으며**, 보상협의 또는 **재결절차를 거쳐** 협의성립 당시 또는 수용재결 당시의 사정을 기준으로 **구체적으로 산정**되는 것이다. (O)

06 손실보상금 [대판 2024.1.25. 2023두49172]

잔여 건축물 가격감소에 관한 보상금증감소송에서 재결절차를 거치지 않은 잔여 건축물 보수비에 관한 손실보상청구를 추가한 사건

잔여 건축물 가격감소에 관한 손실보상과 관련된 이의재결신청이 기각된 이후 잔여 건축물 소유자인 원고들이 제기한 보상금증감소송의 원심 진행 중, 원고들이 잔여 건축물 가격감소에 관한 손실보상청구를 잔여 건축물 보수비에 관한 손실보상청구로 변경한 사안임.

대법원은, 잔여 건축물 보수비에 관한 손실보상청구는 잔여 건축물 가격감소에 관한 손실보상청구와 보상항목을 달리 하는 것으로, 위 손실보상 이의재결에 포함되지 않은 새로운 청구를 추가하는 것인 바, 적법한 재결절차를 거치지 못한 것으로서 부적법하여 허용되지 않는다는 이유로 원심판결 중 잔여 건축물 보수비에 관한 손실보상청구의 피고 패소 부분을 파기하고 자판하여 이 부분 소를 각하함.

1. 「공익사업을 위한 토지 등의 취득 및 보상에 관한 법률」 시행규칙 제35조 제2항의 잔여 건축물 보수비와 같은 조 제1항의 잔여 건축물 가치하락이 동일한 보상항목에 해당하는지 여부(소극) / 2. 잔여 건축물 가격감소에 관한 재결만을 받은 이후 제기한 잔여 건축물 가격감소에 관한 손실보상청구의 소에서 잔여 건축물 보수비에 관한 손실보상청구를 구할 수 있는지 여부(소극)

구 「공익사업을 위한 토지 등의 취득 및 보상에 관한 법률」(이하 '구 토지보상법') 제75조의2, 제26조, 제28조, 제30조, 제34조, 제50조, 제61조, 제83조 내지 제85조의 규정 내용 및 입법 취지 등을 종합하면, 공익사업에 건축물의 일부가 편입됨에 따라 잔여 건축물에 손실을 입은 자가 사업시행자로부터 「공익사업을 위한 토지 등의 취득 및 보상에 관한 법률 시행규칙」(이하 '토지보상법 시행규칙') 제35조 제1항에 따른 잔여 건축물 가격감소에 관한 손실보상 또는 같은 조 제2항에 따른 잔여 건축물 보수비에 관한 손실보상을 받기 위해서는 구 토지보상법 제34조, 제50조 등에 규정된 재결절차를 거친 다음 그 재결에 대하여 불복할 때 비로소 구 토지보상법 제83조 내지 제85조에 따라 권리구제를 받을 수 있을 뿐이다. 이러한 재결절차를 거치지 않은 채 곧바로 사업시행자를 상대로 손실보상을 청구하는 것은 허용되지 않고, 이는 수용대상토지에 대하여 재결절차를 거친 경우에도 마찬가지이다(대판 2018.6.15. 2018두35681, 대판 2018.7.20. 2015두4044 등 참조).

피보상자별로 어떤 토지, 물건, 권리 또는 영업이 손실보상대상에 해당하는지, 나아가 그 보상금액이 얼마인지를 심리·판단하는 기초 단위를 보상항목이라고 할 수 있는데(대판 2018.5.15. 2017두41221 참조), 재결절차를 거쳤는지 여부는 보상항목별로 판단하여야 한다.

토지보상법 시행규칙 제35조 제1항의 잔여 건축물 가격감소에 관한 손실보상은 건축물의 일부가 취득 또는 사용됨으로 인하여 잔여 건축물의 가격이 감소된 경우를 요건으로 하여 공익사업시행지구에 편입되기 전 잔여 건축물의 가격에서 공익사업시행지구에 편입된 후의 잔여 건축물의 가격을 뺀 금액을 손실보상하는 것이고, 같은 조 제2항의 잔여 건축물 보수비에 관한 손실보상은 잔여 건축물에 보수가 필요한 경우를 요건으로 하여 건축물의 잔여부분을 종래의 목적대로 사용할 수 있도록 그 유용성을 동일하게 유지하는 데 통상 필요하다고 볼 수 있는 공사에 사용되는 비용을 손실보상하는 것으로, 그 법률상 근거, 요건, 손실보상의 대상 및 범위, 평가방법이 다르고, 잔여 건축물 가격감소에 관한 손실보상은 소극적 손실을, 잔여 건축물 보수비에 관한 손실보상은 적극적 손실을 각 보상하는 것으로서 그 보상의 성질이 관념적으로도 구분되므로, 토지보상법 시행규칙 제35조 제1항의 잔여 건축물 가격감소에 관한 손실보상과 같은 조 제2항의 잔여 건축물 보수비에 관한 손실보상은 보상항목을 달리하는 것이라고 봄이 상당하다.

따라서 <u>잔여 건축물 보수비에 관한 손실보상</u>을 받으려는 건축물 소유자는 잔여 건축물 보수비에 관한 손실보상청구의 소를 제기하기 전에 그에 관한 적법한 재결을 거쳐야 한다. **잔여 건축물 가격감소에 관한 손실보상에 관한 재결만을 받은 이후 제기한 잔여 건축물 가격감소에 관한 손실보상청구의 소에서 잔여 건축물 보수비**에 관한 손실보상청구를 구하는 것은 적법한 재결절차를 거치지 못한 것으로 부적법하여 허용되지 않는다고 보아야 한다.

| 예상지문 |

① **건축물 가격감소**에 관한 손실보상 또는 **잔여 건축물 보수비**에 관한 손실보상을 받기 위해서는 **재결절차를 거친 다음** 그 재결에 대하여 불복할 때 비로소 구 **토지보상법 제83조 내지 제85조**에 따라 권리구제를 받을 수 있을 뿐이다. (O)

② 토지보상법 시행규칙 제35조 제1항의 **잔여 건축물 가격감소**에 관한 손실보상과 같은 조 제2항의 **잔여 건축물 보수비**에 관한 손실보상은 **보상항목이 동일한** 손실보상에 해당한다. (×)

③ **잔여 건축물 가격감소**에 관한 손실보상에 관한 **재결만**을 받은 이후 제기한 잔여 건축물 가격감소에 관한 손실보상청구의 소에서 **잔여 건축물 보수비**에 관한 손실보상청구를 구하는 것은 **적법한 재결절차를 거치지 못한** 것으로 부적법하여 허용되지 않는다. (O)

제4장 행정소송

제1절 행정소송의 종류

01 보훈급여지급정지처분등무효확인 [대판 2021.12.16. 2019두45944]

판결요지

[1] 구 군인연금법이 정하고 있는 급여 중 사망보상금은 일실손해의 보전을 위한 것으로 불법행위로 인한 소극적 손해배상과 같은 종류의 급여이므로, **군 복무 중 사망한** 사람의 유족이 **국가배상을 받은 경우 국가보훈처장** 등은 사망보상금에서 **소극적 손해배상금 상당액을 공제할 수 있을 뿐**, 이를 넘어 **정신적 손해배상금까지 공제할 수 없다**고 한 사례.

[2] 구 **군인연금법**에 의한 사망보상금 등의 **급여를 받을 권리는** 법령의 규정에 따라 **직접 발생**하는 것이 **아니라**, 급여를 받으려고 하는 사람이 소속하였던 군의 참모총장의 확인을 얻어 청구함에 따라 **국방부장관** 등이 **지급결정**을 함으로써 **구체적인 권리가 발생**한다.

국방부장관 등이 하는 **급여지급결정**은 단순히 급여수급 대상자를 확인·결정하는 것에 그치는 것이 아니라 **구체적인 급여수급액을 확인·결정**하는 것까지 **포함**한다. 구 군인연금법상 급여를 받으려고 하는 사람(유족등)은 우선 관계 법령에 따라 **국방부장관** 등에게 **급여지급을 청구**하여 국방부장관 등이 이를 거부하거나 일부 금액만 인정하는 **급여지급결정**을 하는 경우 그 결정을 대상으로 **항고소송**을 제기하는 등으로 구체적 권리를 인정받은 다음 비로소 당사자소송으로 그 급여의 지급을 구해야 한다. 이러한 구체적인 권리가 발생하지 않은 상태에서 **곧바로** 국가를 상대로 한 **당사자소송**으로 급여의 지급을 소구하는 것은 **허용되지 않는다**.

[3] **원고가** 고의 또는 중대한 과실 없이 **항고소송**으로 제기해야 할 것을 **당사자소송**으로 잘못 제기한 경우, 항고소송의 소송요건을 갖추지 못했음이 명백하여 항고소송으로 제기되었더라도 어차피 부적법하게 되는 경우가 아닌 이상, **법원**으로서는 원고가 항고소송으로 **소 변경**을 하도록 **석명권을 행사**하여 행정청의 처분이나 부작위가 적법한지 여부를 심리·판단해야 한다.

[4] 행정의사가 외부에 표시되어 **행정청이 자유롭게 취소·철회할 수 없는 구속**을 받게 되는 시점에 **처분이 성립**하고, 그 성립 여부는 행정청이 행정의사를 공식적인 방법으로 외부에 표시하였는지를 기준으로 판단해야 한다.

| 예상지문 |

① 군 복무 중 사망한 사람의 유족이 **국가배상**을 받은 경우, **국가보훈처장** 등이 **사망보상금에서 소극적 손해배상금** 상당액을 공제할 수 있을 뿐 이를 넘어 **정신적 손해배상금까지** 공제할 수 없다.   (○)

② 구 **군인연금법**에 의한 **사망보상금** 등의 급여를 받을 권리는 **법령규정**에 따라 **직접 발생**하는 것이므로, **국방부장관** 등이 **지급결정**을 하기 전에도 **곧바로** 국가를 상대로 한 **당사자소송**으로 급여의 지급을 소구하는 것은 **허용된다**.   (×)

③ 구 **군인연금법령상** 급여를 받으려고 하는 사람이 관계 법령에 따라 국방부장관 등에게 급여지급을 청구하였

으나 **국방부장관** 등이 이를 거부하거나 일부금액만 인정하는 **급여지급결정**을 하는 경우, 그 결정을 대상으로 항고소송을 제기하는 등으로 구체적 권리를 인정받지 않은 상태에서 **곧바로** 국가를 상대로 한 **당사자소송**으로 급여의 지급을 **소구할 수 없다.** (O)

| 기출지문 |

군인연금법령상 급여를 받으려고 하는 사람이 국방부장관에게 급여지급을 청구하였으나 거부된 경우, 곧바로 국가를 상대로 한 당사자소송으로 급여의 지급을 청구할 수 있다. [22국가9급] (×)

제2절 항고소송의 대상적격

01 시정명령처분 무효확인 등 청구의 소 [대판 2022.9.7. 2022두42365]

[1] 행정청의 행위가 항고소송의 대상이 되는지를 판단하는 기준 및 행정청의 행위가 '처분'에 해당하는지 불분명한 경우, 이를 판단하는 방법

항고소송의 대상인 '처분'이란 "행정청이 행하는 구체적 사실에 관한 법집행으로서의 공권력의 행사 또는 그 거부와 그 밖에 이에 준하는 행정작용"(행정소송법 제2조 제1항 제1호)을 말한다. 행정청의 행위가 항고소송의 대상이 될 수 있는지는 추상적·일반적으로 결정할 수 없고, 구체적인 경우에 관련 법령의 내용과 취지, 행위의 주체·내용·형식·절차, 그 행위와 상대방 등 이해관계인이 입는 불이익 사이의 실질적 견련성, 법치행정의 원리와 그 행위에 관련된 행정청이나 이해관계인의 태도 등을 고려하여 개별적으로 결정하여야 한다(대판[전합] 2010.11.18. 2008두167 참조). 행정청의 행위가 '처분'에 해당하는지가 불분명한 경우에는 그에 대한 불복방법 선택에 중대한 이해관계를 가지는 상대방의 인식가능성과 예측가능성을 중요하게 고려하여 규범적으로 판단하여야 한다(대판 2018.10.25. 2016두33537, 대판 2020.4.9. 2019두61137 등 참조).

[2] 사립유치원 설립자인 甲은 관할 교육청이 실시한 사립유치원 특정감사 결과에 대하여 조치요구사항이 기재되어 있고, 이의 제기 방법이 안내되어 있으나, 근거 법령에 유아교육법 제30조 제1항이 별도로 기재되어 있지 않은 통보서를 관할 교육지원청 교육장로부터 받았는데, 관할 교육지원청 교육장은 甲이 조치요구사항을 이행하지 아니하였다는 이유로 '사립유치원 종합(특정)감사 결과 미이행에 따른 행정처분 통지'라는 제목으로 유아교육법 제30조 제1항에 따라 조치요구사항을 이행할 것을 명하는 시정명령을 甲에게 통지한 사안에서, 위 시정명령은 감사결과 통보와는 별도로 항고소송의 대상이 되는 처분으로 봄이 타당하다고 하여 이와 달리 본 원심판단에 잘못이 있다고 한 사례

1. 사건의 개요와 쟁점

1) 원고는 고양시 (주소 생략)에 있는 사립유치원인 ○○○유치원(이하 '이 사건 유치원')의 설립자이다.

2) 경기도 교육청은 2018년도 상반기 고양교육지원청 관내 사립유치원에 대한 특정감사의 일환으로 2018. 4. 2.부터 2018. 5. 11.까지 이 사건 유치원에 대한 감사를 실시하였고, 이를 토대로 피고 경기도고양교육지원청교육장은 2019. 1. 31. 원고에게 '2018년도 상반기 사립유치원 특정감사 결과'를 통보하였다(이하 '이 사건 감사결과 통보').

3) 이 사건 감사결과 통보서(을제2호증)에는 이 사건 유치원에 대한 지적사항과 이에 관하여 원고가 조치하여야 할 사항(이하 '이 사건 조치요구사항') 등이 기재되어 있고, 이의가 있을 경우 「공공감사에 관한 법률」(이하 '공공감사법') 제25조에 따라 통보를 받은 날부터 1개월 이내에 재심의를 신청할 수 있다는 점이 안내되어 있었으나, 그 근거법령에 유아교육법 제30조 제1항은 별도로 기재되어 있지 않았다.

4) 피고는 2020. 10. 22. 원고가 이 사건 조치요구사항을 이행하지 아니하였다는 이유로 '사립유치원 종합(특정)감사 결과 미이행에 따른 행정처분 통지'라는 제목으로 유아교육법 제30조 제1항에 따라 2020. 10. 30.까지 이 사건 조치요구사항을 이행할 것을 명하는 시정명령(이하 '이 사건 시정명령')을 원고에게 통지하였다.

3. 대법원의 판단

가. 항고소송의 대상인 '처분'이란 "행정청이 행하는 구체적 사실에 관한 법집행으로서의 공권력의 행사 또는 그 거부와 그 밖에 이에 준하는 행정작용"(행정소송법 제2조 제1항 제1호)을 말한다. 행정청의 행위가 항고소송의 대상이 될 수 있는지는 추상적·일반적으로 결정할 수 없고, 구체적인 경우에 관련 법령의 내용과 취지, 행위의 주체·내용·형식·절차, 그 행위와 상대방 등 이해관계인이 입는 불이익 사이의 실질적 견련성, 법치행정의 원리와 그 행위에 관련된 행정청이나 이해관계인의 태도 등을 고려하여 개별적으로 결정하여야 한다(대판[전합] 2010.11.18. 2008두167참조). 행정청의 행위가 '처분'에 해당하는지가 불분명한 경우에는 그에 대한 불복방법 선택에 중대한 이해관계를 가지는 상대방의 인식가능성과 예측가능성을 중요하게 고려하여 규범적으로 판단하여야 한다(대판 2018.10.25. 2016두33537, 대판 2020.4.9. 2019두61137 등 참조).

나. 이러한 법리에 비추어 관련 규정들의 내용과 체계 등을 살펴보면, 이 사건 시정명령은 이 사건 감사결과 통보와는 별도로 항고소송의 대상이 되는 '처분'으로 봄이 타당하다. 구체적인 이유는 다음과 같다.

1) 먼저, 이 사건 감사결과 통보가 공공감사법 제23조 제1항에서 정하고 있는 감사결과의 통보에만 그치는 것이 아니라 나아가 유아교육법 제30조 제1항에서 정한 시정명령에도 해당한다고 본 원심의 판단은 받아들이기 어렵다. 앞서 살펴본 것과 같이 이 사건 감사결과 통보서에는 근거 법령에 유아교육법이 기재되어 있지 않을 뿐 아니라 이의가 있는 경우의 불복방법에 관하여 공공감사법상 재심의 절차에 대하여만 안내되어 있으므로, 위 통보의 상대방으로서는 이 사건 감사결과 통보가 유아교육법 제30조 제1항에서 정한 시정명령에도 해당한다고 인식하기는 어려웠을 것으로 보인다.

2) 위와 달리 이 사건 시정명령의 처분서(갑제2호증)는 문서의 제목이 '행정처분통지서'일 뿐 아니라 유아교육법 제30조 제1항에 근거한 시정명령임이 명확하게 기재되어 있다. 또한, 정당한 사유 없이 시정명령을 이행하지 아니할 경우 유아교육법 제30조 제2항 등에 따라 유치원의 정원 감축, 학급감축 또는 재정지원 배제 등의 불이익한 조치가 취해질 수 있다는 문구가 명시적으로 기재되어 있고, 해당 처분에 이의가 있는 경우에는 처분이 있음을 안 날부터 90일 내에 행정심판을 청구하거나 행정소송을 제기할 수 있다는 불복방법에 대한 안내까지 기재되어 있다. 이는 피고 스스로도 이 사건 시정명령이 항고소송의 대상이 되는 처분임을 인식하고 있었음을 나타내는 것으로, 이러한 사정 하에서라면 그 상대방인 원고로서도 이 사건 시정명령이 유아교육법 제30조 제1항에 근거한 시정명령으로서의 처분에 해당한다고 인식할 수밖에 없었을 것으로 보인다.

3) 이 사건 시정명령은 정당한 이유 없이 지정된 기간에 이를 이행하지 아니하면 해당 유치원의 정원감축, 학급감축 또는 유아모집 정지나 해당 유치원에 대한 차등적인 재정지원 또는 재정지원 배제 등의 행정상 제재를 받을 수 있고(유아교육법 제30조 제2항), 그 위반행위에 대하여는 1년 이하의 징역 또는 1천만 원 이하의 벌금에 처하는 등 형사처벌의 대상이 될 수도 있다(유아교육법 제34조 제3항 제3호). 이와 같이 이 사건 시정명령은 그 실질에 있어서도 국민의 권리의무나 법률상의 지위에 직접적인 영향을 미치는 처분으로 봄이 타당하므로, 처분성을 인정하여 그 불복기회를 부여할 필요성이 크다.

비록 이 사건 시정명령이 원고에게 이 사건 감사결과통보에 따른 이 사건 조치요구사항의 이행을 재차 명하는 것을 내용으로 하고 있으나, 앞서 본 것과 같이 이 사건 시정명령은 이 사건 감사결과 통보와 근거법령이 명백히 구별되고, 그 불이행에 따른 법적 효과를 달리 하고 있으므로, 단순한 의무 이행의 독촉이라거나 민법상 최고에 그친다고 볼 수 없다.

| 기출지문 |

행정청의 행위가 '처분'에 해당하는지가 불분명한 경우에는 그에 대한 불복방법 선택에 중대한 이해관계를 가지는 상대방의 인식가능성과 예측가능성을 중요하게 고려하여 규범적으로 판단하여야 한다. [23국가9급]　　　(O)

02 덤핑방지관세부과처분취소 [대판 2022.12.1. 2019두48905]

[1] 항고소송의 대상이 되는 행정처분의 범위 및 일반적, 추상적인 법령 등이 그 대상이 될 수 있는지 여부 (원칙적 소극)

항고소송의 대상이 되는 행정처분은 행정청의 공법상 행위로서 특정 사항에 대하여 법률에 의하여 권리를 설정하고 의무의 부담을 명하거나 그 밖의 법률상 효과를 발생하게 하는 등으로 상대방의 **권리의무에 직접 영향**을 미치는 행위이어야 하고, 다른 집행행위의 매개 없이 그 자체로 상대방의 구체적인 권리의무나 법률관계에 직접적인 변동을 초래하는 것이 아닌 **일반적, 추상적인 법령** 등은 그 **대상**이 될 수 **없다**(대판 2007.4.12. 2005두15168 등 참조).

[2] 일본국 법률에 따라 설립된 甲 법인이 일본에서 공기압 전송용 밸브를 생산하여 우리나라에 수출하고 있는데, 기획재정부장관이 甲 법인 등이 공급하는 일정 요건을 갖춘 일본산 공기압 전송용 밸브에 대하여 5년간 적용할 덤핑방지관세율을 규정하는 '일본산 공기압 전송용 밸브에 대한 덤핑방지관세의 부과에 관한 규칙'을 제정·공포하자, 甲 법인이 위 시행규칙이 관세법 제51조에서 정한 덤핑방지관세의 부과요건을 갖추지 못하여 위법하다고 주장하면서 취소를 구하는 소를 제기한 사안에서, 위 시행규칙은 항고소송의 대상이 될 수 없고, 위 시행규칙의 취소를 구하는 소는 부적법하므로, 이와 달리 본 원심판단에 법리오해의 잘못이 있다고 한 사례

일본국 법률에 따라 설립된 甲 법인이 일본에서 공기압 전송용 밸브를 생산하여 우리나라에 수출하고 있는데, 기획재정부장관이 甲 법인 등이 공급하는 일정 요건을 갖춘 일본산 공기압 전송용 밸브에 대하여 5년간 적용할 덤핑방지관세율을 규정하는 '일본산 공기압 전송용 밸브에 대한 덤핑방지관세의 부과에 관한 규칙'을 제정·공포하자, 甲 법인이 위 시행규칙이 관세법 제51조에서 정한 덤핑방지관세의 부과요건을 갖추지 못하여 위법하다고 주장하면서 취소를 구하는 소를 제기한 사안에서, 위 시행규칙은 덤핑방지관세를 부과할 물품(이하 '덤핑물품')과 공급자를 지정하고 해당

물품에 적용할 관세율을 정한 조세법령으로, 위 시행규칙에서 덤핑물품과 관세율 등 과세요건을 규정하는 것만으로 납세의무자에게 덤핑방지관세를 납부할 의무가 성립하는 것은 아닌 점, 위 시행규칙은 수입된 덤핑물품에 관한 세관장의 덤핑방지관세 부과처분 등 별도의 집행행위가 있어야 비로소 상대방의 권리의무나 법률관계에 영향을 미치게 되는 점, 위 시행규칙에 근거한 관세 부과처분 등에 따라 덤핑방지관세를 납부하게 될 자는 덤핑물품을 수입하는 화주 등이지 덤핑물품을 수출하는 자가 아니고, 위 시행규칙은 덤핑물품의 수출 또는 수입행위를 규제하거나 외국 수출자와 국내 수입자 사이의 덤핑물품에 관한 법률관계를 규율하지 않으므로, 위 시행규칙이 효력 범위 밖에 있는 甲 법인의 구체적인 권리의무나 법률관계에 직접적인 변동을 초래한다고 보기 어려운 점을 종합하면, 위 시행규칙은 항고소송의 대상이 될 수 없고, 위 시행규칙의 취소를 구하는 소는 부적법하므로, 이와 달리 본 원심판단에 법리오해의 잘못이 있다.

| 예상지문 |

① 다른 **집행행위의 매개 없이** 그 자체로 상대방의 구체적인 권리의무나 법률관계에 직접적인 변동을 초래하는 것이 아닌 **일반적, 추상적인 법령** 등은 **항고소송의 대상**이 될 수 **없다.**   (O)

② 기획재정부장관이 甲 법인 등이 공급하는 일정 요건을 갖춘 **일본산 공기압 전송용 밸브**에 대하여 5년간 적용할 덤핑방지관세율을 규정하는 '일본산 공기압 전송용 밸브에 대한 덤핑방지관세의 부과에 관한 규칙'의 **시행규칙**은 **항고소송의 대상**이 될 수 **없다.**   (O)

---

03 입찰참가자격제한요청처분 취소청구의 소 [대판 2023.2.2. 2020두48260]

[1] 행정청의 행위가 항고소송의 대상이 될 수 있는지 결정하는 방법

항고소송의 대상인 '처분'이란 "행정청이 행하는 구체적 사실에 관한 법집행으로서의 공권력의 행사 또는 그 거부와 그 밖에 이에 준하는 행정작용"(행정소송법 제2조 제1항 제1호)을 말한다. 행정청의 행위가 항고소송의 대상이 될 수 있는지는 추상적·일반적으로 결정할 수 없고, 구체적인 경우에 관련 법령의 내용과 취지, 그 행위의 주체·내용·형식·절차, 그 행위와 상대방 등 이해관계인이 입는 불이익 사이의 실질적 견련성, 법치행정의 원리와 그 행위에 관련된 행정청이나 이해관계인의 태도 등을 고려하여 개별적으로 결정하여야 한다(대판[전합] 2010.11.18. 2008두167, 대판 2021.1.14. 2020두50324 등 참조).

[2] 공정거래위원회가 구 하도급거래 공정화에 관한 법률 제26조 제2항 후단에 따라 관계 행정기관의 장에게 한 원사업자 또는 수급사업자에 대한 입찰참가자격의 제한을 요청한 결정이 항고소송의 대상이 되는 처분인지 여부(적극)

구 하도급거래 공정화에 관한 법률(이하 '법') 제26조 제2항은 입찰참가자격제한 요청의 요건을 구 하도급거래 공정화에 관한 법률 시행령(대통령령, 이하 '시행령')으로 정하는 기준에 따라 부과한 벌점의 누산점수가 일정 기준을 초과하는 경우로 구체화하고, 위 요건을 충족하는 경우 공정거래위원회는 법 제26조 제2항 후단에 따라 관계 행정기관의 장에게 해당 사업자에 대한 입찰참가자격 제한 요청 결정을 하게 되며, 이를 요청받은 관계 행정기관의 장은 특별한 사정이 없는 한 그 사업자에 대하여 입찰참가자격을 제한하는 처분을 해야 하므로, 사업자로서는 입찰참가자격제한 요청 결정이 있으면 장차 후속 처분으로 입찰참가자격이 제한될 수 있는 법률상 불이익이 존재한다.

이때 입찰참가자격제한 요청 결정이 있음을 알고 있는 사업자로 하여금 입찰참가자격제한처분에 대하여만 다툴 수 있도록 하는 것보다는 그에 앞서 직접 입찰참가자격제한 요청 결정의 적법성을 다툴 수 있도록 함으로써 분쟁을 조기에 근본적으로 해결하도록 하는 것이 법치행정의 원리에도 부합한다. 따라서 공정거래위원회의 **입찰참가자격제한 요청 결정**은 항고소송의 대상이 되는 **처분**에 해당한다.

| **예상지문** |

① 공정거래위원회가 구 「하도급거래 공정화에 관한 법률」 제26조 제2항 후단에 따라 관계 행정기관의 장에게 한 원사업자 또는 수급사업자에 대한 **입찰참가자격의 제한을 요청**한 결정은 내부의 준비행위에 불과하여 항고소송의 대상이 되는 **처분**에 해당하지 아니한다. (×)

② 공정거래위원회의 **입찰참가자격제한 요청 결정**은 요청받은 관계 **행정기관의 장은 특별한 사정이 없는 한** 그 사업자에 대하여 **입찰참가자격을 제한**하는 처분을 해야 하므로 사업자로서는 입찰참가자격제한 **요청 결정**이 있으면 장차 후속 처분으로 **입찰참가자격이 제한**될 수 있는 **법률상 불이익**이 존재하고, 직접 **입찰참가자격 제한 요청 결정**의 적법성을 다툴 수 있도록 함으로써 분쟁을 조기에 근본적으로 해결하도록 하는 것이 법치행정의 원리에도 부합하므로 **항고소송**으로 다툴 수 있다. (○)

04 입찰참가자격제한 및 영업정지 요청 결정 취소 청구의 소 [대판 2023.4.27. 2020두47892]

[1] 피고의 입찰참가자격제한 등 요청 결정이 항고소송의 대상이 되는 처분에 해당하는지 여부(적극)

하도급법 제26조 제2항은 입찰참가자격제한 등 요청의 요건을 시행령으로 정한 기준에 따라 부과한 벌점의 누산점수가 일정 기준을 초과하는 경우로 구체화하고, 위 요건을 충족하는 경우 피고 공정거래위원회는 하도급법 제26조 제2항 후단에 따라 관계 행정기관의 장에게 해당 사업자에 대한 입찰참가자격제한 등 요청 결정을 하게 되며, 이를 요청받은 관계 행정기관의 장은 특별한 사정이 없는 한 그 사업자에 대하여 입찰참가자격제한 등의 처분을 하여야 하므로, 사업자로서는 입찰참가자격제한 등 요청 결정이 있으면 장차 후속 처분으로 입찰참가자격이 제한되고 영업이 정지될 수 있는 등의 법률상 불이익이 존재한다. 이때 입찰참가자격제한 등 요청 결정이 있음을 알고 있는 사업자로 하여금 입찰참가자격제한처분 등에 대하여만 다툴 수 있도록 하는 것보다는 그에 앞서 직접 입찰참가자격제한 등 요청 결정의 적법성을 다툴 수 있도록 함으로써 분쟁을 조기에 근본적으로 해결하도록 하는 것이 법치행정의 원리에도 부합하므로, 공정거래위원회의 입찰참가자격제한 등 요청 결정은 항고소송의 대상이 되는 처분에 해당한다(대판 2023.2.2. 2020두48260 참조).

[2] 분할 전 회사에 부과된 하도급법상 벌점이 분할신설회사를 흡수합병한 원고에게 승계되었음을 이유로 입찰참가자격제한 등 요청 결정을 할 수 있는지 여부(적극)

하도급법령에서 시정조치 유형별로 미리 정해놓은 객관적 기준에 따라 벌점이 정형적으로 부과되도록 예정되어 있다는 점에서 피고 공정거래위원회에게 벌점의 부과 여부나 그 범위에 관하여 실질적으로 재량의 여지가 있다고 보기는 어렵다. 또한, 위 벌점이 시행령 제17조 제2항에서 정하는 기준을 초과하는 경우에는 피고에게 관계 행정기관의 장을 상대로 입찰참가자격의 제한 요청 등을 할 의무가 발생한다.

이러한 벌점 부과 및 입찰참가자격제한 요청 등의 법적 성격에 비추어 보면, 하도급법에 따른 벌점은 시정조치나 과징금부과 처분에 따르는 부수적인 법적 효과에 해당함과 동시에 벌점 합계가 일정한 기준을 초과할 경우 피고의 법령상 의무로 규정된 입찰참가자격제한 요청 등의 법적 요건에도 해당한다. 따라서 하도급법에 따른 벌점 부과를 단순한 사실행위에 불과하다고만 볼 수는 없고, 공법상 지위 내지 의무·책임이 구체화된 경우라고 볼 여지가 크다.

⇨ 분할 전 회사에 부과된 하도급법상 벌점이 하도급법령에서 정하고 있는 기준을 초과하자, 피고 공정거래위원회가 분할신설회사를 흡수합병한 원고에 대하여 하도급법 제26조 제2항 및 같은 법 시행령 제17조 제2항에 따라 관계 행정기관의 장에게 입찰참가자격제한 및 영업정지 요청 결정을 하여 원고가 그 취소를 청구하였음.

대법원은 위 법리에 따라, 분할 전 회사에 부과된 하도급법상 벌점이 원고에게 승계된다는 이유로 이와 달리 원고 청구를 인용한 원심판결을 파기·환송함.

| 예상지문 |

① 공정거래위원회의 **입찰참가자격제한 등 요청 결정**은 항고소송의 대상이 되는 **처분**에 해당한다.　　(○)

② **하도급법에 따른 벌점**은 시정조치나 과징금부과 처분에 따르는 부수적인 법적 효과에 해당함과 동시에 벌점 합계가 일정한 기준을 초과할 경우 피고의 법령상 의무로 규정된 입찰참가자격제한 요청 등의 법적 요건에도 해당한다. 따라서 하도급법에 따른 벌점 부과를 **단순한 사실행위**에 불과하다고만 볼 수 없다.　　(○)

③ **분할 전 회사**에 부과된 하도급법상 벌점이 분할신설회사를 **흡수합병**한 원고에게 **승계되었음**을 이유로 입찰참가자격제한 등 요청 결정을 할 수는 없다.　　(×)

05 손실보전금등지급거부처분취소 [대판 2023.2.23. 2021두44548, 표준판례 331]

[1] 행정청의 행위가 항고소송의 대상이 될 수 있는지 결정하는 방법

항고소송의 대상인 '처분'이란 '행정청이 행하는 구체적 사실에 관한 법집행으로서의 공권력의 행사 또는 그 거부와 그 밖에 이에 준하는 행정작용'(행정소송법 제2조 제1항 제1호)을 말한다. 행정청의 행위가 항고소송의 대상이 될 수 있는지는 추상적·일반적으로 결정할 수 없고, 구체적인 경우에 관련 법령의 내용과 취지, 그 행위의 주체·내용·형식·절차, 그 행위와 상대방 등 이해관계인이 입는 불이익 사이의 실질적 견련성, 법치행정의 원리와 그 행위에 관련된 행정청이나 이해관계인의 태도 등을 고려하여 개별적으로 결정하여야 한다(대판[전합] 2010.11.18. 2008두167 등 참조).

[2] 여객자동차 운송사업자 甲 주식회사가 시내버스 노선을 운행하면서 환승요금할인, 청소년요금할인을 시행한 데에 따른 손실을 보전해 달라며 경기도지사와 광명시장에게 보조금 지급신청을 하였으나, 경기도지사가 甲 회사와 광명시장에게 '甲 회사의 보조금 지급신청을 받아들일 수 없음은 기존에 회신한 바와 같고, 광명시에서는 적의 조치하여 주기 바란다'는 취지로 통보한 사안에서, 경기도지사의 위 통보는 甲 회사의 권리·의무에 직접적인 영향을 주는 것이라고 할 수 없어 항고소송의 대상이 되는 처분으로 볼 수 없다고 한 사례

여객자동차 운송사업자 **甲 주식회사**가 시내버스 노선을 운행하면서 환승요금할인 및 청소년요금할인을 시행한 데에 따른 손실을 보전해 달라며 **경기도지사와 광명시장에게** 보조금 지급신청을 하였으나, **경기도지사가** 甲 회사와 광명시장에게 '甲 회사의 보조금 지급신청을 받아들일 수 없음은

기존에 회신한 바와 같고, 광명시에서는 적의 조치하여 주기 바란다'는 취지로 통보한 사안에서, 경기도 여객자동차 운수사업 관리 조례 제15조에 따른 보조금 지급사무는 광명시장에게 위임되었으므로 위 신청에 대한 응답은 광명시장이 해야 하고, 경기도지사는 甲 회사의 보조금 지급신청에 대한 처분권한자가 아니며, 위 통보는 경기도지사가 甲 회사의 보조금 신청에 대한 최종적인 결정을 통보하는 것이라기보다는 광명시장의 사무에 대한 지도 · 감독권자로서 **甲 회사에 대하여**는 보조금 지급신청에 대한 의견을 표명함과 아울러 **광명시장에 대하여**는 경기도지사의 의견에 따라 甲 회사의 보조금 신청을 받아들일지를 심사하여 甲 회사에 통지할 것을 촉구하는 내용으로 보는 것이 타당하므로, **경기도지사의 위 통보는** 甲 회사의 권리 · 의무에 직접적인 영향을 주는 것이라고 할 수 없어 항고소송의 대상이 되는 **처분으로 볼 수 없다.**

⇨ 시내버스 한정면허를 받은 여객자동차 운송사업자인 원고의 보조금 지급신청에 대해 주위적 피고 경기도지사가 원고 및 예비적 피고 광명시장에게 그와 같은 보조금 지급이 불가하다는 취지로 통보하자, 원고가 주위적 피고 경기도지사에 대하여 위와 같은 통보의 취소를, 예비적 피고 광명시장에 대하여 주위적으로는 보조금 지급신청 거부처분의 취소를, 예비적으로는 원고의 보조금 지급신청에 대하여 응답하지 아니한 부작위의 위법확인을 구한 사안임.

대법원은, 원고에 대한 경기도의 보조금 지급 등 사무가 각 시장 · 군수에게 위임된 이상 주위적 피고 경기도지사의 위와 같은 통보는 예비적 피고 광명시장에 대한 지도 · 감독권의 행사일 뿐 원고의 권리 · 의무에 직접적인 영향을 주는 것이라고 할 수 없어 항고소송의 대상이 되는 처분으로 볼 수 없음에도, 이와 달리 주위적 피고 경기도지사에 대한 소에 대하여 본안에 나아가 판단한 원심을 파기하면서, 주위적 피고 경기도지사의 상고에 의하여 예비적 피고 광명시장에 대한 소까지 상고심 심판대상이 되었으므로 원심판결을 전부 파기하되, 주위적 피고 경기도지사에 대한 소는 위와 같은 이유로 각하하고, 예비적 피고 광명시장에 대한 소 중 주위적 청구 부분은 존재하지 아니한 처분을 대상으로 한 것이어서 각하하며, 예비적 청구 부분은 이유 있다고 보아 이를 인용함.

| 예상지문 |

> 여객자동차 운송사업자 甲 주식회사의 환승요금할인, 청소년요금할인 시행에 따른 **보조금 지급신청**에 대하여, **경기도지사**가 甲 회사와 광명시장에게 '甲 회사의 보조금 지급신청을 받아들일 수 없음은 **기존에 회신한 바와 같고**, 광명시에서는 적의 조치하여 주기 바란다'는 취지로 통보한 사안에서, 경기도지사의 위 통보는 甲 회사의 권리 · 의무에 직접적인 영향을 주는 것이라고 할 수 없어 **항고소송의 대상**이 되는 처분으로 볼 수 없다. (O)

06 방송심의제재조치취소청구 [대판 2023.7.13. 2016두34257]

다이빙벨 인터뷰 보도 사건

Ⅰ. 판시사항

1. 고지방송명령이 항고소송의 대상이 되는 행정처분에 해당하는지 여부(소극)

2. 구 「방송심의에 관한 규정」의 객관성의 의미

3. 방송내용의 객관성 심의 시 매체별, 채널별 특성은 물론 개별 프로그램 또는 개별 프로그램 내 개별 코너의 특성까지 고려하여야 하는지 여부(적극)

Ⅱ. 판결요지

1. 행정청의 어떤 행위가 항고소송의 대상이 될 수 있는지는 추상적·일반적으로 결정할 수 없고, 관련 법령의 내용과 취지, 그 행위의 주체·내용·형식·절차, 그 행위와 상대방 등 이해관계인이 입는 불이익과의 실질적 견련성, 법치행정의 원리, 당해 행위에 관련된 행정청과 이해관계인의 태도 등을 참작하여 구체적·개별적으로 결정하여야 한다(대판 2011.6.10. 2010두7321 등 참조). 행정청 내부에서의 행위나 알선, 권유, 사실상의 통지 등과 같이 <u>상대방 또는 기타 관계자들의 법률상 지위에 직접적인 법률적 변동을 일으키지 아니하는 행위는 항고소송의 대상이 아니다</u>(대판 2008.4.24. 2008두3500 등 참조).

2. 구 방송법 제6조 제1항, 구 심의규정 제14조의 입법 취지 및 문언적 의미 등을 종합하여 보면, '객관성'이란 사실을 왜곡하지 않고 증명 가능한 객관적 사실에 기초하여 있는 그대로 가능한 한 정확하게 사실을 다루어야 한다는 것을 의미한다(대판[전합] 2019.11.21. 2015두49474 참조). 그런데 같은 방송매체나 채널이라고 하더라도 다양한 형태로 정보나 의견을 제시할 수 있고, 방송이 사회에 미치는 영향력의 정도는 방송프로그램별로도 차이가 있으므로, 방송내용이 객관성을 유지하고 있는지 여부를 심사할 때에는 매체별, 채널별 특성은 물론 개별 프로그램 또는 개별 프로그램 내 개별 코너의 특성까지 모두 고려하여야 한다.

▷ 원고 주식회사 제이티비씨가 뉴스보도 프로그램 내 개별 코너에서 해난구조전문가와 다이빙벨 관련 인터뷰를 하자, 피고 <u>방송통신위원회가</u> 원고에게 인터뷰 내용이 불명확한 내용을 사실인 것으로 방송하여 시청자를 혼동하게 하였다는 이유로 해당 <u>방송프로그램의 관계자에 대한 징계를 명하는 제재조치명령과 고지방송명령</u>을 한 사안임.
대법원은, <u>고지방송명령 부분에 대하여는 행정처분에 해당하지 않는다는 이유로 상고를 기각하고,</u> 원심이 위 인터뷰의 특성, 내용과 구성 및 목적, 국민의 알권리 보장의 필요성, 당시의 급박한 상황 등에 대하여 제대로 심리하지 않았고, 나아가 방송의 객관성 유지의무 위반이 인정된다 하더라도, 위 <u>제재조치명령이 재량권 일탈·남용에 해당한다고 볼 여지가 있다는</u> 이유로, 이와 다른 취지의 원심판결을 일부 파기·환송함.

┃ 예상지문 ┃

① 행정청 내부에서의 행위나 알선, 권유, 사실상의 통지 등과 같이 상대방 또는 기타 관계자들의 법률상 지위에 직접적인 법률적 변동을 일으키지 아니하는 행위는 항고소송의 대상이 아니다.　　　　　　　(○)

② 구 방송법 제100조 제4항에 따라 '고지방송' 내용을 고지하여야 한다는 취지의 이 사건 고지방송명령은 권고적 효력만을 가지는 비권력적 사실행위에 해당할 뿐, 항고소송의 대상이 되는 행정처분에 해당하지 않는다.
　　　　　　　(○)

③ 같은 방송매체나 채널이라고 하더라도 다양한 형태로 정보나 의견을 제시할 수 있고, 방송이 사회에 미치는 영향력의 정도는 방송프로그램별로도 차이가 있으므로, 방송내용이 객관성을 유지하고 있는지 여부를 심사할 때에는 매체별, 채널별 특성은 물론 개별 프로그램 또는 개별 프로그램 내 개별 코너의 특성까지 모두 고려하여야 한다.
　　　　　　　(○)

07 정부출연금전액환수 등 처분취소청구 – 변경처분 [대판 2022.7.28. 2021두60748]

[1] 행정청의 행위가 항고소송의 대상이 될 수 있는지 판단하는 기준 및 행정청의 행위가 '처분'에 해당하는지 불분명한 경우 이를 판단하는 방법

항고소송의 대상인 '처분'이란 행정청이 행하는 구체적 사실에 관한 법집행으로서의 공권력의 행사 또는 그 거부와 그 밖에 이에 준하는 행정작용(행정소송법 제2조 제1항 제1호)을 말한다. 행정청의 행위가 항고소송의 대상이 될 수 있는지는 추상적·일반적으로 결정할 수 없고, 구체적인 경우에 관련 법령의 내용과 취지, 그 행위의 주체·내용·형식·절차, 그 행위와 상대방 등 이해관계인이 입는 불이익 사이의 실질적 견련성, 법치행정의 원리와 그 행위에 관련된 행정청이나 이해관계인의 태도 등을 고려하여 개별적으로 결정하여야 한다(대판[전합] 2010.11.18. 2008두167 참조). <u>행정청의 행위가 '처분'에 해당하는지가 불분명한 경우에는 그에 대한 불복방법 선택에 중대한 이해관계를 가지는 상대방의 인식가능성과 예측가능성을 중요하게 고려하여 규범적으로 판단하여야</u> 한다(대판 2018.10.25. 2016두33537 등 참조).

[2] 선행처분의 내용을 변경하는 후행처분이 있는 경우, 선행처분의 효력 존속 여부

선행처분의 내용 중 일부만을 소폭 변경하는 후행처분이 있는 경우 선행처분도 후행처분에 의하여 변경되지 아니한 범위 내에서 존속하고, 후행처분은 선행처분의 내용 중 일부를 변경하는 범위 내에서 효력을 가지지만, <u>선행처분의 **주요 부분을 실질적으로 변경**하는 내용으로 **후행처분을** 한 경우에는 **선행처분은** 특별한 사정이 없는 한 그 **효력을 상실**</u>한다(대판 2012.12.13. 2010두20782, 20799 등 참조).

[3] 구 중소기업 기술혁신 촉진법 제31조, 제32조에 따른 정부출연금 전액환수 및 참여제한에 관한 1차 통지가 이루어진 뒤, 원고들의 이의신청에 따라 재심의를 거쳐 2차 통지가 이루어진 경우 2차 통지의 처분성 인정 여부

이러한 법리에 비추어 기록에 나타난 이 사건 사실관계를 살펴보면, <u>이 사건 2차 통지는 선행처분인 이 사건 1차 통지의 주요 부분을 실질적으로 변경한 새로운 처분으로서 항고소송의 대상이 된다고 봄이 타당하다.</u> 구체적인 이유는 다음과 같다.

(1) 우선 <u>이 사건 **1차 통지**는 제재적 행정처분이 가지는 외관을 모두 갖춘 것으로 국민의 권리·의무에 직접적으로 영향을 미치는 공권력의 행사로서 **처분**에 해당한다.</u> 피고 중소기업기술정보진흥원장은 제재조치위원회를 개최하여 원고들에 대한 제재를 심의한 다음 2019. 7. 2. 원고들에게 '제재조치위원회 심의결과 안내'라는 제목으로 이 사건 1차 통지를 발송하였고, 위 문건에는 주관기관(원고 회사), 주관기관 대표자(원고 2), 주관기관 과제책임자(원고 3)에게 참여제한 3년 (2019. 7. 19.부터 2022. 7. 18.까지)의 제재를 적용하며, 주관기관으로부터 정부출연금을 전부 환수한다는 내용이 기재되어 있다.

(2) 이 사건 2차 통지는 이 사건 1차 통지의 주요 부분을 실질적으로 변경하는 새로운 처분으로 볼 수 있고, 따라서 이 사건 2차 통지로 인하여 선행처분인 이 사건 1차 통지는 소멸하였다고 봄이 타당하다. 이 사건 1차 통지서에는 '이의신청 시 명기된 제재기간이 변경될 수 있습니다'라고 기재되어 있고, 이 사건 2차 통지서에는 제재조치위원회에서 심의한 결과를 통지한다는 취지로 기재되어 있는데, 그 문언상 **종전 통지와 별도로 심의·의결**하였다는 내용임이 명백하다. 또한 이는 단순히 이의신청을 받아들이지 않는다는 내용에 그치는 것이 아니라, <u>이의신청의 내용을 기초로 원고들에 대한 제재사유의 존부 및 제재의 내용에 대하여 **다시 심의한 결과**에 따</u>

라 참여제한 및 환수처분을 한다는 내용을 알리는 것이므로, **새로운 제재조치의 통지에 해당한**다고 볼 수 있다. 또한 참여제한기간이 '2019. 7. 19.부터 2022. 7. 18.까지'에서 '2019. 11. 8. 부터 2022. 11. 7.까지'로, 환수금 납부기한이 '2019. 8. 2.까지'에서 '2019. 11. 18.까지'로 각 변경되었다.

(3) 피고는 당초 원고들에게 이 사건 1차 통지를 하면서 위 처분에 이의가 있는 경우 이의신청을 할 수 있고 아울러 처분이 있음을 알게 된 날로부터 90일 이내에 행정심판 또는 행정소송을 제기할 수 있다는 등의 불복방법을 고지하였다. 그럼에도 <u>피고는 이 사건 1차 통지일로부터 90일이 지난 시점에 원고들에게 이 사건 2차 통지를 하면서 다시 행정심판 또는 행정소송에 의한 **불복방법을 고지**</u>하였다. 이에 비추어 보면, 피고도 이 사건 2차 통지가 항고소송의 대상이 되는 처분에 해당한다고 인식하고 있었다고 할 것이다.

(4) 또한 위와 같이 이 사건 1차 통지와 이 사건 2차 통지 각각에 대하여 행정소송 등 불복방법에 관한 고지를 받은 당사자로서는 당초의 이 사건 1차 통지에 대해서는 이의신청을 하여 재심의를 받거나 곧바로 행정소송 등을 제기하는 방법 중에서 선택할 수 있다고 이해하게 될 것이고, 그중 이의신청을 한 당사자가 그에 따른 재심의 결과에 대하여 따로 행정소송 등을 제기하여 다툴 수 있을 것으로 기대한다고 하여 이를 잘못이라고 할 수는 없다. 그러므로 <u>피고가 이 사건 2차 통지를 하면서 그에 대한 행정소송 등을 처분이 있음을 알게 된 날부터 90일 내에 제기할 수 있다고 명시적으로 안내한 것은 그 상대가 된 원고들에 대하여 신뢰의 대상이 되는 공적인 견해를 표명한 것에 해당한다</u> 할 것인데, 원고들이 그 안내를 신뢰하고 90일의 기간 내에 이 사건 행정소송을 제기하였음에도 이 사건 2차 통지가 행정소송의 대상으로서의 처분성이 없다고 한다면, 원고들로서는 피고의 견해표명을 신뢰한 데 따른 이익을 침해받게 될 것임이 명백하다. 그러므로 행정상 법률관계에서의 신뢰보호의 원칙에 비추어 보더라도 이 사건 2차 통지는 항고소송의 대상이 되는 처분이라고 봄이 상당하다.

| 예상지문 |

> 선행처분의 내용 중 **일부만을 소폭 변경**하는 후행처분이 있는 경우 선행처분도 후행처분에 의하여 변경되지 아니한 범위 내에서 존속하고, 후행처분은 선행처분의 내용 중 일부를 변경하는 범위 내에서 효력을 가지지만, 선행처분의 **주요 부분을 실질적으로 변경**하는 내용으로 **후행처분**을 한 경우에는 **선행처분은** 특별한 사정이 없는 한 그 **효력을 상실**한다.　　　　　　　　　　　　　　　　　　　　　　　　　　　　　　(O)

08 압류처분무효확인 – 특별불복절차가 마련된 처분 [대판 2022.7.28. 2019두63447]

공무원범죄에 관한 몰수 특례법 제9조의2에 따라 추징의 집행을 받는 제3자가 검사의 처분이 부당함을 이유로 형사소송법 제489조에 따라 재판을 선고한 법원에 재판의 집행에 관한 이의를 신청할 수 있는지 여부(적극) 및 그와 별도로 행정소송법상 항고소송을 제기하여 처분의 위법성 여부를 다툴 수 있는지 여부(적극)

형사소송법은 재산형 등의 재판은 검사의 명령에 의하여 집행하고(제477조 제1항), 재판의 집행을 받은 자 또는 그 법정대리인이나 배우자는 집행에 관한 검사의 처분이 부당함을 이유로 재판을 선고한 법원에 이의신청을 할 수 있다고 규정하여(제489조) 재산형 등 재판의 집행에 관한 검사의 처분에 대한 불복방법과 절차를 마련해두었다. 재판의 효력은 특별한 사정이 없는 한 재판을 받은 자에게만 미치므로 재판의 집행은 판결의 선고를 받은 자에 대해서 함을 원칙으로 하고, 재산형 등 재판의 집행

에 관한 검사의 처분에 대하여 이의신청을 할 수 있는 '재판의 집행을 받은 자'는 통상 판결의 선고를 받은 피고인이라고 보아야 한다.

2013. 7. 12. 법률 제11883호로 개정되어 같은 날 시행된 공무원범죄에 관한 몰수 특례법(이하 '공무원범죄몰수법')은 제9조의2를 신설하여 범인 외의 자가 정황을 알면서 취득한 불법재산 등에 대하여 그 **범인 외의 자**를 상대로 **추징의 집행**을 할 수 있다고 규정하였다. 그런데 위와 같이 개정된 공무원범죄몰수법은 제9조의2에 의한 집행에 관한 검사의 처분에 대하여 **제3자가 불복**할 수 있는 **방법과 절차**를 별도로 마련해두지 **않았고**, 위 조항에 따라 제3자를 상대로 추징의 집행을 함에 있어 그에게 의견진술과 방어의 기회를 보장하는 규정도 마련해두지 않았다. 그렇다면 공무원범죄몰수법 제9조의2에 따라 추징의 집행을 받는 제3자도 검사의 처분이 부당함을 이유로 **형사소송법 제489조에 따라** 재판을 선고한 법원에 재판의 **집행에 관한 이의**를 신청할 수 있다고 보아야 한다.

나아가 형사소송법 제489조가 정한 집행에 관한 이의신청 절차는 공무원범죄몰수법 제9조의2에 따른 추징의 집행에 관한 검사의 처분의 근거 법률인 **공무원범죄몰수법에서 예정**하고 있는 **불복방법이 아니고**, 형의 선고를 받은 피고인이 아닌 제3자에 대하여 예정된 불복방법이라고 볼 수도 없다. 또한 형사소송법 제489조가 정한 재판에 관한 이의신청 절차는 통상의 재판절차와는 달리 법원이 신청인의 출석 없이 서면으로만 심리하여 결정할 수도 있어 재산형 등 재판의 집행을 받은 자가 피고인 이외의 제3자인 경우에는 그의 의견진술 기회를 충분히 보장할 수 없고, 위 이의신청은 재산형 등의 집행이 종료된 후에는 허용되지 않으며, 이의신청을 하더라도 집행정지의 효력도 없어 집행이 신속히 종결되는 경우에는 재판의 집행을 받은 제3자의 권리 구제에 한계가 있으므로 제3자의 권익보호에 미흡하다. 이러한 사정을 종합하면 공무원범죄몰수법 제9조의2에 따라 추징의 집행을 받은 제3자가 형사소송법 제489조에 따라 집행에 관한 검사의 처분에 대하여 **이의신청**을 할 수 있다고 하더라도 그와 **별도로** 행정소송법상 **항고소송**을 제기하여 처분의 위법성 여부를 **다툴 수 있다**고 보아야 한다.

| 예상지문 |

> 「공무원범죄몰수법」에 따라 추징의 집행을 받는 제3자는 집행에 관한 검사의 처분에 대하여 「형사소송법」에 따라 집행에 관한 이의를 신청할 수 있으므로 그와 별도로 「행정소송법」상 항고소송을 제기하여 처분의 위법성 여부를 다툴 수 없다. (×)

---

09 경고처분취소 [대판 2021.2.10. 2020두47564]

판결요지

[1] 항고소송의 대상이 되는 행정처분이란 원칙적으로 행정청의 공법상 행위로서 특정 사항에 대하여 법규에 의한 권리의 설정 또는 의무의 부담을 명하거나 기타 법률상 효과를 발생하게 하는 등으로 일반 국민의 권리 의무에 직접 영향을 미치는 행위를 가리키는 것이지만, 어떠한 **처분의 근거나 법적인 효과가 행정규칙**에 규정되어 있다고 하더라도, 그 처분이 행정규칙의 내부적 구속력에 의하여 상대방에게 권리의 설정 또는 의무의 부담을 명하거나 기타 법적인 효과를 발생하게 하는 등으로 그 상대방의 권리 의무에 **직접 영향**을 미치는 행위라면, 이 경우에도 항고소송의 대상이 되는 **행정처분**에 해당한다고 보아야 한다.

검사에 대한 경고조치 관련 규정을 위 법리에 비추어 살펴보면, 검찰총장이 사무검사 및 사건평정을 기초로 대검찰청 자체감사규정(대검찰청 훈령) 제23조 제3항, <u>검찰공무원의 범죄 및 비위 처리지침</u>(대검찰청 예규) 제4조 제2항 제2호 등에 근거하여 검사에 대하여 하는 '경고조치'는 일정한 서식에 따라 검사에게 개별 통지를 하고 이의신청을 할 수 있으며, 검사가 검찰총장의 경고를 받으면 1년 이상 감찰관리 대상자로 선정되어 특별관리를 받을 수 있고, 경고를 받은 사실이 인사자료로 활용되어 복무평정, 직무성과금 지급, 승진·전보인사에서도 불이익을 받게 될 가능성이 높아지며, 향후 다른 징계사유로 징계처분을 받게 될 경우에 징계양정에서 불이익을 받게 될 가능성이 높아지므로, <u>검사의 권리 의무에 영향을 미치는 행위로서 항고소송의 대상이 되는 **처분**이라고 보아야 한다.</u>

[2] 검찰청법 제7조 제1항, 제12조 제2항, 검사징계법 제2조, 제3조 제1항, 제7조 제1항, 대검찰청 자체감사규정 제23조 제2항, 제3항, 사건평정기준 제2조 제1항 제2호, 제5조, 검찰공무원의 범죄 및 비위 처리지침 제4조 제2항 제2호, 제3항 [별표 1] 징계양정기준, 제4항, 제5항 등 관련 규정들의 내용과 체계 등을 종합하여 보면, 검찰총장의 **경고처분**은 검사징계법에 따른 징계처분이 아니라 <u>검찰청법 제7조 제1항, 제12조 제2항에 근거하여 검사에 대한 **직무감독권**을 행사하는 작용에 해당</u>하므로, 검사의 직무상 의무 위반의 정도가 중하지 않아 검사징계법에 따른 '징계사유'에는 해당하지 않더라도 징계처분보다 낮은 수준의 감독조치로서 '경고처분'을 할 수 있고, **법원은 그것이 직무감독권자에게 주어진 재량권을 일탈·남용한 것이라는 특별한 사정이 없는 한** 이를 **존중**하는 것이 바람직하다.

| 예상지문 |

① <u>어떠한 **처분의 근거**나 법적인 효과가 **행정규칙**에 규정되어 있다고 하더라도, 그 처분이 행정규칙의 **내부적 구속력**에 의하여 **상대방에게** 권리의 설정 또는 의무의 부담을 명하거나 기타 **법적인 효과를 발생**하게 하는 등으로 그 상대방의 **권리 의무에 직접 영향**을 미치는 행위라면, 이 경우에도 항고소송의 대상이 되는 **행정처분에 해당**한다.</u> (O)

② **검찰총장**이 대검찰청 훈령 및 대검찰청 예규 등에 근거하여 **검사에** 대하여 하는 '**경고조치**'는 행정규칙에 근거한 것으로서 항고소송의 대상이 되는 **처분**이라고 볼 수 **없다**. (×)

| 사례형 객관식 문제 |

01 甲은 乙을 명예훼손 등 혐의로 고소하였다. 검사 丙은 乙에 대하여 불기소결정을 하였으나, 甲에게 그 결과를 통지하지 않았다. 甲은 대검찰청에 丙이 자신의 고소사건 처리를 태만히 하고 있으니 징계하여 달라는 진정서를 제출하였다. 이에 검찰총장은 丙이 직무를 태만히 하여 甲에게 「형사소송법」에 의한 처분결과를 통지하지 아니한 잘못이 있으나 그 정도가 중하지 않으므로 「검사징계법」상 징계사유에는 해당하지 않는다고 판단하였다. 그러나 장래에 동일한 잘못을 되풀이하지 않도록 엄중히 경고할 필요가 있다고 판단하여, 丙에 대하여 대검찰청 내부규정에 근거하여 경고조치를 하였다. 이에 관한 설명 중 옳지 않은 것을 모두 고른 것은? (다툼이 있는 경우 판례에 의함) [22변시]

ㄱ. 丙의 불기소결정은 고소사건에 관하여 공권력의 행사인 공소제기를 거부하는 거부처분에 해당하므로, 甲은 취소소송을 제기하는 방식으로 불복할 수 있다.

ㄴ. 丙이 불기소결정을 하면서 甲에게 「형사소송법」에 의한 처분결과 통지를 하지 않음으로써 행정청의 의사가 외부에 표시되지 아니하여 아직 거부처분이 성립하였다고 볼 수 없으므로, 甲은 부작위위법확인소송을 제기하는 방식으로 불복할 수 있다.

ㄷ. 대검찰청 내부규정에서 검찰총장의 경고조치를 받은 검사에 대하여 직무성과급 지급이나 승진·전보인사에서 불이익을 주도록 규정하고 있다면, 丙은 검찰총장의 경고조치에 대하여 취소소송을 제기하는 방식으로 불복할 수 있다.

ㄹ. 丙의 직무상 의무 위반의 정도가 중하지 않아 「검사징계법」상 징계사유에 해당하지 않는데도 검찰총장이 대검찰청 내부규정에 근거하여 경고조치를 한 것은 법률유보원칙에 반하므로 허용될 수 없다.

① ㄱ, ㄴ
② ㄱ, ㄹ
③ ㄴ, ㄷ
④ ㄷ, ㄹ
⑤ ㄱ, ㄴ, ㄹ

해설

ㄱ. (✕) ㄴ. (✕) (대판 2018.9.28. 2017두47465)
ㄷ. (○) ㄹ. (✕) (대판 2021.2.10. 2020두47564)

정답 ⑤

10 이주대책대상자제외처분취소 [대판 2021.1.14. 2020두50324]

[1] 행정청의 행위가 항고소송의 대상이 될 수 있는지 결정하는 방법 및 행정청의 행위가 '처분'에 해당하는지 불분명한 경우, 이를 판단하는 방법

항고소송의 대상인 '처분'이란 "행정청이 행하는 구체적 사실에 관한 법집행으로서의 공권력의 행사 또는 그 거부와 그 밖에 이에 준하는 행정작용"(행정소송법 제2조 제1항 제1호)을 말한다. 행정청의 행위가 항고소송의 대상이 될 수 있는지는 추상적·일반적으로 결정할 수 없고, 구체적인 경우에 관련 법령의 내용과 취지, 그 행위의 주체·내용·형식·절차, 그 행위와 상대방 등 이해관계인이 입는 불이익 사이의 실질적 견련성, 법치행정의 원리와 그 행위에 관련된 행정청이나 이해관계인의 태도 등을 고려하여 개별적으로 결정하여야 한다. 행정청의 행위가 **'처분'에 해당**하는지 **불분명**한 경우에는 그에 대한 불복방법 선택에 중대한 이해관계를 가지는 상대방의 **인식가능성**과 **예측가능성**을 중요하게 고려하여 **규범적**으로 판단하여야 한다.

[2] 수익적 행정처분을 구하는 신청에 대한 거부처분이 있은 후 당사자가 새로운 신청을 하는 취지로 다시 신청을 하였으나 행정청이 이를 다시 거절한 경우, 새로운 거부처분인지 여부(적극)

수익적 행정처분을 구하는 신청에 대한 거부처분은 당사자의 신청에 대하여 관할 행정청이 이를 거절하는 의사를 대외적으로 명백히 표시함으로써 성립된다. **거부처분**이 있은 후 당사자가 **다시**

신청을 한 경우에는 **신청의 제목 여하에 불구**하고 그 내용이 새로운 신청을 하는 취지라면 관할 행정청이 이를 **다시 거절**하는 것은 새로운 **거부처분**이라고 보아야 한다. 관계 법령이나 행정청이 사전에 공표한 처분기준에 신청기간을 제한하는 특별한 규정이 없는 이상 재신청을 불허할 법적 근거가 없으며, 설령 신청기간을 제한하는 특별한 규정이 있더라도 재신청이 신청기간을 도과하였는지는 본안에서 재신청에 대한 거부처분이 적법한가를 판단하는 단계에서 고려할 요소이지, 소송요건 심사단계에서 고려할 요소가 아니다.

▷ 따라서 2차 거부처분도 항고소송의 대상으로 삼을 수 있고, 이때 취소소송의 기산일은 행정심판을 거치지 않은 경우 2차 거부처분의 효력발생일인 해당 거부처분의 수령시를 기준으로 한다.

| 예상지문 |

① 행정청의 행위가 '**처분**'에 해당하는지 **불분명한 경우**에는 그에 대한 불복방법 선택에 중대한 이해관계를 가지는 **상대방의 인식가능성**과 **예측가능성**을 중요하게 고려하여 **규범적**으로 판단하여야 한다.　　　(○)

② 거부처분이 있은 후 당사자가 **다시 신청**을 한 경우에는 **신청의 제목** 여하에 불구하고 그 내용이 **새로운 신청**을 하는 취지라면 관할 행정청이 이를 다시 거절하는 것은 **새로운 거부처분**이라고 보아야 한다.　　　(○)

| 기출문제 |

서울특별시장은 2023. 4. 28.자로 주택건설업을 영위하는 회사 A의 주택건설사업계획승인 신청을 거부하는 처분(이하 '이 사건 거부처분')을 하면서 '이 처분에 이의가 있을 때에는 거부처분을 받은 날부터 60일 이내에 「민원처리에 관한 법률」에 따라 행정기관의 장에게 거부처분에 대한 이의신청을 할 수 있으며, 이의신청 여부와 관계없이 처분이 있음을 안 날부터 90일 이내에 「행정심판법」에 따라 처분청 또는 재결청에 행정심판을 청구하거나 「행정소송법」에 따라 피고를 관할하는 행정법원에 행정소송을 할 수 있음을 알려드립니다.'라는 내용을 고지하였고, 이 사건 거부처분은 2023. 5. 3. A에게 송달되었다. A는 이 사건 거부처분의 취소를 목적으로 2023. 5. 24. 이의신청을 하였으나, 서울특별시장은 2023. 5. 30. 이의신청을 기각하는 결정을 하였고, 동 결정은 2023. 6. 1. A에게 송달되었다. [23-1]

1. A가 주택건설사업계획승인을 받기 위해 취소소송을 제기할 경우

(1) 이 사건 거부처분 및 이의신청 기각결정 중 **소송의 대상**을 무엇으로 삼아야 하는지, 그리고 이의신청 기각결정이 행정심판의 재결의 성질을 갖는지 논하라. (15점)

(2) 위 (1)에 따른 취소소송을 제기할 경우 **제소기간의 기산점**에 대하여 「**행정기본법**」을 참고하여 논하라. (10점)

---

11 총포화약법상 회비납부통지 및 채무부존재확인 [대판 2021.12.30. 2018다241458]

판결요지

[1] 총포화약법의 규정 내용과 총포·화약협회가 수행하는 업무, 공공의 안전을 유지하고자 하는 총포화약법의 입법취지를 고려하면, **총포·화약안전기술협회**는 총포화약류의 안전관리와 기술지원 등에 관한 국가사무를 수행하기 위하여 법률에 따라 설립된 '**공법상 재단법인**'이라고 보아야 한다.

[2] 어떤 공과금이 **부담금에 해당하는지** 여부는 명칭이 아니라 **실질적인 내용**을 기준으로 판단하여야 한다. **부담금 부과**에 관한 **명확한 법률 규정**이 존재한다면 반드시 별도로 **부담금관리 기본법 별표**

에 그 부담금이 **포함되어야만** 부담금 부과가 **유효**하게 되는 것은 **아니다.**

총포화약법 제58조 제1항 제3호에 따른 **회비**는 부담금관리 기본법 별표에 포함되어 있지는 않으나, 공법상 재단법인으로서 협회의 법적 성질과 회비의 조성방법과 사용용도 등을 살펴보면, 국가 또는 공공단체가 일정한 공행정활동과 **특별한 관계에 있는** 자에 대하여 그 활동에 **필요한 경비를 조달**하기 위하여 부담시키는 조세 외의 금전지급의무로서 **공법상 부담금**에 해당한다고 보아야 한다.

[3] **총포화약법 시행령** 제78조 제1항 제3호, 제79조 및 **협회 정관**의 관련규정의 내용을 살펴보면, 공법인인 **총포·화약안전기술협회**가 자신의 공행정활동에 필요한 재원을 마련하기 위하여 회비납부의무자에 대하여 한 '**회비납부통지**'는 납부의무자의 구체적인 부담금액을 산정·고지하는 '**부담금 부과처분**'으로서 **항고소송의 대상**이 된다고 보아야 한다.

[4] 현행 행정소송법에서는 장래에 행정청이 일정한 내용의 처분을 할 것 또는 하지 못하도록 할 것을 구하는 소송(**의무이행소송, 의무확인소송** 또는 **예방적 금지소송**)은 허용되지 않는다.

[5] 행정청에 이미 납부한 돈이 민법상 **부당이득**에 해당한다고 주장하면서 **반환을 청구**하는 것은 **민사소송절차**를 따라야 한다. 그러나 그 돈이 **행정처분에 근거**하여 납부한 것이라면 행정처분이 **취소**되거나 **당연무효가 아닌** 이상 법률상 원인 없는 **부당이득**이라고 할 수 **없다.**

[6] 위헌결정의 소급효가 인정된다고 해서 위헌인 법률에 근거한 행정처분이 당연무효가 된다고는 할 수 없고, 이미 취소소송의 제기기간을 경과하여 불가쟁력이 발생한 행정처분에는 위헌결정의 소급효가 미치지 않는다.

┃ 예상지문 ┃

① **총포·화약안전기술협회**는 총포화약류의 안전관리와 기술지원 등에 관한 국가사무를 수행하기 위하여 법률에 따라 설립된 '**공법상 재단법인**'이라고 보아야 한다. (○)

② 어떤 공과금이 **부담금에 해당**하는지 여부는 명칭이 아니라 **실질적인 내용**을 기준으로 판단하여야 하고, **부담금 부과**에 관한 **명확한 법률 규정**이 존재하는 경우에도 별도로 **부담금관리 기본법 별표**에 그 부담금이 포함되어야만 부담금 부과가 **유효**하게 된다. (×)

③ 행정청에 이미 납부한 돈이 민법상 **부당이득**에 해당한다고 주장하면서 **반환을 청구**하는 것은 **민사소송절차**를 따라야 한다. 그러나 그 돈이 **행정처분에 근거**하여 납부한 것이라면 행정처분이 **취소되거나 당연무효가 아닌** 이상 법률상 원인 없는 **부당이득**이라고 할 수 **없다.** (○)

┃ 기출문제 ┃

甲은 화약류 제조 및 판매업 등을 목적으로 하는 회사로서 乙협회의 회원이다. 乙협회는 … 「총포화약법」 제48조에 의해 설립된 특수공법인이다. 甲은 乙협회의 회원이 된 이래 총포화약법령, 「乙협회 정관」에 근거하여 매년 전년도 매출액의 1,000분의 0.75에 해당하는 금액을 납부하였다. [23입시]

(2) 丙은 총포·화약류 등의 수입업을 하려고 하는 업자이다. 丙은 乙협회를 대상으로 장래의 회비 납부통지의 금지를 구하는 소송을 제기하고자 한다. 이러한 소송이 현행 행정소송법상 인정되는지를 검토하시오. (15점)

판결요지

[1] 항고소송의 대상인 '처분'이란 "행정청이 행하는 구체적 사실에 관한 법집행으로서의 공권력의 행사 또는 그 거부와 그 밖에 이에 준하는 행정작용"을 말한다. 행정청의 행위가 항고소송의 대상이 될 수 있는지는 추상적·일반적으로 결정할 수 없고, 구체적인 경우에 관련 법령의 내용과 취지, 그 행위의 주체·내용·형식·절차, 그 행위와 상대방 등 이해관계인이 입는 불이익 사이의 실질적 견련성, 법치행정의 원리와 그 행위에 관련된 행정청이나 이해관계인의 태도 등을 고려하여 개별적으로 결정하여야 한다. 행정청의 행위가 '처분'에 해당하는지가 불분명한 경우에는 그에 대한 불복방법 선택에 중대한 이해관계를 가지는 상대방의 인식가능성과 예측가능성을 중요하게 고려하여 규범적으로 판단하여야 한다.

[2] 수익적 행정처분을 구하는 신청에 대한 거부처분이 있은 후 당사자가 다시 신청을 한 경우에는 신청의 제목 여하에 불구하고 그 내용이 새로운 신청을 하는 취지라면 관할 행정청이 이를 다시 거절하는 것은 새로운 거부처분이라고 보아야 한다. 나아가 어떠한 처분이 수익적 행정처분을 구하는 신청에 대한 거부처분이 아니라고 하더라도, 해당 처분에 대한 이의신청의 내용이 새로운 신청을 하는 취지로 볼 수 있는 경우에는, 그 이의신청에 대한 결정의 통보를 새로운 처분으로 볼 수 있다.

[3] 甲 시장이 乙 소유 토지의 경계확정으로 지적공부상 면적이 감소되었다는 이유로 지적재조사위원회의 의결을 거쳐 乙에게 조정금 수령을 통지하자(1차 통지), 乙이 구체적인 이의신청 사유와 소명자료를 첨부하여 이의를 신청하였으나, 甲 시장이 지적재조사위원회의 재산정 심의·의결을 거쳐 종전과 동일한 액수의 조정금 수령을 통지한(2차 통지) 사안에서, 구 지적재조사에 관한 특별법 제21조의2가 신설되면서 조정금에 대한 이의신청 절차가 법률상 절차로 변경되었으므로 그에 관한 절차적 권리는 법률상 권리로 볼 수 있는 점, 乙이 이의신청을 하기 전에는 조정금 산정결과 및 수령을 통지한 1차 통지만 존재하였고 乙은 신청 자체를 한 적이 없으므로 乙의 이의신청은 새로운 신청으로 볼 수 있는 점, 2차 통지서의 문언상 종전 통지와 별도로 심의·의결하였다는 내용이 명백하고, 단순히 이의신청을 받아들이지 않는다는 내용에 그치는 것이 아니라 조정금에 대하여 다시 재산정, 심의·의결절차를 거친 결과, 그 조정금이 종전 금액과 동일하게 산정되었다는 내용을 알리는 것이므로, 2차 통지를 새로운 처분으로 볼 수 있는 점 등을 종합하면, 2차 통지는 1차 통지와 별도로 행정쟁송의 대상이 되는 처분으로 보는 것이 타당하다.

| 예상지문 |

① 행정청의 행위가 '처분'에 해당하는지가 불분명한 경우에는 그에 대한 불복방법 선택에 중대한 이해관계를 가지는 상대방의 인식가능성과 예측가능성을 중요하게 고려해야 하지만, 규범적으로 판단할 수는 없다.

(×)

② 수익적 행정처분을 구하는 신청에 대한 거부처분이 있은 후 당사자가 다시 신청을 한 경우에는 신청의 제목 여하에 불구하고 그 내용이 새로운 신청을 하는 취지라면 관할 행정청이 이를 다시 거절하는 것은 새로운 거부처분이라고 보아야 한다.

(○)

A시는 택지개발예정지구 지정 공람공고가 이루어진 P사업지구에서 택지개발사업을 시행하고 있으며, 甲은 P사업지구에 주택을 소유하고 있는 자이다. A시는 택지개발사업과 관련한 이주대책을 수립·공고하였는데, 이에 의하면 이주대책 대상자 요건을 '택지개발예정지구 지정 공람공고일 1년 이전부터 보상계약체결일 또는 수용재결일까지 계속하여 P사업지구 내 주택을 소유하고 계속 거주한 자로, A시로부터 그 주택에 대한 보상을 받고 이주하는 자'로 정하고 있다. <u>甲은 A시에 이주대책 대상자 선정 신청을 하였으나</u>, A시는 '기준일 이후 주택 취득'을 이유로 <u>甲을 이주대책 대상에서 제외하는 결정을 하였고, 이 결정은 2023. 6. 28. 甲에게 통보되었다(이하 '1차 결정').</u> 이에 <u>甲은 A시에 이의신청을 하면서</u>, 이의신청서에 이주대책 대상자 선정요건을 충족함을 증명할 수 있는 마을주민확인서, 수도개설 사용, 전력 개통사용자 확인 등 **증빙서류를 새롭게 추가**로 첨부하여 제출하였다. 그러나 A시는 추가된 증빙자료만으로 법적 소유관계를 확인할 수 없다는 이유로 <u>甲의 이의신청을 기각하고 甲을 이주대책 대상에서 제외한다는 결정을 하였으며, 이 결정은 2023. 8. 31. 甲에게 통보되었다(이하 '2차 결정').</u> 다음 각 물음에 답하시오. (50점) [23노무사]

1) 甲이 자신을 이주대책 대상에서 제외한 A시의 결정에 대해 취소소송으로 다투려는 경우, **소의 대상** 및 <u>제소 기간의 **기산점**</u>에 대해 설명하시오. (25점)

제3절 원고적격

01 호봉정정명령 등 취소 [대판 2023.1.12. 2022두56630]

처분의 직접 상대방이 아닌 원고들에게, 이 사건 각 명령을 항고소송으로 다툴 원고적격이 있는지 여부(=사립학교 소속 직원의 호봉산정이나 보수에 관하여 규정하고 있는 사립학교법 제70조의2 제1항 및 그에 따른 각 사립학교의 정관 등이, 사립학교법 제43조와 함께 이 사건 각 명령의 근거법규 내지 관련 법규에 해당하여, 원고들이 제3자에 대한 피고의 이 사건 각 명령으로 인해 법률상 보호되는 이익을 침해당한 자에 해당하는지)(적극)

가. 행정처분의 직접 상대방이 아닌 제3자라고 하더라도 당해 행정처분으로 인하여 법률상 보호되는 이익을 침해당한 경우에는 취소소송을 제기하여 그 당부의 판단을 받을 자격이 있다. 여기에서 말하는 **법률상 보호되는 이익**은 <u>당해 처분의 근거 법규와 관련 법규에 의하여 보호되는 개별적·직접적·구체적 이익이 있는 경우를 말하고, 공익보호의 결과로 국민 일반이 공통적으로 가지는 일반적·간접적·추상적 이익과 같이 사실적·경제적 이해관계를 갖는 데 불과한 경우는 포함되지 아니한다.</u> 또 당해 처분의 근거 법규와 관련 법규에 의하여 보호되는 법률상 이익은 당해 처분의 근거 법규의 명문 규정에 의하여 보호받는 법률상 이익, 당해 처분의 근거 법규에 의하여 보호되지는 아니하나 당해 처분의 행정목적을 달성하기 위한 일련의 단계적인 관련 처분들의 근거 법규에 의하여 명시적으로 보호받는 법률상 이익, 당해 처분의 근거 법규 또는 관련 법규에서 명시적으로 당해 이익을 보호하는 명문의 규정이 없더라도 근거 법규와 관련 법규의 합리적 해석상 그 법규에서 행정청을 제약하는 이유가 순수한 공익의 보호만이 아닌 개별적·직접적·구체적 이익을 보호하는 취지가 포함되어 있다고 해석되는 경우까지를 말한다(대판 2013.9.12. 2011두33044 등 참조).

나. 1) 이 사건 각 명령은 행정청이 각 사립학교 법인의 이사장 및 학교장들에 대하여 급여환수 및 호봉정정을 권고하는 데에 그치지 않고, <u>이를 이행하지 않는 학교법인에 대하여 보조금 지급 중단이라는 조치까지 예정하고 있는 법적 구속력이 있는 **행정처분**에 해당한다.</u>

2) 구 사립학교법 제70조의2 제1항은 학교법인 소속 사무직원의 보수에 관하여 학교법인의 정관으로 정하도록 정하고 있고, 그 위임에 따라 원고들이 소속된 각 학교법인의 정관에는 사무직원의 보수에 관하여 지방공무원의 보수규정을 준용하거나(상지문학원 정관 제86조, 진광학원 정관 제81조) 공무원(일반직 등 공무원)의 보수규정 및 수당 규정을 준용한다고 정하고 있다(전인학원 정관 제85조). 그리고 「지방공무원 보수규정」 제8조 제2항은 공무원의 초임호봉을 별표 1에 따라 획정하도록 정하고 있고, 위 별표 1은 개별 공무원에게 임용 전에 별표 2에서 정한 공무원경력 및 유사경력이 있는 경우 이를 어떤 방식으로 초임호봉에 반영할 것인지에 관하여 구체적으로 정하고 있다. 이와 같이 구 사립학교법이 사립학교 직원들의 보수를 정관으로 정하도록 하고, 원고들이 소속된 <u>각 학교법인의 정관이 그 직원들의 보수를 공무원의 예에 따르도록 한 것은, 사립학교 소속 사무직원들의 보수의 안정성 및 예측가능성을 담보하여 사립학교 교육이 공공의 목적에 부합하는 방향으로 원활하게 수행될 수 있도록 하는 한편, 그 사무직원의 경제적 생활안정과 복리향상을 보장하고자 함에 있으므로, 사립학교사무직원의 이익을 개별적·직접적·구체적으로 보호하고 있는 규정으로 볼 수 있다.</u>

3) 나아가 이 사건 각 명령은 <u>학교법인들에 대하여 그 사무직원들의 호봉을 재획정하고, 그에 따라 초과 지급된 급여를 5년 범위 내에서 환수하도록 명하고 있는데</u>, 이로 인하여 원고들은 급여가 실질적으로 삭감되거나 기지급된 급여를 반환하여야 하는 <u>직접적이고 구체적인 손해를 입게 되므로</u>, 원고들은 이 사건 각 명령을 다툴 <u>개별적·직접적·구체적 이해관계가 있다고 볼 수 있다.</u>

다. 그럼에도 원심은 원고들에게 이 사건 각 명령을 다툴 원고적격이 없다고 보아이 사건 소를 각하하였으므로, 이와 같은 원심판결에는 '취소소송의 원고적격'에 관한 법리를 오해하여 판결에 영향을 미친 잘못이 있다. [파기환송]

| 예상지문 |

① **교육감**이 사립학교법인의 **이사장 및 학교장**들을 상대로 '**사립학교 직원**들인 원고들의 호봉을 정정하고, 과다 지급된 급여를 원고들로부터 환수할 것'을 명령한 것은 법적 구속력이 있는 **행정처분**에 해당한다. (○)

② 교육감이 사립학교법인의 이사장 및 학교장들을 상대로 '사립학교 직원들인 원고들의 호봉을 정정하고, 과다 지급된 급여를 원고들로부터 환수할 것'을 명령에 대하여, **사립학교 직원**들은 행정처분의 직접 상대방이 아닌 **제3자라고 하더라도** 이 사건 각 명령을 다툴 개별적·직접적·구체적 이해관계가 있으므로 **원고적격이 인정**된다. (○)

02 대수선허가처분 등 취소의 소 [대판 2024.3.12. 2021두58998]

공동주택의 발코니에 설치된 벽의 해체가 문제된 사건

이 사건 건물 402호를 공유하는 피고 보조참가인들이 해당 호실 발코니에 설치되어 있는 벽체(이하 '이 사건 벽체')를 해체하자 이 사건 건물 504호의 구분소유자인 원고가 피고 ○○구청장에게 민원을 제기하였는데, 이후 피고가 피고 보조참가인들에게 이 사건 벽체를 해체한 행위가 건축법 제22조에 따라 사용승인 처리되었고, 건축법령을 위반한 사항이 종결되었다는 취지의 공문(이하 '이 사건 처분')을 보내자, 원고들이 그 처분의 취소를 구한 사안임

<u>원심은, 이 사건 **벽체를 해체**하여도 이 사건 **건물의 구조안전상 문제**가 발생할 것이라고 단정할 수 없다는 등의 이유로 이 사건 벽체가 내력벽에 해당한다고 보기 어렵다고 판단하였고, 그 결과 이 사건</u>

벽체가 집합건물인 이 사건 건물의 **공용부분을 구성하지 않**으므로, 원고에게 이 사건 벽체에 관하여 이루어진 이 사건 처분의 취소를 구할 **원고적격이 없다**고 판단하였음.

대법원은, 이 사건 벽체의 구조와 설계·시공상의 취급, 이 사건 벽체에 미치는 하중의 방향과 크기 등을 종합적으로 고려하면 **이 사건 벽체**는 건축법 제2조 제1항 제9호, 같은 법 시행령 제3조의2 제1호에서 정한 **내력벽에 해당**하고, 이 사건 **벽체를 해체**한 행위는 집합건물인 이 사건 건물의 외관을 유지하기 위해 필요한 부분을 변경한 행위로서 **공용부분을 변경**하는 행위에 해당하며, 그 결과 이 사건 건물의 **구분소유자인 원고**에 대하여도 이 사건 벽체의 해체에 관한 **허가 및 사용승인**을 내용으로 하는 **이 사건 처분의 취소를 구할 원고적격이 인정**된다고 보아, 이와 달리 판단한 원심을 파기·환송함.

1. 공동주택에 설치된 벽체의 내력벽 해당 여부에 관한 판단기준

    건축법상 허가 또는 신고 대상행위인 '대수선'이란 건축물의 기둥, 보, 내력벽, 주계단 등의 구조나 외부 형태를 수선·변경하거나 증설하는 것으로서 대통령령으로 정하는 것을 말한다(건축법 제2조 제1항 제9호). 내력벽을 증설 또는 해체하거나 그 벽면적을 30㎡ 이상 수선 또는 변경하는 것으로서 증축·개축 또는 재축에 해당하지 않는 것은 대수선에 포함된다(건축법 시행령 제3조의2 제1호). 여기에서 **'내력벽'**이란 일반적으로 **건축물의 하중**을 견디거나 전달하기 위한 벽체로서, 공동주택 내부에 설치된 벽체가 내력벽에 해당하는지는 건물 전체의 구조와 외부 형태, 벽체의 구조와 설계·시공상의 취급, 벽체에 미치는 하중의 방향과 크기 등을 종합적으로 고려하여 판단되어야 하고(대판 2016.12.15. 2015도10671 참조), 해당 **벽체를 제거**하였을 때 건축물의 구조안전에 구체적 위험이 초래되지 않는다는 사정만으로 그 벽체가 내력벽에 해당하지 않는다고 섣불리 단정할 수 없다.

2. 벽체의 해체가 공용부분의 변경에 해당하는지 여부(적극)

    집합건물에서 건물의 안전이나 외관을 유지하기 위하여 필요한 지주, 지붕, 외벽, 기초공작물 등은 구조상 구분소유자의 전원 또는 일부의 공용에 제공되는 부분으로서 구분소유권의 목적이 되지 않으며 건물의 골격을 이루는 외벽이 구분소유권자의 전원 또는 일부의 공용에 제공되는지 여부는 그것이 1동 건물 전체의 안전이나 외관을 유지하기 위하여 필요한 부분인지 여부에 의하여 결정되어야 할 것이고 그 외벽의 바깥쪽 면도 외벽과 일체를 이루는 공용부분이라고 할 것이다(대판 2011.4.28. 2011다12163).

3. 공용부분의 변경과 관련된 행정처분의 취소를 구할 원고적격의 범위(= 해당 집합건물의 구분소유자 포함)

    행정처분의 직접 상대방이 아닌 제3자라 하더라도 당해 행정처분으로 인하여 법률상 보호되는 이익을 침해당한 경우에는 취소소송을 제기하여 그 당부의 판단을 받을 자격이 있다. 여기에서 말하는 법률상 보호되는 이익은 당해 처분의 근거 법규 및 관련 법규에 의하여 보호되는 개별적·직접적·구체적 이익이 있는 경우를 말하고, 공익보호의 결과로 국민 일반이 공통적으로 가지는 일반적·간접적·추상적 이익과 같이 사실적·경제적 이해관계를 갖는 데 불과한 경우는 여기에 포함되지 아니한다. 또 당해 처분의 **근거 법규 및 관련 법규**에 의하여 보호되는 법률상 이익은 당해 처분의 **근거 법규의 명문 규정**에 의하여 보호받는 법률상 이익, 당해 처분의 근거 법규에 의하여 보호되지는 아니하나 **당해 처분의 행정목적을 달성**하기 위한 **일련의 단계적인 관련 처분들의 근거 법규**에 의하여 명시적으로 보호받는 법률상 이익, 당해 처분의 근거 법규 또는 관련 법규에서 명시적으로 당해 이익을 보호하는 명문의 규정이 없더라도 근거 법규 및 관련 법규의 **합리적 해석상** 그 법규에서 행정청을 제약하는 이유가 순수한 공익의 보호만이 아닌 **개별적·직접적·구체적 이익을 보호하는 취지**가 포함되어 있다고 해석되는 경우까지를 말한다.

건축법은 집합건물의 공용부분을 대수선하려는 자로 하여금 구분소유자 전원을 구성원으로 하는 관리단집회에서 구분소유자 3/4 이상 및 의결권 3/4 이상의 결의로써 그 대수선에 동의하였다는 사정을 증명하여야 대수선에 관한 허가를 받을 수 있도록 규정하고 있다(건축법 제11조 제11항 제5호, 집합건물법 제15조 제1항). 이와 같은 **건축법 규정**은 구분소유자들이 공유하고 각자 그 용도에 따라 사용할 수 있는 **공용부분의 대수선**으로 인하여 그 **공용부분의 소유·사용에 제한**을 받을 수 있는 **구분소유자의 개별적 이익**을 구체적이고 직접적으로 **보호하는 규정**으로 볼 수 있다.

따라서 **집합건물 공용부분의 대수선**과 관련한 **행정청의 허가**, 사용승인 등 **일련의 처분**에 관하여는 그 처분의 **직접 상대방 외**에 해당 집합건물의 **구분소유자에게도** 그 취소를 구할 **원고적격이 인정**된다고 보는 것이 타당하다.

| 예상지문 |

① 당해 처분의 근거 법규 및 관련 법규에 의하여 보호되는 **법률상 이익**에는 당해 처분의 근거 법규 또는 관련 법규에서 명시적으로 당해 이익을 보호하는 명문의 규정이 없더라도 근거 법규 및 관련 법규의 **합리적 해석상** 그 법규에서 행정청을 제약하는 이유가 순수한 공익의 보호만이 아닌 **개별적·직접적·구체적 이익을 보호하는 취지가 포함**되어 있다고 해석되는 경우까지를 말한다. (○)

② **건축법 규정**은 구분소유자들이 공유하고 각자 그 용도에 따라 사용할 수 있는 **공용부분의 대수선**으로 인하여 그 공용부분의 소유·사용에 제한을 받을 수 있는 **구분소유자의 개별적 이익**을 구체적이고 직접적으로 보호하는 규정으로 볼 수 **없다.** (×)

③ 집합건물 **공용부분의 대수선**과 관련한 행정청의 허가, 사용승인 등 일련의 처분에 관하여는 그 처분의 **직접 상대방 외**에 해당 집합건물의 **구분소유자에게도** 그 취소를 구할 **원고적격이 인정**된다고 보는 것이 타당하다. (○)

제4절 협의의 소익

01 법인세부과처분취소등 [대판 2023.4.27. 2018두62928]

행정처분이 취소되어 존재하지 않는 경우 그 처분을 대상으로 한 취소소송은 소의 이익이 없는지 여부(적극)

행정처분이 취소되면 그 처분은 효력을 상실하여 더 이상 존재하지 않으며, 존재하지 않는 행정처분을 대상으로 한 취소소송은 소의 이익이 없어 부적법하다(대판 2012.12.13. 2012두18202 등 참조).

| 예상지문 |

> 행정처분이 취소되면 그 처분은 효력을 상실하여 더 이상 존재하지 않으며, 존재하지 않는 행정처분을 대상으로 한 취소소송은 원칙적으로 소의 이익이 없어 부적법하다. (O)

02 업무정지처분 취소청구 – 처분의 효력이 소멸한 경우 [대판 2020.12.24. 2020두30450]

[1] 행정소송법 제12조 제2문에서 정한 법률상 이익, 즉 행정처분을 다툴 협의의 소의 이익 유무를 판단하는 방법

행정소송법 제12조는 "취소소송은 처분 등의 취소를 구할 법률상 이익이 있는 자가 제기할 수 있다. 처분 등의 효과가 기간의 경과, 처분 등의 집행 그 밖의 사유로 인하여 소멸된 뒤에도 그 처분 등의 취소로 인하여 회복되는 법률상 이익이 있는 자의 경우에는 또한 같다"라고 규정하고 있다. 행정소송법 제12조 **제2문**에서 정한 **법률상 이익**, 즉 행정처분을 다툴 **협의의 소의 이익**은 개별·구체적 사정을 고려하여 판단하여야 한다.

[2] 행정처분의 무효 확인 또는 취소를 구하는 소송계속 중 해당 행정처분이 기간의 경과 등으로 효과가 소멸한 때에 처분이 취소되어도 원상회복은 불가능하더라도 예외적으로 처분의 취소를 구할 소의 이익을 인정할 수 있는 경우 및 그 예외 중 하나인 '그 행정처분과 동일한 사유로 위법한 처분이 반복될 위험성이 있는 경우'의 의미

행정처분의 무효 확인 또는 취소를 구하는 소가 제소 당시에는 소의 이익이 있어 적법하였는데, 소송계속 중 해당 행정처분이 기간의 경과 등으로 그 **효과가 소멸**한 때에 처분이 취소되어도 원상회복이 불가능하다고 보이는 경우라도, 무효 확인 또는 취소로써 회복할 수 있는 다른 권리나 이익이 남아 있거나 또는 그 행정처분과 동일한 사유로 위법한 처분이 **반복될 위험성**이 있어 행정처분의 위법성 확인 내지 불분명한 법률문제에 대한 해명이 필요한 경우에는 행정의 적법성 확보와 그에 대한 사법통제, 국민의 권리구제 확대 등의 측면에서 **예외적으로 그 처분의 취소를 구할 소의 이익을 인정**할 수 있다. 여기에서 '그 행정처분과 동일한 사유로 위법한 처분이 반복될 위험성이 있는 경우'란 불분명한 법률문제에 대한 해명이 필요한 상황에 대한 대표적인 예시일 뿐이며, 반드시 '**해당 사건의 동일한 소송 당사자 사이에서**' 반복될 위험이 있는 경우만을 **의미하는 것은 아니다**.

03 교원노동관계중재재정취소청구 [대판 2024.4.16. 2022두57138]

판결요지

행정처분의 무효확인 또는 취소를 구하는 소가 제소 당시에는 소의 이익이 있어 적법하였는데, 소송계속 중 해당 행정처분이 기간의 경과 등으로 그 효과가 소멸한 때에 처분이 취소되어도 원상회복이 불가능하다고 보이는 경우라도, 무효확인 또는 취소로써 **회복할 수 있는** 다른 권리나 **이익이 남아 있**거나 또는 그 행정처분과 **동일한 사유**로 위법한 처분이 **반복될 위험성**이 있어 행정처분의 위법성 확인 내지 불분명한 법률문제에 대한 해명이 필요한 경우에는 행정의 적법성 확보와 그에 대한 사법통제, 국민의 권리구제 확대 등의 측면에서 예외적으로 그 처분의 취소를 구할 **소의 이익을 인정**할 수 있다. 여기에서 '그 행정처분과 동일한 사유로 위법한 처분이 반복될 위험성이 있는 경우'란 불분명한 법률문제에 대한 해명이 필요한 상황에 관한 대표적인 예시일 뿐이며, 반드시 '**해당 사건의 동일한 소송 당사자 사이에서**' 반복될 위험이 있는 경우만을 의미하는 것은 아니다(대판 2020.12.24. 2020두30450 참조). 이러한 법리는 행정처분의 일종인 **중재재정에 대한 무효확인 또는 취소를 구하는 소**의 경우에도 마찬가지로 적용된다.

이 사건 중재재정 제31조는 이 사건 중재재정의 유효기간을 2021. 6. 15.부터 2022. 6. 14.까지로 명시하고 있고, 원고 교육감은 그 유효기간 내인 2021. 7. 26. 이 사건 소를 제기하였으나 이 판결 선고일인 2024. 4. 16. 현재 이 사건 중재재정의 효력이 소멸하였음이 분명하다. **중재재정의 효력 소멸** 이후 현재까지 원고 교육감과 참가인 사이에서 이 사건 중재재정의 대상이 된 사항들에 관하여 새로운 단체협약이 체결되지 않은 것으로 보이는데, 참가인이 이러한 사항들에 대하여 단체교섭을 요구하여 단체교섭이 결렬되는 경우 교원노조법에 따른 **조정 및 중재절차가 다시 진행**될 수 있다. 그 사항들이 교원노조법상 중재재정의 대상이 되는지에 관한 법원의 분명한 판례가 없고, 이 사건에서 법원이 본안 판단을 하지 않는다면 피고는 **원고 교육감과 피고** 사이의 사건뿐만 아니라 **다른 유사한 사건**에서도 이 사건 중재재정과 같은 내용의 중재재정을 **반복할 것으로 예상**된다. 이러한 사정에 비추어 보면 이 사건 중재재정의 위법성의 확인 내지 **법률문제의 해명이 필요**하다고 판단되므로, 이 사건 중재재정의 무효확인 및 취소를 구할 **소의 이익이 있다.**

| 예상지문 |

① 소송계속 중 해당 **행정처분**이 기간의 경과 등으로 그 **효과가 소멸**한 때에도 그 행정처분과 동일한 사유로 위법한 처분이 **반복될 위험성**이 있어 행정처분의 위법성 확인 내지 불분명한 법률문제에 대한 해명이 필요한 경우에는 **소의 이익**이 인정될 수 있는데, 이렇게 **예외적으로 소의 이익**을 인정하기 위해서는 반드시 '**해당 사건의 동일한 소송 당사자 사이에서**' **반복될 위험**이 있는 경우만을 의미하는 것으로 해석해야 한다.

(X)

② **원고 교육감과 피고 사이의 사건뿐만 아니라 다른 유사한 사건**에서도 이 사건 중재재정과 같은 내용의 중재 재정을 **반복**할 것으로 **예상**된다면, 이 사건 중재재정의 위법성의 확인 내지 **법률문제의 해명이 필요**하다고 판단되므로, 이 사건 중재재정의 무효확인 및 취소를 구할 **소의 이익이 있다**. (O)

04 부당해고구제재심판정취소 – 원상회복이 불가능한 경우 [대판[전합] 2020.2.20. 2019두52386]

근로자가 부당해고 구제신청을 하여 해고의 효력을 다투던 중 정년에 이르거나 근로계약기간이 만료하는 등의 사유로 원직에 복직하는 것이 불가능하게 되었으나 해고기간 중의 임금 상당액을 지급받을 필요가 있는 경우, 구제신청을 기각한 중앙노동위원회의 재심판정을 다툴 소의 이익이 있는지 여부(적극) / 위 법리는 근로자가 근로기준법 제30조 제3항에 따라 금품지급명령을 신청한 경우에도 마찬가지로 적용되는지 여부(적극)

부당해고 구제명령제도에 관한 근로기준법의 규정 내용과 목적 및 취지, 임금 상당액 구제명령의 의의 및 법적 효과 등을 종합적으로 고려하면, 근로자가 부당해고 구제신청을 하여 해고의 효력을 다투던 중 **정년**에 이르거나 근로계약기간이 만료하는 등의 사유로 원직에 **복직**하는 것이 **불가능**하게 된 경우에도 해고기간 중의 **임금 상당액**을 지급받을 필요가 있다면 임금 상당액 지급의 구제명령을 받을 이익이 유지되므로 구제신청을 기각한 중앙노동위원회의 재심판정을 다툴 **소의 이익**이 있다고 보아야 한다. 상세한 이유는 다음과 같다.

① **부당해고 구제명령제도**는 부당한 해고를 당한 근로자에 대한 원상회복, 즉 근로자가 부당해고를 당하지 않았다면 향유할 법적 지위와 이익의 회복을 위해 도입된 제도로서, 근로자 지위의 회복만을 목적으로 하는 것이 아니다. 해고를 당한 근로자가 **원직에 복직**하는 것이 **불가능**하더라도, 부당한 해고라는 사실을 확인하여 **해고기간 중의 임금** 상당액을 지급받도록 하는 것도 부당해고 구제명령제도의 **목적에 포함**된다.

② 부당한 해고를 당한 근로자를 원직에 복직하도록 하는 것과, 해고기간 중의 임금 상당액을 지급받도록 하는 것 중 어느 것이 더 우월한 구제방법이라고 말할 수 없다. 근로자를 원직에 복직하도록 하는 것은 장래의 근로관계에 대한 조치이고, 해고기간 중의 임금 상당액을 지급받도록 하는 것은 근로자가 부당한 해고의 효력을 다투고 있던 기간 중의 근로관계의 불확실성에 따른 법률관계를 정리하기 위한 것으로 서로 목적과 효과가 다르기 때문에 원직복직이 가능한 근로자에 한정하여 임금 상당액을 지급받도록 할 것은 아니다.

③ 근로자가 구제명령을 통해 유효한 집행권원을 획득하는 것은 아니지만, 해고기간 중의 미지급 임금과 관련하여 강제력 있는 구제명령을 얻을 이익이 있으므로 이를 위해 재심판정의 취소를 구할 이익도 인정된다고 봄이 타당하다.

④ **해고기간 중의 임금 상당액**을 지급받기 위하여 **민사소송**을 제기할 수 있다는 사정이 **소의 이익을 부정**할 이유가 되지는 **않는다**.

⑤ **종래 대법원**이 근로자가 구제명령을 얻는다고 하더라도 객관적으로 보아 원직에 복직하는 것이 불가능하고, 해고기간에 지급받지 못한 임금을 지급받기 위한 필요가 있더라도 민사소송절차를 통하여 해결할 수 있다는 등의 이유를 들어 소의 이익을 부정하여 왔던 판결들은 금품지급명령을 도입한 근로기준법 개정 취지에 맞지 않고, 기간제근로자의 실효적이고 직접적인 권리구제를 사실상 부정하는 결과가 되어 부당하다.

위와 같은 법리는 근로자가 근로기준법 제30조 제3항에 따라 금품지급명령을 신청한 경우에도 마찬가지로 적용된다.

근로자가 부당해고 구제신청을 하여 **해고의 효력**을 다투던 중 **정년**에 이르거나 근로계약기간이 만료하는 등의 사유로 **원직에 복직**하는 것이 **불가능**하게 된 경우 해고기간 중의 **임금 상당액**을 지급받을 **필요**가 있더라도 이는 **민사소송절차**를 통하여 해결할 수 있으므로 구제신청을 기각한 **중앙노동위원회의 재심판정**을 다툴 **소의 이익이 없다.** (×)

부당해고 구제명령제도에 관한 근로기준법의 규정 내용과 목적 및 취지, 임금 상당액 구제명령의 의의 및 그 법적 효과 등을 종합적으로 고려하면, 근로자가 부당해고 구제신청을 하여 해고의 효력을 다투던 중 정년에 이르거나 근로계약기간이 만료하는 등의 사유로 원직에 복직하는 것이 불가능하게 된 경우에도 해고기간 중의 임금 상당액을 지급받을 필요가 있다면 임금 상당액 지급의 구제명령을 받을 이익이 유지되므로 구제신청을 기각한 중앙노동위원회의 재심판정을 다툴 소의 이익이 있다(대판[전합] 2020.2.20. 2019두52386 등 참조). (대판 2022.5.12. 2020두35592)

05 부당해고구제재심판정취소 [대판 2022.7.14. 2020두54852]

근로자가 부당해고 구제신청을 할 당시 이미 정년에 이르거나 근로계약기간 만료, 폐업 등의 사유로 근로계약관계가 종료하여 근로자의 지위에서 벗어난 경우, 노동위원회의 구제명령을 받을 이익이 소멸하였는지 여부(적극)

근로자가 부당해고 **구제신청을 할 당시** 이미 정년에 이르거나 근로계약기간 만료, 폐업 등의 사유로 **근로계약관계가 종료**하여 근로자의 지위에서 벗어난 경우에는 노동위원회의 **구제명령을 받을 이익이 소멸**하였다고 봄이 타당하다. 그 이유는 다음과 같다.

(1) 근로기준법(이하 '법') 제28조 이하에서 정한 부당해고 등 구제명령제도는 해고, 휴직, 정직, 전직, 감봉, 그 밖의 징벌 등과 같이 사용자의 징계권 내지 인사권의 행사로 인해 근로자에게 발생한 신분상·경제적 불이익에 대하여, 민사소송을 통한 통상적인 권리구제방법보다 좀 더 신속·간이하고 경제적이며 탄력적인 권리구제수단을 마련하는 데에 그 제도적 취지가 있다. 따라서 부당해고 등 구제신청을 할 당시 이미 근로자의 지위에서 벗어난 경우라면, 과거의 부당해고 등으로 인한 손해를 보상받을 목적으로 행정적 구제절차를 이용하는 것은 부당해고 등 구제명령제도 본래의 보호범위를 벗어난 것으로 보아야 한다.

(2) 법 제28조 제1항은 "사용자가 근로자에게 부당해고 등을 하면 근로자는 노동위원회에 구제를 신청할 수 있다"라고 규정하여 '근로자'에게 구제신청권을 부여하고 있다. 근로자란 직업의 종류와 관계없이 임금을 목적으로 사업이나 사업장에 근로를 제공하는 사람을 말하므로(법 제2조 제1항 제1호), 부당해고 등 구제신청을 할 당시 이미 다른 사유로 근로계약관계가 종료한 경우에는 더 이상 법에서 정한 근로자의 지위에 있다고 볼 수 없고, 부당해고 등 구제신청을 하기 전에 그 사용자와 사이에 근로계약관계가 있었다는 사정만으로 근로자의 범위에 포함된다고 해석하기는 어렵다.

(3) 노동위원회는 부당해고 등 구제신청에 따른 심문을 끝내고 부당해고 등이 성립한다고 판정하면 사용자에게 구제명령을 하여야 한다(법 제30조 제1항). 구제명령이 내려지면 사용자는 이를 이행하여야 할 공법상의 의무를 부담하고, 이행하지 아니할 경우에는 3천만 원 이하의 이행강제금이 부

과되며(법 제33조), 확정된 구제명령을 이행하지 아니한 사용자는 형사처벌의 대상이 된다(법 제111조).

침익적 행정처분은 상대방의 권익을 제한하거나 상대방에게 의무를 부과하는 것이므로 헌법상 요구되는 명확성의 원칙에 따라 그 근거가 되는 행정법규를 더욱 엄격하게 해석·적용해야 하고, 행정처분의 상대방에게 지나치게 불리한 방향으로 확대해석이나 유추해석을 할 수 없으므로(대판 2021.11.11. 2021두43491 등 참조), 부당해고 등 구제신청을 할 당시 이미 근로계약관계가 종료한 경우에도 근로자의 구제이익을 인정하여 사용자에게 공법상 의무의 부과 또는 형사처벌의 범위를 확대하는 것은 위와 같은 행정법규 해석 원칙 등에 반할 우려가 있다.

(4) 대법원 2020. 2. 20. 선고 2019두52386 전원합의체 판결은 근로자가 부당해고 구제신청을 기각한 재심판정에 대해 소를 제기하여 해고의 효력을 다투던 중 정년에 이르거나 근로계약기간이 만료하는 등의 사유로 원직에 복직하는 것이 불가능하게 된 경우에도 해고기간 중의 임금 상당액을 지급받을 필요가 있다면 임금 상당액 지급의 구제명령을 받을 소의 이익이 유지된다는 취지이다. 따라서 근로자가 부당해고 등 구제신청을 하기 전에 이미 근로자의 지위에서 벗어난 경우까지 위와 같은 법리가 그대로 적용된다고 할 수 없다.

⇨ 참가인 대한민국의 사단 간부이발소 미용사로 채용되어 근무하다가 간부이발소 폐쇄결정을 이유로 해고를 통보받고 그 폐쇄일자에 해고된 원고가 부당해고 구제신청을 하였는데, 지방노동위원회가 간부이발소 폐쇄로 원직복직이 불가능하여 구제이익이 없다는 이유로 구제신청을 각하하고 중앙노동위원회도 같은 이유로 재심신청을 기각하자 부당해고구제 재심판정 취소를 구한 사건임
원심은, 사단 간부이발소 폐쇄를 사업체 전부의 폐업과 마찬가지의 근로계약 종료사유로 보았으나 설령 간부이발소 폐쇄로 원직복직이 불가능하게 되었다고 하더라도 해고가 무효여서 원고가 해고기간 중의 임금 상당액을 지급받을 필요가 있다면 임금 상당액 지급의 구제명령을 받을 이익이 유지된다고 보아 위 재심판정을 취소함
대법원은, 원고가 부당해고 구제신청을 할 당시 이미 폐업으로 원고와 참가인의 근로계약관계가 종료하였다면 원고에게 구제명령을 받을 이익을 인정할 수 없으므로, 원심으로서는 참가인의 사단 간부이발소 사업 폐지가 폐업과 같다고 인정할 만한 사정이 있는지, 그러한 사정이 있는 경우 폐업 시기가 원고의 구제신청보다 앞서는지 여부 등을 심리하여 원고에게 구제명령을 받을 이익이 있는지 판단하였어야 한다는 이유로 원심을 파기함

| 예상지문 |

> 근로자가 **부당해고 구제신청**을 할 당시 **이미 정년**에 이르거나 근로계약기간 만료, 폐업 등의 사유로 근로계약관계가 종료하여 근로자의 지위에서 벗어난 경우, 노동위원회의 구제명령을 받을 **이익이 소멸**한다.　　　(O)

관련 판례

> 근로자가 부당해고 구제신청을 할 당시 이미 정년에 이르거나 근로계약기간이 만료하는 등의 사유로 근로자의 지위에서 벗어난 경우에는 노동위원회의 구제명령을 받을 이익이 소멸하였다고 봄이 타당하고, 이와 같은 법리는 해고 이외의 징계나 그 밖의 징벌 등에 대한 구제신청에 대하여도 마찬가지로 적용된다.
> 원고는 2018. 12. 28. 이 사건 정직의 징계처분을 받고 2019. 1. 3. 전남지방노동위원회에 부당정직 구제신청을 하였으나, 2018. 12. 31. 정년퇴직하였다. 앞서 본 법리에 의하면, 원고가 부당정직 구제신청을 할 당시 이미 정년이 도래하여 근로계약관계가 종료하였으므로, 원고에게 구제명령을 받을 이익을 인정할 수 없다(대판 2022. 7. 14. 2021두46285).

06 해임처분취소 [대판 2024.2.8. 2022두50571]

사립학교 교원에 대한 해임처분에 관한 소청심사청구 이후 당연퇴직사유가 발생하여 원직복직이 불가능해진 경우 소의 이익 인정 여부가 문제된 사건

피고보조참가인 ○○학교법인이 2019. 2. 1. 원고에 대하여 학내 연예인 부정입학 및 부정학위 수여 등을 이유로 해임처분('이 사건 해임처분')을 하자, 원고가 2019. 3. 5. 이 사건 해임처분에 불복하여 피고 교원소청심사위원회에게 이 사건 해임처분의 취소를 구하는 소청심사청구를 하였고, 2019. 5. 22. 피고로부터 기각결정('이 사건 결정')을 받은 후, 2019. 10. 4. 이 사건 결정의 취소를 구하는 이 사건 소를 제기한 사안임. 한편 소청심사절차 진행 중인 2019. 4. 23. 원고에 대한 집행유예의 유죄판결이 확정됨에 따라 당연퇴직사유가 발생하였음.

원심은, 원고에 대한 관련 형사판결이 2019. 4. 23. 확정되어 원고가 이 사건 학교에서 당연퇴직함에 따라 이 사건 결정이 취소되더라도 다시 학교 교원의 지위를 회복할 수 없으므로 이 사건 소로써 이 사건 결정의 취소를 구할 법률상 이익이 없다고 보아, 제1심판결을 취소하고 이 사건 소를 각하하였음

대법원은, 아래와 같이 판시하면서, 원고가 소청심사청구를 한 후인 2019. 4. 3. 당연퇴직하여 원직에 복직하는 것이 불가능하게 되었더라도 이 사건 결정의 취소를 구할 소의 이익이 있다고 보아, 이와 달리 판단한 원심판결을 파기·환송함.

사립학교 교원이 해임처분 시부터 당연퇴직사유 발생 시까지의 보수를 지급받을 권리 내지 이익이 행정소송법 제12조 후문의 법률상 이익에 해당하는지 여부(적극)

교원소청심사제도에 관한 「교원의 지위 향상 및 교육활동 보호를 위한 특별법」(이하 '교원지위법')의 규정 내용과 목적 및 취지 등을 종합적으로 고려하면, 사립학교 교원이 **소청심사청구**를 하여 **해임처분**의 효력을 다투던 중 형사판결 확정 등 **당연퇴직사유**가 발생하여 교원의 지위를 회복할 수 없다고 할지라도, 해임처분이 취소되거나 변경되면 해임처분일부터 당연퇴직사유 발생일까지의 기간에 대한 **보수 지급**을 구할 수 있는 경우에는 소청심사청구를 기각한 **교원소청심사위원회 결정**의 취소를 구할 **법률상 이익**이 있다고 보아야 한다. 그 구체적인 이유는 다음과 같다.

1) 교원지위법은 사립학교 교원에 대하여 국공립학교 교원과 마찬가지로 소청심사제도를 마련하고 있다. 교원소청심사제도에 관한 구 교원지위법의 관련 규정(제1조, 제9조 제1항, 제10조, 제10조의3 등)에 비추어 보면, 교원소청심사제도는 사립학교 교원과 국공립학교 교원의 징계 등 불리한 처분에 대한 불복절차를 통일적으로 규정함으로써 학교법인에 대한 국가의 실효적인 감독권 행사를 보장하고, 사립학교 교원에게도 행정소송을 제기할 수 있게 하여 적어도 국공립학교 교원에 대한 구제절차에 상응하는 정도의 수준으로 사립학교 교원의 신분을 보장하고 지위향상을 도모하려는 데 그 목적이나 취지가 있다. 이러한 신분보장 등을 위해서는 교원소청심사제도를 통해 학교법인의 징계 등 불리한 처분으로 박탈되거나 침해되는 사립학교 교원의 지위나 이익이 회복될 필요가 있다. 따라서 사립학교 교원이 당연퇴직사유의 발생으로 원직에 복직하는 것이 불가능하게 되었더라도 징계 등의 처분에 따른 법률상 불이익이 남아 있다면 소청심사청구를 기각한 피고의 결정을 다투는 행정소송에서 징계 등의 처분이 위법하다는 사실을 확인하여 그 불이익을 제거할 수 있도록 하는 것이 교원소청심사제도의 목적이나 취지에 부합한다.

2) 사립학교 교원은 해임처분의 효력이 없을 경우 해임처분일부터 당연퇴직사유의 발생으로 임용관계가 종료될 때까지 보수를 청구할 권리를 갖게 되므로, 해임처분이 무효인지 여부는 보수지급청구권의 존부와 직결된다. 사립학교 교원이 행정소송에서 소청심사청구 기각결정에 대한 취소판결을

받을 경우 그 취소판결의 기속력 등에 의하여 해임처분의 효력은 소멸될 수 있다. 따라서 **사립학교 교원**이 **해임처분**으로 교원이라는 지위 외에도 그 **지위를 전제로 한 보수를 지급받을 권리** 또는 이익에도 영향을 받을 경우에는 **소청심사청구 기각결정의 취소**를 구하는 행정소송을 유지할 **법률상 이익**이 있다고 보아야 한다.

3) **해임기간 중의 보수 상당액**을 지급받기 위하여 **민사소송**을 제기할 수 있다는 사정이 **소의 이익**을 부정할 이유가 되지는 않는다.

   교원지위법은 민사소송을 통한 통상적인 권리구제방법에 따른 소송절차의 번잡성, 절차의 지연, 과다한 비용부담 등의 폐해를 지양하고 신속·간이하며 경제적인 권리구제를 도모하기 위하여 교원소청심사제도를 마련한 것으로 보인다. 따라서 사립학교 교원이 해임기간 중 받지 못한 보수를 지급받기 위하여 민사소송을 제기할 수 있음은 물론이지만, 그와 별개로 교원소청심사제도 및 행정소송을 통해 해임이 위법함을 확인받는 방법으로 보수 상당액의 손실을 사실상 회복할 수 있도록 할 필요가 있다.

4) 절차경제적 측면에서 보더라도, 사립학교 교원이 신속한 구제를 받기 위하여 행정적 구제절차인 교원소청심사제도를 이용하였는데 중간에 임용관계가 종료되었다는 이유로 그 청구인을 구제절차 및 쟁송절차에서 배제하여 그동안 당사자들이 한 주장과 증거제출, 교원소청심사위원회가 진행한 사실조사 및 심사, 법원의 심리 등을 모두 무위로 돌리는 것은 바람직하지 않다. 따라서 비록 원 **직복직이 불가능**하더라도 사립학교 교원이 **해임기간 중의 보수**를 지급받을 여지가 있다면, 분쟁의 신속하고 효율적인 해결을 위해서 **소의 이익을 인정**하는 것이 타당하다.

5) 대법원은 국공립학교 교원(대판 2009.1.30. 2007두13487, 대판 2012.2.23. 2011두5001 등)이나 근로자(대판 [전합] 2020.2.20. 2019두52386)가 행정소송 계속 중에 원직복직이 불가능해진 경우에도 해임기간 또는 해고기간 중의 보수 내지 임금을 지급받을 이익을 법률상 이익으로 보아 소의 이익을 인정하고 있다. 사립학교 교원은 신분이 보장되는 교육공무원에 준하는 지위를 갖는다고 볼 수 있으므로, 그 형평이나 균형상 소의 이익을 판단할 때 국공립학교 교원 및 근로자의 경우와 유사하게 취급할 필요가 있다.

| 예상지문 |

① 사립학교 교원이 소청심사청구를 하여 해임처분의 효력을 다투던 중 형사판결 확정 등 당연퇴직사유가 발생하여 교원의 지위를 회복할 수 없다고 할지라도, 해임처분이 취소되거나 변경되면 해임처분일부터 당연퇴직사유 발생일까지의 기간에 대한 보수 지급을 구할 수 있는 경우에는 소청심사청구를 기각한 교원소청심사위원회 결정의 취소를 구할 법률상 이익이 있다고 보아야 한다. (O)

② 사립학교 교원이 해임기간 중 받지 못한 **보수를 지급**받기 위하여 **민사소송**을 제기할 수 있으므로, 그와 **별개로 교원소청심사제도** 및 행정소송을 통해 해임이 위법함을 확인받는 방법으로 보수 상당액의 손실을 사실상 회복할 수 있도록 할 **필요가 없다.** (×)

③ **원직복직이 불가능**하더라도 사립학교 교원이 **해임기간 중의 보수**를 지급받을 여지가 있다면, 분쟁의 신속하고 효율적인 해결을 위해서 **소의 이익을 인정**하는 것이 타당하고, **해임기간 중의 보수 상당액**을 지급받기 위하여 **민사소송**을 제기할 수 있다는 사정이 **소의 이익을 부정**할 이유가 되지는 **않**는다. (O)

07 국가인권위원회 징계권고결정 취소 청구의 소 [대판 2022.1.27. 2021두40256]

국가인권위원회가 한 징계권고결정에 따라 상주경찰서장의 불문경고처분을 받은 징계 당사자가 제기한 징계권고결정에 대한 취소의 소가 소의 이익이 있는지 여부(소극)

1. 원심이 인정한 사실 및 기록에 의하여 인정된 사실은 다음과 같다.

   가. 원고를 포함한 상주경찰서 소속 경찰관들이 술에 취해 아파트 주차장에 누워 있던 소외인에 대한 신고를 받고 출동하여 상태를 확인하던 중 위 소외인과 실랑이와 몸싸움이 벌어지자, 자신들에 대한 공무집행방해 혐의로 위 소외인을 현행범 체포하였다.

   나. 원고가 위 소외인을 공무집행방해죄로 고소하여 관련자들 진술과 CCTV 영상에 대한 국립과학수사연구원의 영상분석 등 수사결과에 따라 검사는 불기소처분을 하였고, 원고의 항고, 재정신청 등 불복이 모두 기각되었다.

   다. 위 소외인의 진정에 따라 피고 국가인권위원회는 상주경찰서장에게 '위법한 체포 등으로 인한 인권침해가 인정된다'는 이유로 원고 등에 대한 징계 등의 조치를 권고하는 결정 및 통지를 하였고, 이에 따라 상주경찰서장은 원고에 대해 국가공무원법상 성실의무, 품위유지의무 위반을 이유로 불문경고 처분을 하였다.

   라. 원심에서, 원고는 관계자들의 입장, 불이익 등을 고려하여 위 불문경고 처분에 대해 소청심사청구 등을 하지 않았다고 주장하였다.

2. 원심은, 원고가 징계권고결정에 대해서 그 취소를 구하고 있는데, 이미 수사기관 및 국가인권위원회 등의 수사나 조사 등을 통해 구체적인 사실관계가 드러나 있는데다가, 원고가 불문경고처분 자체에 대해 다툴 수 있었는데도 다투지 않은 점 등에 비추어 국가인권위원회의 징계권고결정에 대한 취소를 구할 법률상 이익이 없다고 판단하였다.

3. 원심판결 이유를 관련 법리와 위와 같은 사실관계 등에 비추어 살펴보면, 원심의 판단에 상고이유 주장과 같이 처분의 취소를 구할 법률상 이익 등에 관한 법리를 오해한 잘못이 없다. [상고기각]

| 예상지문 |

> 국가인권위원회가 한 징계권고결정에 따라 상주경찰서장의 불문경고처분을 받은 징계 대상자가 불문경고처분 자체에 대해 다툴 수 있었는데도 다투지 않은 점 등에 비추어 국가인권위원회의 징계권고결정에 대한 취소를 구할 법률상 이익은 없다고 볼 것이다. (O)

08 도선사업면허변경처분취소 [대판 2020.4.9. 2019두49953]

판결요지

[1] 행정처분을 다툴 소의 이익은 개별·구체적 사정을 고려하여 판단하여야 한다. 행정처분의 무효확인 또는 취소를 구하는 소가 제소 당시에는 소의 이익이 있어 적법하였더라도, 소송 계속 중 처분청이 다툼의 대상이 되는 행정처분을 직권으로 취소하면 그 처분은 효력을 상실하여 더 이상 존재하지 않는 것이므로, 존재하지 않는 처분을 대상으로 한 항고소송은 원칙적으로 소의 이익이 소멸하여 부적법하다고 보아야 한다.

다만 처분청의 직권취소에도 완전한 원상회복이 이루어지지 않아 무효확인 또는 취소로써 회복할 수 있는 다른 권리나 이익이 남아 있거나 또는 동일한 소송 당사자 사이에서 그 행정처분과 동일한 사유로 위법한 처분이 반복될 위험성이 있어 행정처분의 위법성 확인 내지 불분명한 법률문제에 대한 해명이 필요한 경우 행정의 적법성 확보와 그에 대한 사법통제, 국민의 권리구제의 확대 등의 측면에서 **예외적으로** 그 처분의 취소를 구할 소의 이익을 인정할 수 있다.

[2] 선행처분의 주요 부분을 **실질적으로** 변경하는 내용으로 후행처분을 한 경우에 선행처분은 특별한 사정이 없는 한 효력을 상실하지만, 후행처분이 선행처분의 내용 중 **일부만을 소폭 변경**하는 정도에 불과한 경우에는 선행처분은 소멸하는 것이 아니라 후행처분에 의하여 **변경되지 아니한 범위** 내에서는 **그대로 존속**한다.

[3] 일반적으로 면허나 인허가 등의 수익적 행정처분의 **근거가 되는 법률**이 해당 업자들 사이의 **과당경쟁**으로 인한 **경영의 불합리를 방지**하는 것도 목적으로 하고 있는 경우, 다른 업자에 대한 면허나 인허가 등의 수익적 행정처분에 대하여 미리 같은 종류의 면허나 인허가 등의 수익적 행정처분을 받아 영업을 하고 있는 **기존의 업자**는 경업자에 대하여 이루어진 면허나 인허가 등 **행정처분의 상대방이 아니라고** 하더라도 당해 행정처분의 무효확인 또는 취소를 구할 **이익이 있다**. 그러나 경업자에 대한 행정처분이 **경업자에게 불리**한 내용이라면 그와 경쟁관계에 있는 기존의 업자에게는 특별한 사정이 없는 한 유리할 것이므로 **기존의 업자**가 그 행정처분의 무효확인 또는 취소를 구할 **이익은 없다**고 보아야 한다.

[4] 어떤 행정처분을 위법하다고 판단하여 취소하는 판결이 확정되면 행정청은 **취소판결의 기속력**에 따라 그 판결에서 확인된 위법사유를 배제한 상태에서 다시 처분을 하거나 그 밖에 위법한 결과를 제거하는 조치를 할 의무가 있다.

▌기출지문 ▌

① 면허처분의 근거가 되는 법률이 해당 업자들 사이의 과당경쟁으로 인한 경영의 불합리를 방지하는 것도 목적으로 하고 있는 경우, 甲에 대한 사업면허변경처분이 종전보다 甲에게 불리하게 이루어졌는데 경업자 乙은 당해 변경처분의 취소를 구하고자 할 때 그 처분의 당사자가 아닌 제3자 乙에게 甲에 대한 처분의 취소를 구할 법률상 이익이 인정된다. [22-2] (×)

② 경업자에 대한 행정처분이 경업자에게 불리한 내용이라면 그와 경쟁관계에 있는 기존의 업자에게는 특별한 사정이 없는 한 유리할 것이지만 기존의 업자는 그 행정처분의 무효 확인 또는 취소를 구할 법률상 이익이 있다. [23국회8급] (×)

③ 甲은 1차 처분의 직접 상대방은 아니지만 1차 처분이 있었던 사실을 알게 되었다면 그 때부터 90일의 제소기간이 진행된다. [22-3] (○)

④ 甲의 해상여객운송사업과 乙의 도선사업은 그 수송수요가 대부분 중복되고, 乙의 도선사업 면허 내용 변경에 따라 甲의 수익변동이 예상되므로, 甲에게는 乙에 대한 1차 처분을 다툴 원고적격이 인정된다. [22-3] (○)

⑤ 2차 처분은 1차 처분의 주요 부분을 실질적으로 변경하는 것이므로, 甲은 1차 처분 중 2차 처분에 의하여 취소되지 않고 남아 있는 부분의 취소를 구할 소의 이익이 없다. [22-3] (×)

⑥ 경업자 관계에 있는 甲은 1차 처분이 있기 전의 정원보다 적은 인원으로 감축하는 내용의 2차 처분에 대해서도 취소를 구할 소의 이익이 있다. [22-3] (×)

⑦ 법원이 1차 처분을 취소하면 피고는 취소판결의 기속력에 따라 위법한 결과를 제거하기 위하여 「유선 및 도선 사업법」에 따라 乙에게 운항중단 등의 조치를 취하여야 한다. [22-3] (○)

제5절 피고적격

01 다음 사례에 대한 설명으로 옳은 것은?

[23국가9급]

> A구 의회 의원인 甲은 공무원을 폭행하는 등 의원으로서 품위를 손상시키는 행위를 하였다. 이러한 사유를 들어 A구 의회는 甲을 의원직에서 제명하는 의결을 하였다. 이에 甲은 위 제명의결을 행정소송의 방법으로 다투고자 한다.

① 甲이 제명의결을 행정소송으로 다투는 경우 소송의 유형은 무효확인소송으로 하여야 하며 취소소송으로는 할 수 없다.

② A구 의회는 입법기관으로서 행정청의 지위를 가지지 못하므로 甲에 대한 제명의결을 다투는 행정소송에서는 A구 의회 사무총장이 피고가 되어야 한다.

③ 「행정소송법」 제12조의 '법률상 이익' 개념에 관하여 법률상 이익구제설에 따르는 판례에 의하면 甲은 제명의결을 다툴 원고적격을 갖지 못한다.

④ 법원이 甲이 제기한 행정소송을 받아들여 소송의 계속 중에 甲의 임기가 만료되었더라도 수소법원은 소의 이익을 인정할 수 있다.

해설

① **(X)** 취소소송과 무효확인소송은 별개의 소송이기는 하지만, 양자는 모두 처분 등에 존재하는 위법한 하자를 이유로 제기하는 소송이라는 점에서 공통되고, 무효사유와 취소사유는 단지 하자의 정도에 차이가 있는 것에 불과하므로, 실제로는 서로 **포용관계**에 있다. 취소청구에는 엄밀한 의미의 취소뿐만 아니라 무효의 선언을 구하는 의미로서의 취소도 포함된 것이라고 볼 수 있고, 반대로 무효확인의 청구에는 원고가 취소를 구하지 않는다는 점을 명백히 하지 않은 이상 그 처분이 무효가 아니라면 취소를 구한다는 취지도 포함되어 있는 것으로 볼 수 있다(하명호, 「행정쟁송법」(제6판), 박영사, 2022, 70~71쪽).
甲은 제명의결을 행정소송으로 다투는 경우 소송의 유형을 선택할 수 있으며, 무효확인소송을 주위적 청구로, 취소소송을 예비적으로 병합하여 제기할 수도 있다.

② **(X)** 지방의회의원에 대한 징계의결의 처분청은 지방의회이므로 그 처분에 대한 취소소송의 피고는 지방의회가 된다(대판 1993.11.26. 93누7341).

③ **(X)** 불이익처분의 상대방은 직접 개인적 이익의 침해를 받은 자로서 원고적격이 인정된다(대판 2018.3.27. 2015두47492). 甲은 A구 의회의 제명의결로 인하여 의원직에서 제명되었으므로 불이익처분의 직접 상대방으로서 개인적 이익의 침해를 받은 자이므로 제명의결을 다툴 원고적격이 인정된다.

④ **(O)** 지방의회 의원에 대한 제명의결 취소소송 계속중 의원의 임기가 만료된 사안에서, 제명의결의 취소로 의원의 지위를 회복할 수는 없다 하더라도 제명의결시부터 임기만료일까지의 기간에 대한 월정수당의 지급을 구할 수 있는 등 여전히 그 제명의결의 취소를 구할 법률상 이익이 있다(대판 2009.1.30. 2007두13487).

정답 ④

제6절 제소기간

제7절 가구제

01 집행정지 - 집행정지의 요건 [대결 2024.6.19. 2024무689]

의대정원 증원처분에 대한 집행정지신청 사건

피신청인 보건복지부장관이 의대정원을 2025년부터 2,000명 증원할 것이라는 이 사건 증원발표를 하고, 이후 피신청인 교육부장관이 2025학년도 전체 의대정원을 2,000명 증원하여 각 대학별로 배정하는 이 사건 증원배정을 하자, 의대 교수, 전공의, 의과대학 재학생 및 의과대학 입학 희망 수험생들로 구성된 신청인들이 이 사건 증원발표 및 증원배정처분에 대한 취소를 청구하는 소를 제기하면서 그 처분의 집행정지를 신청한 사안임.

원심은, 이 사건 증원발표와 증원배정이 모두 처분성이 인정된다는 전제 하에 의과대학 재학생인 신청들에게는 법률상 보호되는 이익이 있으나 집행정지 요건을 갖추지 못하였다는 이유로 신청을 기각하고, 나머지 신청인들에게는 법률상 보호되는 이익이 없다는 이유로 각하하였음.

대법원은 아래와 같은 법리를 설시하면서, ① 피신청인 복지부장관의 **이 사건 증원발표**는 항고소송의 대상이 되는 **처분으로 보기 어려워** 이 사건 증원발표의 **효력정지를 구하는 신청**은 부적법하여 **각하되어야** 하므로, 이 사건 증원발표의 효력정지를 구하는 일부 신청인들의 신청을 기각한 것은 잘못이나, 원심이 신청을 배척한 결론은 정당하여 이를 이유로 원심결정을 파기하지는 않고, ② **의과대학 재학생**인 신청인들의 **신청인 적격을 인정**하고 나머지 신청인들의 신청인 적격을 인정하지 않은 원심판단 및 의대정원이 증원되지 않음으로써 발생하게 될 사회적 불이익이 적절한 의대교육을 받지 못하게 되는 의대 재학 중 신청인들의 불이익보다 크다고 보아 **공공복리**를 보다 중시할 필요가 있다고 본 원심판단은 정당하다고 판단하여 신청인들의 재항고를 기각함.

1. 피신청인 보건복지부장관이 의대정원을 2,000명 증원할 것이라고 발표한 것이 집행정지의 대상이 되는 '처분등'에 해당하는지 여부(소극)

   항고소송의 대상이 되는 행정청의 처분이라 함은 원칙적으로 행정청의 공법상의 행위로서 특정 사항에 대하여 법규에 의한 권리의 설정 또는 의무의 부담을 명하거나 기타 법률상의 효과를 직접 발생하게 하는 등 국민의 권리의무에 직접 관계가 있는 행위를 말하므로, 행정청의 내부적인 의사 결정 등과 같이 상대방 또는 관계자들의 법률상 지위에 직접적인 법률적 변동을 일으키지 아니하는 행위는 그에 해당하지 아니한다(대결[전합] 2011.4.21. 2010무111).

   원심결정 이유와 기록에 비추어 알 수 있는 다음과 같은 사정을 위 법리에 비추어 살펴보면, 피신청인 교육부장관이 2024. 3. 20. 2025학년도 전체 의대정원을 2,000명 증원하여 각 대학별로 배정(이하 '이 사건 증원배정')한 것은 항고소송의 대상이 되는 처분으로 볼 여지가 큰 반면, 피신청인 보건복지부장관이 2024. 2. 6. 의대정원을 2025학년도부터 2,000명 증원할 것이라고 발표한 행위(이하 '이 사건 증원발표')는 항고소송의 대상이 되는 처분으로 보기 어렵다.

   ⇨ 1) 각 의과대학별 정원 증원이라는 구체적인 법적 효과는 피신청인 교육부장관의 이 사건 증원배정에 따라 비로소 발생, 2) 의대정원 증원의 이해관계인으로서는 이 사건 증원배정을 다툼으로써 권리구제를 충분히 도모할 수 있으므로, 국민의 권리구제 차원에서 이 사건 증원발표를 이 사건 증원배정과 별도로 항고소송의 대상으로 삼을 필요도 없다.

2. 의대 재학 중인 신청인들에게 소속 의대의 정원을 증원하는 행정처분을 다툴 법률상 이익이 있는지 여부(적극)

행정처분에 대한 **집행정지신청**을 구함에 있어서도 이를 구할 **법률상 이익**이 있어야 하는바, 이 경우 법률상 이익이라 함은 그 행정처분으로 인하여 발생하거나 확대되는 손해가 해당 처분의 근거 법규 및 관련 법규에 의하여 보호받는 직접적이고 구체적인 이익과 관련된 것을 말하는 것이고 단지 간접적이거나 사실적·경제적 이해관계를 가지는 데 불과한 경우는 여기에 포함되지 않는다(대결 2000.10.10. 2000무17 참조). 그리고 해당 처분의 근거 법규 및 관련 법규에 의하여 보호되는 법률상 이익은 해당 처분의 근거 법규의 명문 규정에 의하여 보호받는 법률상 이익, 해당 처분의 근거 법규에 의하여 보호되지는 아니하나 해당 처분의 행정목적을 달성하기 위한 일련의 단계적인 관련 처분들의 근거 법규에 의하여 명시적으로 보호받는 법률상 이익, 해당 처분의 근거 법규 또는 관련 법규에서 명시적으로 당해 이익을 보호하는 명문의 규정이 없더라도 근거 법규 및 관련 법규의 합리적 해석상 그 법규에서 행정청을 제약하는 이유가 순수한 공익의 보호만이 아닌 개별적·직접적·구체적 이익을 보호하는 취지가 포함되어 있다고 해석되는 경우까지를 말한다(대판 2015.7.23. 2012두19496, 19502 참조).

원심결정 이유와 기록을 통해 알 수 있는 다음과 같은 사정을 앞서 본 법리에 비추어 살펴보면, 이 사건 증원배정 처분의 근거가 된 고등교육법령 및 「대학설립·운영 규정」(대통령령)은 의과대학의 학생정원 증원의 한계를 규정함으로써 의과대학에 재학 중인 학생들이 적절하게 교육받을 권리를 개별적·직접적·구체적으로 보호하고 있다고 볼 여지가 충분하다.

⇨ 피신청인 교육부장관이 의과대학의 학생정원을 정할 때에도 「대학설립·운영 규정」에 따른 교사, 교지, 교원 및 수익용 기본재산에 따라 정해지는 학생 수를 고려하여야 한다. 또한, 「대학설립·운영 규정」에 따르면, 학생의 수에 따라서 의과대학이 갖춰야 할 교육기본시설과 지원시설 및 연구시설의 면적과 의과대학이 확보하여야 하는 교원의 수가 정해지고, 의과대학이 학생정원을 증원할 때에도 그 증원분을 포함한 전체에 대하여 위와 같은 기준을 충족하여야 한다. 이는 의과대학에서 고등교육이 적정하게 이루어질 수 있는 기준을 제시함으로써 교육기본법 제2조에 정한 교육의 이념을 실현하고, 나아가 각 의과대학에 재학 중인 학생들에 대하여 헌법 제31조 제1항이 정한 국민의 교육받을 권리를 실현하고자 한 것이라 해석된다.

3. 의대정원 증원 처분에 대하여 행정소송법 제23조에서 정한 집행정지의 요건이 충족되는지 여부(소극)

행정소송법 제23조 제2항에서 정하고 있는 효력정지 요건인 '회복하기 어려운 손해'라 함은 특별한 사정이 없는 한 금전으로 보상할 수 없는 손해로서 이는 금전보상이 불가능한 경우 내지는 금전보상으로는 사회관념상 행정처분을 받은 당사자가 참고 견딜 수 없거나 참고 견디기가 현저히 곤란한 경우의 유형, 무형의 손해를 일컫는다. 그리고 '처분 등이나 그 집행 또는 절차의 속행으로 인하여 생길 회복하기 어려운 손해를 예방하기 위하여 긴급한 필요'가 있는지 여부는 처분의 성질과 태양 및 내용, 처분상대방이 입는 손해의 성질·내용 및 정도, 원상회복·금전배상의 방법 및 난이 등은 물론 본안청구의 승소가능성의 정도 등을 종합적으로 고려하여 구체적·개별적으로 판단하여야 한다(대결[전합] 2011.4.21. 2010무111 참조).

행정소송법 제23조 제3항이 집행정지의 또 다른 요건으로 '공공복리에 중대한 영향을 미칠 우려가 없을 것'을 규정하고 있는 취지는, 집행정지 여부를 결정함에 있어서 신청인의 손해뿐만 아니라 공공복리에 미칠 영향을 아울러 고려하여야 한다는 데 있고, 따라서 공공복리에 미칠 영향이 중대한지의 여부는 절대적 기준에 의하여 판단할 것이 아니라, 신청인의 '회복하기 어려운 손해'와 '공공복리' 양자를 비교·교량하여, 전자를 희생하더라도 후자를 옹호하여야 할 필요가 있는지 여부에 따라 상대적·개별적으로 판단되어야 한다(대결 2010.5.14. 2010무48 등 참조).

판결요지

행정소송법 제23조에 따른 **집행정지결정**이 있으면 결정 주문에서 정한 정지기간 중에는 처분을 실현하기 위한 조치를 할 수 없다. 특히 처분의 효력을 정지하는 집행정지결정이 있으면 결정 **주문에서 정한 정지기간 중**에는 **처분이 없었던** 원래의 상태와 같은 상태가 된다.

집행정지결정의 효력은 결정 주문에서 정한 기간까지 존속하다가 그 **기간이 만료**되면 **장래에 향하여 소멸**한다. 집행정지결정은 처분의 집행으로 회복하기 어려운 손해를 예방하기 위하여 긴급한 필요가 있고 달리 공공복리에 중대한 영향을 미치지 않을 것을 요건으로 하여 본안판결이 있을 때까지 해당 처분의 집행을 잠정적으로 정지함으로써 위와 같은 손해를 예방하는 데 취지가 있으므로, 항고소송을 제기한 **원고**가 본안소송에서 **패소확정판결**을 받았더라도 집행정지결정의 효력이 **소급**하여 **소멸하지 않는다.**

그러나 **제재처분**에 대한 행정쟁송절차에서 처분에 대해 **집행정지결정**이 이루어졌더라도 본안에서 해당 **처분**이 최종적으로 **적법**한 것으로 확정되어 **집행정지결정**이 **실효**되고 제재처분을 다시 집행할 수 있게 되면, **처분청**으로서는 당초 **집행정지결정이 없었던** 경우와 **동등한 수준**으로 해당 제재처분이 집행되도록 필요한 조치를 취하여야 한다. 집행정지는 행정쟁송절차에서 실효적 권리구제를 확보하기 위한 잠정적 조치일 뿐이므로, 본안 확정판결로 해당 제재처분이 적법하다는 점이 확인되었다면 제재처분의 상대방이 **잠정적 집행정지**를 통해 **집행정지**가 이루어지지 않은 경우와 비교하여 **제재를 덜 받게** 되는 결과가 초래되도록 해서는 **안 된다.** 반대로, 처분상대방이 **집행정지결정**을 받지 못했으나 본안소송에서 해당 제재처분이 위법하다는 것이 확인되어 **취소하는 판결**이 확정되면, 처분청은 그 제재처분으로 **처분상대방**에게 초래된 **불이익한 결과를 제거**하기 위하여 **필요한 조치**를 취하여야 한다.

│ 기출지문 │

① 처분의 **효력을 정지**하는 집행정지결정이 이루어지면 결정 주문에서 정한 정지기간 중에는 **처분이 없었던 원래의 상태**와 같은 상태가 되며 처분청이 **처분을 실현하기 위한 조치**를 할 수 **없다.** [22변시]　　　　　　　(O)

② **집행정지결정**의 효력은 결정주문에서 정한 기간까지 존속하다가 그 **기간의 만료**와 동시에 **당연히 소멸**한다. [22변시]　　　　　　　(O)

③ 항고소송을 제기한 **원고**가 본안소송에서 **패소확정판결**을 받은 경우에는 집행정지결정의 효력이 **소급적으로 소멸**한다. [22변시]　　　　　　　(×)

④ 제재처분에 대한 행정쟁송절차에서 처분에 대해 집행정지결정이 이루어졌더라도 본안에서 해당 처분이 최종적으로 적법한 것으로 확정되어 집행정지결정이 실효되고 제재처분을 다시 집행할 수 있게 되면, 처분청은 당초 집행정지결정이 없었던 경우와 동등한 수준으로 해당 제재처분이 집행되도록 필요한 조치를 취하여야 한다. [22-3]　　　　　　　(O)

⑤ **집행정지**는 행정쟁송절차에서 실효적 권리구제를 확보하기 위한 잠정적 조치일 뿐이므로, **본안 확정판결**로 해당 **제재처분이 적법**하다는 점이 확인되었다면 처분청은 제재처분의 상대방이 **집행정지가 이루어지지 않은** 경우와 **비교**하여 **제재를 덜 받게 되는 결과**가 초래되도록 해서는 **안 된다.** [22변시]　　　　　　　(O)

⑥ 처분상대방이 집행정지결정을 받지 못했으나 **본안소송**에서 해당 **제재처분이 위법**함이 확인되어 **취소하는 판결**이 확정되면, 처분청은 그 제재처분으로 처분상대방에게 초래된 **불이익한 결과를 제거**하기 위하여 **필요한 조치**를 취하여야 한다. [22변시]　　　　　　　(O)

03 위반차량운행정지취소등 [대판 2022.2.11. 2021두40720, 표준판례 377]

[1] 효력기간이 정해져 있는 제재적 행정처분에 대한 취소소송에서 법원이 본안소송의 판결 선고 시까지 집행정지결정을 한 경우, 처분에서 정해 둔 효력기간은 판결 선고 시까지 진행하지 않다가 선고된 때에 다시 진행하는지 여부(적극) / 처분에서 정해 둔 효력기간의 시기와 종기가 집행정지기간 중에 모두 경과한 경우에도 마찬가지인지 여부(적극) / 이러한 법리는 행정심판위원회가 행정심판법 제30조에 따라 집행정지결정을 한 경우에도 그대로 적용되는지 여부(적극)

행정소송법 제23조에 따른 집행정지결정의 효력은 결정 주문에서 정한 종기까지 존속하고, 그 종기가 도래하면 당연히 소멸한다. 따라서 효력기간이 정해져 있는 제재적 행정처분에 대한 취소소송에서 법원이 본안소송의 판결 선고 시까지 집행정지결정을 하면, 처분에서 정해 둔 효력기간(집행정지결정 당시 이미 일부 집행되었다면 그 나머지 기간)은 판결 선고 시까지 진행하지 않다가 **판결이 선고되면** 그때 집행정지결정의 효력이 소멸함과 동시에 처분의 효력이 당연히 부활하여 처분에서 정한 **효력기간이 다시 진행**한다. 이는 처분에서 효력기간의 시기(始期)와 종기(終期)를 정해 두었는데, 그 시기와 종기가 집행정지기간 중에 모두 경과한 경우에도 특별한 사정이 없는 한 마찬가지이다(대판 1999.2.23. 98두14471, 대판 2005.6.10. 2005두1190 등 참조). 이러한 법리는 행정심판위원회가 **행정심판법 제30조**에 따라 **집행정지결정**을 한 경우에도 **그대로 적용**된다. 행정심판위원회가 행정심판 청구 사건의 재결이 있을 때까지 처분의 집행을 정지한다고 결정한 경우에는, 재결서 정본이 청구인에게 송달된 때 재결의 효력이 발생하므로(행정심판법 제48조 제2항, 제1항 참조) 그때 집행정지결정의 효력이 소멸함과 동시에 처분의 효력이 부활한다.

[2] 효력기간이 정해져 있는 제재적 행정처분의 효력이 발생한 이후 행정청이 상대방에 대한 별도의 처분으로 효력기간의 시기와 종기를 다시 정할 수 있는지 여부(적극) / 위와 같은 후속 변경처분서에 효력기간의 시기와 종기를 다시 특정하는 대신 처음 행정처분의 집행을 특정 소송사건의 판결 시까지 유예한다고 기재한 경우, 처분의 효력기간은 판결 선고 시까지 집행이 정지되었다가 선고되면 다시 진행하는지 여부(적극) / 당초의 제재적 행정처분에서 정한 효력기간이 경과한 후 동일한 사유로 다시 후속 변경처분을 하는 것이 위법한 이중처분에 해당하는지 여부(적극)

효력기간이 정해져 있는 제재적 행정처분의 효력이 발생한 이후에도 행정청은 특별한 사정이 없는 한 상대방에 대한 별도의 처분으로써 효력기간의 시기와 종기를 다시 정할 수 있다. 이는 당초의 제재적 행정처분이 유효함을 전제로 그 구체적인 집행시기만을 변경하는 후속 변경처분이다. 이러한 후속 변경처분도 특별한 규정이 없는 한 의사표시에 관한 일반법리에 따라 상대방에게 고지되어야 효력이 발생한다(대판 2019.8.9. 2019두38656 등 참조). 위와 같은 후속 변경처분서에 효력기간의 시기와 종기를 다시 특정하는 대신 당초 제재적 행정처분의 집행을 특정 소송사건의 판결 시까지 유예한다고 기재되어 있다면, 처분의 효력기간은 원칙적으로 그 사건의 판결 선고 시까지 진행이 정지되었다가 판결이 선고되면 다시 진행된다(대판 1959.7.16. 4291민상437, 대결 1962.3.2. 62두1의 취지 참조). 다만 이러한 후속 변경처분 권한은 특별한 사정이 없는 한 당초의 제재적 행정처분의 효력이 유지되는 동안에만 인정된다. 당초의 제재적 행정처분에서 정한 효력기간이 경과하면 그로써 처분의 집행은 종료되어 처분의 효력이 소멸하는 것이므로(행정소송법 제12조 후문 참조), 그 후 동일한 사유로 다시 제재적 행정처분을 하는 것은 위법한 이중처분에 해당한다(대판 1993.8.24. 92누18054의 취지 참조).

04 행정소송법 제43조 위헌제청 [헌재 2022.2.24. 2020헌가12]

국가를 상대로 하는 당사자소송의 경우에는 가집행선고를 할 수 없다고 규정한 행정소송법 제43조(이하 '심판대상조항')가 평등원칙에 위배되는지 여부(적극)

심판대상조항은 재산권의 청구에 관한 **당사자소송** 중에서도 **피고가 공공단체** 그 밖의 권리주체인 경우와 **국가인 경우를 다르게 취급**한다. 가집행의 선고는 불필요한 상소권의 남용을 억제하고 신속한 권리실행을 하게 함으로써 국민의 재산권과 신속한 재판을 받을 권리를 보장하기 위한 제도이고, 당사자소송 중에는 사실상 같은 법률조항에 의하여 형성된 공법상 법률관계라도 당사자를 달리 하는 경우가 있다. 동일한 성격인 공법상 금전지급 청구소송임에도 피고가 누구인지에 따라 가집행선고를 할 수 있는지 여부가 달라진다면 상대방 소송 당사자인 원고로 하여금 불합리한 차별을 받도록 하는 결과가 된다. 재산권의 청구가 공법상 법률관계를 전제로 한다는 점만으로 국가를 상대로 하는 당사자소송에서 국가를 우대할 합리적인 이유가 있다고 할 수 없고, 집행가능성 여부에 있어서도 국가와 지방자치단체 등이 실질적인 차이가 있다고 보기 어렵다는 점에서, 심판대상조항은 국가가 당사자소송의 피고인 경우 가집행의 선고를 제한하여, 국가가 아닌 공공단체 그 밖의 권리주체가 피고인 경우에 비하여 합리적인 이유 없이 차별하고 있으므로 평등원칙에 반한다.

| 기출지문 |

국가를 상대로 하는 당사자소송의 경우에는 가집행선고를 할 수 없다고 규정한 「행정소송법」 규정의 평등원칙 위반 여부는 자의금지원칙에 따라 판단한다. [22국회8급] (○)

제8절 본안심리

제1항 소의 변경

01 교부청산금 일부 부존재확인의 소 [대판 2023.6.29. 2022두44262]

도시개발사업 시행자인 원고가 피고 소유 토지를 도시개발사업 대상토지로 편입하면서 위 토지가 환지대상에서 제외됨에 따라 피고에게 지급하여야 하는 교부청산금 채무의 금액을 다투는 사안

원고의 청구취지 변경으로 인해 공법상 당사자소송인 교부청산금 일부 부존재확인의 소가 민사소송인 부당이득반환의 소로 변경되는 경우 그와 같은 청구취지 변경이 허용되는지 여부(적극)

행정소송법 제8조 제2항은 행정소송에 관하여 민사소송법을 준용하도록 하고 있으므로, 행정소송의 성질에 비추어 적절하지 않다고 인정되는 경우가 아닌 이상 공법상 당사자소송의 경우도 민사소송법 제262조에 따라 그 청구의 기초가 바뀌지 아니하는 한도 안에서 변론을 종결할 때까지 청구의 취지를 변경할 수 있다.

한편, 대법원은 여러 차례에 걸쳐 <u>행정소송법상 항고소송으로 제기하여야 할 사건을 민사소송으로 잘못 제기한 경우 수소법원으로서는 원고로 하여금 항고소송으로 소 변경을 하도록 석명권을 행사하여 행정소송법이 정하는 절차에 따라 심리·판단하여야 한다</u>고 판시하여 왔다(대판 2020.1.16. 2019다264700 등 참조). 이처럼 <u>민사소송에서 항고소송으로의 소변경이 허용되는 이상, 공법상 당사자소송과 민사소송이 서로 다른 소송절차에 해당한다는 이유만으로 청구기초의 동일성이 없다고 해석하여 양자 간의 소변경을 허용하지 않을 이유가 없다.</u>

일반 국민으로서는 공법상 당사자소송의 대상과 민사소송의 대상을 구분하는 것이 쉽지 않고 소송 진행 도중의 사정변경 등으로 인해 공법상 당사자소송으로 제기된 소를 민사소송으로 변경할 필요가 발생하는 경우도 있다. 소 변경 필요성이 인정됨에도, 단지 소 변경에 따라 소송절차가 달라진다는 이유만으로 이미 제기한 소를 취하하고 새로 민사상의 소를 제기하도록 하는 것은 당사자의 권리 구제나 소송경제의 측면에서도 바람직하지 않다.

따라서 <u>공법상 당사자소송에 대하여도 그 청구의 기초가 바뀌지 아니하는 한도 안에서 민사소송으로 소 변경이 가능하다</u>고 해석하는 것이 타당하다.

⇨ 원고(도시개발사업조합)는 피고(구미시)를 상대로 교부청산금 채무가 3,534,050,553원을 초과하여 존재하지 아니한다는 취지의 채무부존재확인의 소를 공법상 당사자소송으로 제기하였고, 이 사건 소 계속 중 피고에게 교부청산금 3,957,827,600원을 지급하였음. 이후 원고는 원심에 이르러 청산금 산정에 잘못이 있다는 이유로 423,777,047원 부분을 직권으로 일부 취소하였고, 그에 따라 부당이득 반환으로 423,777,047원 및 그 지연손해금의 지급을 구하는 것으로 청구취지 변경신청을 함. 원심은, 공법상 당사자소송에서 민사소송으로의 소변경이 허용되지 않는다는 이유로 청구취지 변경신청을 불허하고 변경 전 청구취지인 채무부존재확인의 소는 확인의 이익이 없다는 이유로 각하함. 대법원은 위와 같은 법리에 따라 공법상 당사자소송에 대하여 민사소송으로 소 변경이 가능하다고 보아, 이와 달리 판단한 원심판결을 파기·환송함.

| 예상지문 |

① <u>행정소송법상 항고소송으로 제기하여야 할 사건을 민사소송으로 잘못 제기한 경우 수소법원으로서는 원고로 하여금 항고소송으로 소 변경을 하도록 석명권을 행사하여 행정소송법이 정하는 절차에 따라 심리·판단하여야 한다.</u> (○)

② 공법상 당사자소송과 민사소송은 서로 다른 소송절차에 해당하여 청구기초의 동일성이 없다고 해석되므로, 공법상 당사자소송과 민사소송 간의 소 변경은 허용되지 아니한다. (×)

③ 대법원은 <u>공법상 당사자소송에 대하여도 그 청구의 기초가 바뀌지 아니하는 한도 안에서 민사소송으로 소 변경이 가능하다고 본다.</u> (○)

제2항 소송참가

02 **교원소청심사위원회결정취소** [대판 2023.10.26. 2018두55272]

[1] 사립학교의 교원이 교원소청심사위원회의 소청심사 기각결정에 불복하여 교원소청심사위원회를 피고로 하여 행정소송을 제기한 경우, 소청심사의 피청구인이었던 사립학교의 장이 피고보조참가인으로서 소송에 참여할 수 있는지 여부(적극)

구 교원지위향상을 위한 특별법 제10조 제1항에 따른 교원소청심사위원회의 소청심사 기각결정에 불복하려는 교원은 같은 조 제3항에 따라 행정소송을 제기할 수 있다.

국공립학교의 교원은 소청심사 결정의 고유한 위법을 주장하는 경우가 아닌 한 불리한 처분을 한 **인사권자를 피고로 하여** 행정소송을 제기해야 하므로 그 **인사권자는 피고로서** 소송에 참여한다. **사립학교의 교원**은 **교원소청심사위원회를 피고로** 하여 행정소송을 제기해야 하는데, **사립학교의 장**은 학교법인의 위임 등을 받아 교원에 대한 인사 관련 업무에 대해 독자적 기능을 수행하고 있고, 소청심사의 피청구인이었다면 **피고보조참가인**으로서 소송에 참여할 수 있다.

| 예상지문 |

> ① **국공립학교의 교원**은 소청심사 결정의 고유한 위법을 주장하는 경우가 아닌 한 불리한 **처분을 한 인사권자를 피고로 하여** 행정소송을 제기해야 하므로 그 **인사권자는 피고로서** 소송에 참여한다. (O)
>
> ② **사립학교의 교원**은 **교원소청심사위원회를 피고로** 하여 행정소송을 제기해야 하는데, **사립학교의 장**은 학교법인의 위임 등을 받아 교원에 대한 인사 관련 업무에 대해 독자적 기능을 수행하고 있고, 소청심사의 피청구인이었다면 피고로서 소송에 참여할 수 있다. (×)

제3항 주장책임과 증명책임

01 **조세부과처분 무효확인청구** [대판 2023.6.29. 2020두46073]

과세처분에 대한 무효확인소송에서 처분사유의 변경이 있는 경우 증명책임 귀속이 문제된 사건

1. 과세처분의 무효확인소송에서 처분사유의 교환·변경 가부(한정 적극)

민사소송법이 준용되는 행정소송에서 증명책임은 원칙적으로 민사소송의 일반원칙에 따라 당사자 간에 분배되고, 항고소송은 그 특성에 따라 해당 처분의 적법성을 주장하는 피고에게 적법사유에 대한 증명책임이 있으나(대판 2017.6.19. 2013두17435 등 참조), 예외적으로 행정처분의 당연 무효를 주장하여 무효 확인을 구하는 행정소송에서는 원고에게 행정처분이 무효인 사유를 주장·증명할 책임이 있고(대판 2010.5.13. 2009두3460 등 참조), 이는 무효 확인을 구하는 뜻에서 행정처분의 취소를 구하는 소송에 있어서도 마찬가지이다(대판 1976.1.13. 75누175 등 참조).

한편 행정처분의 무효 확인을 구하는 소에는 특단의 사정이 없는 한 취소를 구하는 취지도 포함되어 있다고 보아야 하므로, 해당 행정처분의 취소를 구할 수 있는 경우라면 무효사유가 증명되지 아니한 때에 법원으로서는 취소사유에 해당하는 위법이 있는지 여부까지 심리하여야 한다(대판 1987.4.28. 86누887, 대판 2005.12.23. 2005두3554 등 참조). 나아가 과세처분에 대한 취소소송과 무효확인소송은 모두 소송물이 객관적인 조세채무의 존부확인으로 동일하다(대판[전합] 1992.3.31. 91다32053 참조).

결국 과세처분의 위법을 다투는 조세행정소송의 형식이 취소소송인지 아니면 무효확인소송인지에 따라 증명책임이 달리 분배되는 것이라기보다는 <u>위법사유로 취소사유와 무효사유 중 무엇을 주장하는지 또는 무효사유의 주장에 취소사유를 주장하는 취지가 포함되어 있는지 여부에 따라 증명책임이 분배된다.</u>

2. 과세처분의 무효확인소송에서 원고가 당초의 처분사유에 대하여 무효사유를 증명한 경우에는 과세관청이 교환·변경된 처분사유를 근거로 하는 처분의 적법성에 대한 증명책임을 부담하는지 여부(적극)

과세처분의 무효확인소송에서 소송물은 객관적인 조세채무의 존부확인이므로, 과세관청은 소송 중이라도 사실심 변론종결 시까지 해당 처분에서 인정한 과세표준 또는 세액의 정당성을 뒷받침하기 위하여 처분의 동일성이 유지되는 범위 내에서 처분사유를 교환·변경할 수 있다.

그런데 <u>과세처분의 적법성에 대한 증명책임은 과세관청에 있는바, 교환·변경된 사유를 근거로 하는 처분의 적법성 또는 그러한 처분사유의 전제가 되는 사실관계에 관한 증명책임 역시 과세관청에게 있고, 특히 무효확인소송에서 원고가 당초의 처분사유에 대하여 무효사유를 증명한 경우에는 과세관청이 그처럼 교환·변경된 처분사유를 근거로 하는 처분의 적법성에 대한 증명책임을 부담한다.</u>

⇨ 피고 서초세무서장 측은 당초에 구 법인세법 제32조 제5항에 따라 원고에게 소득처분을 하였음을 이유로 그 의제소득에 대해 종합소득세 등을 부과하였음. 원고는 해당 부과처분에 대한 무효확인을 구하는 이 사건 소를 제기하고, 그러한 처분의 근거 규정에 대하여 처분 전에 이미 헌법재판소의 위헌결정(헌재 1995.11.30. 93헌바32 등)이 있었으므로 처분이 무효라고 주장하였음. 그러자 피고 측은 처분사유를 의제소득금액 상당액이 원고에게 현실적으로 귀속되었다는 것으로 변경하였음. 대법원은, 원고가 당초의 처분사유를 전제로 하여 위헌결정으로 효력을 상실한 법률을 근거로 한 처분이라는 무효사유를 주장·증명한 이상, 변경된 처분사유를 전제로 한 처분의 적법성은 피고 측이 증명하여야 한다고 보아, 원심판결 중 이와 다른 전제에 선 부분을 파기·환송함.

| 예상지문 |

① 행정처분의 당연 무효를 주장하여 무효 확인을 구하는 행정소송에서는 원고에게 행정처분이 무효인 사유를 주장·증명할 책임이 있다. (O)

② 무효 확인을 구하는 뜻에서 행정처분의 취소를 구하는 소송은 원칙적으로 취소소송이므로, 무효선언을 구하는 취소소송에서 행정처분에 존재하는 하자가 중대하고 명백하지 않다는 주장·증명 책임은 통상적인 취소소송의 입증책임과 마찬가지로 피고 행정청에게 있다. (×)

③ 원고가 당초의 처분사유에 대하여 무효사유를 증명한 경우에는 과세관청이 교환·변경된 처분사유를 근거로 하는 처분의 적법성에 대한 증명책임을 부담한다. (O)

---

02 국가유공자및보훈보상대상자비대상결정취소 [대판 2020.2.13. 2017두47885]

판결요지

[1] 국가유공자 등 예우 및 지원에 관한 법률 제4조 제1항 제5호에 의하여 **순직군경**으로 인정되기 위하여 필요한 '**직접적인 원인관계**'는 단순히 <u>직무수행</u>이나 교육훈련과 사망 사이에 **상당인과관계가 있는** 것만으로는 부족하고, 그 사망이 **국가의 수호 등과 직접 관련이 있는 직무수행**이나 교육훈련을 직접적인 주된 원인으로 하여 발생한 것이어야 한다.

[2] 보훈보상대상자 지원에 관한 법률(이하 '보훈보상자법') 제2조 제1항은 "다음 각호의 어느 하나에 해당하는 보훈보상대상자, 그 유족 또는 가족(다른 법률에서 이 법에 규정된 지원 등을 받도록 규정된 사람을 포함한다)은 이 법에 따른 지원을 받는다"라고 규정하고, 제1호로 "재해사망군경: 군인이나 경찰·소방 공무원으로서 국가의 수호·안전보장 또는 국민의 생명·재산 보호와 직접적인 관련이 없는 직무수행이나 교육훈련 중 사망한 사람(질병으로 사망한 사람을 포함한다)"을 들고 있다.

여기서 보훈보상대상자의 '직무수행이나 교육훈련 중 사망'은 직무수행 또는 교육훈련과 사망 사이에 상당인과관계가 있는 경우를 말하고, 이는 군인 등의 사망이 자살로 인한 경우에도 마찬가지이다.

그리고 보훈보상자법 제2조 제3항은 "제1항 각호에 따른 요건에 해당되는 사람이 다음 각호의 어느 하나에 해당되는 원인으로 사망하거나 상이(질병을 포함한다)를 입으면 제1항 및 제4조에 따라 등록되는 보훈보상대상자, 그 유족 또는 가족에서 제외한다"라고 하면서 제1호로 "불가피한 사유 없이 본인의 고의 또는 중대한 과실로 인한 것이거나 관련 법령 또는 소속 상관의 명령을 현저히 위반하여 발생한 경우"를 들고 있으나, 이는 교육훈련 또는 직무수행과 사망 등과의 사이에 상당인과관계를 인정하기 어려운 경우를 예시하여 교육훈련 또는 직무수행과 사망 등과의 사이에 상당인과관계가 없는 경우에는 보훈보상대상자에서 제외된다는 취지를 주의적·확인적으로 규정한 것이라고 보아야 한다.

따라서 군인 등이 복무 중 자살로 사망한 경우에도 보훈보상자법 제2조 제1항의 '직무수행이나 교육훈련 중 사망'에 해당하는지 여부는 직무수행 또는 교육훈련과 사망 사이에 상당인과관계가 있는지 여부에 따라 판단하여야 하고, 직무수행 또는 교육훈련과 사망 사이에 **상당인과관계가 인정**되는데도 그 사망이 **자살로 인한** 것이라는 **이유만으로**, 또는 자유로운 **의지가 완전히 배제**된 상태에서의 **자살이 아니라**는 이유로 **보훈보상자에서 제외되어서는 안 된다.**

또한 직무수행과 자살로 인한 사망 사이의 **상당인과관계**는 이를 **주장하는 측**에서 **증명**하여야 하지만, 반드시 **의학적·자연과학**으로 **명백히 증명**되어야 하는 것이 **아니며** 규범적 관점에서 상당인과관계가 인정되는 경우에는 증명이 된 것으로 보아야 한다.

| 예상지문 |

① **국가유공자법**에 의하여 순직군경으로 인정되기 위하여 필요한 '**직접적인 원인관계**'는 단순히 직무수행이나 교육훈련과 사망 사이에 **상당인과관계**가 있는 것만으로는 **부족**하고, 그 사망이 **국가의 수호** 등과 **직접 관련**이 있는 **직무수행**이나 교육훈련을 **직접적인 주된 원인**으로 하여 발생한 것이어야 한다.   (O)

② 직무수행 또는 교육훈련과 사망 사이에 **상당인과관계가 인정**되는 경우에도 **자살로 사망**하거나 **자유로운 의지가 완전히 배제**된 상태에서 **자살한 것이 아닌** 경우에는 보훈보상자법에 의한 보훈보상대상자에서 **제외할 수 있다.**   (×)

③ 국가유공자법상 직무수행과 자살로 인한 사망 사이의 **상당인과관계**는 이를 **주장하는 측**에서 **증명**하여야 하지만, 반드시 **의학적·자연과학**으로 **명백히 증명**되어야 하는 것이 **아니며** 규범적 관점에서 상당인과관계가 인정되는 경우에는 증명이 된 것으로 보아야 한다.   (O)

| 기출지문 |

「보훈보상대상자 지원에 관한 법률」에 따른 보상을 받음에 있어 교육훈련 또는 직무수행과 부상·질병 사이의 **인과관계에 대한 증명책임**은 보상 **신청인**에 있다. [20-3]   (O)

03 업무정지처분취소 [대판 2023.12.21. 2023두42904]

[1] 요양기관 내지 의료급여기관이 이미 서류보존의무를 위반하여 요양·약제의 지급 등 보험급여 내지 진료·약제의 지급 등 의료급여에 관한 서류를 보존하고 있지 않음을 이유로 서류제출명령에 응할 수 없는 경우, 처분청이 요양기관 등에 서류제출명령 불이행을 이유로 제재할 수 있는지 여부(원칙적 소극) 및 예외적으로 제재처분을 부과할 수 있는 경우

구 국민건강보험법과 의료급여법은 요양기관 내지 의료급여기관(이하 '요양기관 등')의 서류제출명령에 응할 의무와 서류보존의무를 별도로 규정하면서 각각의 위반 정도를 달리 보고 있다. 따라서 구 국민건강보험법의 제97조 제2항, 제98조 제1항 제2호, 제116조, 의료급여법 제28조 제1항 제3호, 제32조 제2항, 제35조 제5항의 내용, 체계와 함께 서류제출명령의 실효성 제고 등을 위한 구 국민건강보험법 및 의료급여법의 입법 취지 등을 종합하면, 요양기관 등이 이미 서류보존의무를 위반하여 요양·약제의 지급 등 보험급여 내지 진료·약제의 지급 등 의료급여에 관한 서류(이하 '급여 관계 서류')를 보존하고 있지 않음을 이유로 서류제출명령에 응할 수 없는 경우에는 처분청이 요양기관 등에 서류제출명령 불이행을 이유로 제재를 할 수 없음이 원칙이지만, 요양기관 등이 서류제출명령을 받을 것을 예상하였거나 실제 서류제출명령이 부과되었음에도 이를 회피할 의도에서 급여 관계 서류를 폐기하는 경우에는 처분청이 요양기관 등에 서류제출명령 불이행을 이유로 제재처분을 부과할 수 있다고 보는 것이 타당하다.

[2] 처분청의 서류제출명령과 무관하게 급여 관계 서류가 폐기되었다는 사정에 관한 증명책임의 소재(=요양기관 등)

한편 항고소송에서 해당 처분의 적법성에 대한 증명책임은 원칙적으로 처분의 적법을 주장하는 처분청에 있지만, 처분청이 주장하는 해당 처분의 적법성에 관하여 합리적으로 수긍할 수 있는 정도로 증명이 있는 경우에는 그 처분은 정당하고, 이와 상반되는 예외적인 사정에 대한 주장과 증명은 상대방에게 책임이 돌아간다. 따라서 급여 관계 서류의 보존행위가 요양기관 등의 지배영역 안에 있고, 요양기관 등이 서류보존의무기간 내에 이를 임의로 폐기하는 것 자체가 이례적이라는 사실에 비추어 볼 때, 요양기관 등이 서류제출명령의 대상인 급여 관계 서류를 생성·작성하였다고 볼 만한 사정에 대해 처분청이 합리적으로 수긍할 수 있는 정도로 증명했다면, 처분청의 서류제출명령과 무관하게 급여 관계 서류가 폐기되었다는 사정은 이를 주장하는 측인 요양기관 등이 증명하여야 한다.

| 예상지문 |

① 요양기관 등이 이미 서류보존의무를 위반하여 요양·약제의 지급 등 보험급여 내지 진료·약제의 지급 등 의료급여에 관한 서류(이하 '급여 관계 서류'라 한다)를 보존하고 있지 않음을 이유로 서류제출명령에 응할 수 없는 경우에도 객관적 사실에 착안하여 처분청이 요양기관 등에 서류제출명령 불이행을 이유로 제재를 할 수 있음이 원칙이다. (×)

② 요양기관 등이 서류제출명령의 대상인 급여 관계 서류를 생성·작성하였다고 볼 만한 사정에 대해 처분청이 합리적으로 수긍할 수 있는 정도로 증명했다면, 처분청의 서류제출명령과 무관하게 급여 관계 서류가 폐기되었다는 사정은 이를 주장하는 측인 요양기관 등이 증명하여야 한다. (○)

제4항 처분사유의 추가 · 변경

01 과징금부과처분취소 [대판 2020.6.11. 2019두49359]

판결요지

[1] 폐기물관리법 제25조 제1항, 제2항, 제3항, 제11항, 제27조 제2항 제10호, 제65조 제14호, 구 폐기물관리법 시행규칙(환경부령, 이하 '구 시행규칙') 제29조 제1항 제2호 (마)목의 규정 문언과 내용, 체계 등을 관련 법리에 비추어 살펴보면, 구 시행규칙 제29조 제1항 제2호 (마)목에서 변경허가사항으로 정한 '처분용량의 변경'이란 폐기물 중간처분업(소각 전문)의 경우 소각시설을 물리적으로 증설하는 경우를 의미하고, 소각시설의 증설 없이 단순히 소각시설의 가동시간을 늘리는 등의 방법으로 소각량을 늘리는 행위는 이에 포함되지 않는다.

[2] 폐기물 중간처분업체인 甲 주식회사가 소각시설을 허가받은 내용과 달리 물리적으로 무단 증설하거나 물리적 증설 없이 1일 가동시간을 늘리는 등의 방법으로 허가받은 처분능력의 100분의 30을 초과하여 **폐기물을 과다소각**하였다는 이유로 한강유역환경청장으로부터 **과징금 부과처분**을 받았는데, 甲 회사가 이를 취소하는 소를 제기하여 처분이 과중하므로 재량권 일탈 · 남용에 해당한다고만 주장하다가 '소각시설의 물리적 증설 없이 과다소각한 경우는 폐기물관리법 제25조 제11항, 구 폐기물관리법 시행규칙(환경부령) 제29조 제1항 제2호 (마)목 위반에 해당하지 않는다'는 주장을 제기한 데 대하여 한강유역환경청장이 '① 소각시설의 물리적 증설 없이 과다소각한 경우도 위 법령 위반에 해당할 뿐만 아니라 ② 甲 회사는 변경허가를 받지 않은 채 소각시설을 무단 증설하여 과다소각하였으므로 위 법령 위반에 해당한다'고 주장하자 甲 회사가 ② 주장은 **허용되지 않는 처분사유의 추가 · 변경**에 해당한다고 주장한 사안에서, 한강유역환경청장이 위 처분을 하면서 처분서에 '과다소각'이라고만 기재하였을 뿐 어떤 방법으로 과다소각을 한 경우인지 구체적으로 기재하지는 않았으나, 관련 수사 결과와 이에 따른 한강유역환경청장의 사전통지 및 甲 회사가 제출한 의견서 내용 등을 종합하면, 한강유역환경청장은 '甲 회사가 소각시설을 허가받은 내용과 달리 설치하거나 증설하여 폐기물을 과다소각함으로써 위 법령을 위반하였다'는 점을 '당초 처분사유'로 삼아 위 처분을 한 것이고, 甲 회사도 이러한 '당초 처분사유'를 알면서도 이를 인정하고 **처분양정이 과중**하다는 **의견만을 제시**하였을 뿐이며, **처분서에 위반행위 방법을 구체적으로 기재하지 않았** **더라도** 그에 불복하여 **방어권을 행사**하는 데 **별다른 지장이 없었으므로**, 한강유역환경청장이 甲 회사의 소송상 주장에 대응하여 변론과정에서 한 ② 주장은 소송에서 새로운 처분사유를 추가로 주장한 것이 아니라, **처분서에 다소 불명확하게 기재하였던 '당초 처분사유'**를 좀 더 **구체적으로** 설명한 것인데도, 이와 달리 본 원심판단에 법리오해 등의 잘못이 있다.

| 예상지문 |

> 폐기물 중간처분업체인 甲이 소각시설을 **허가받은 내용과 달리** 설치 · 증설한 후 허가받은 처분능력을 초과하여 **폐기물을 과다소각**하였다는 이유로 환경청장으로부터 **과징금 부과처분**을 받아 제기한 취소소송에서, 환경청장이 '甲은 변경허가를 받지 않은 채 소각시설을 **무단 증설**하여 **과다소각**하였으므로 구 폐기물관리법 시행규칙 제29조 제1항 제2호 (마)목 등 위반에 해당한다'고 주장한 경우 **새로운 처분사유를 추가로 주장**한 것이므로 **허용되지 않는다.**
> (×)

02 경정거부처분취소 [대판 2022.2.10. 2019두50946]

경정거부처분 취소소송의 소송물(=정당한 세액의 객관적 존부) 및 소송 도중 과세관청이 처분사유를 교환·변경할 수 있는지 여부(한정 적극)

경정거부처분 취소소송의 소송물은 정당한 세액의 객관적 존부이다. 과세관청으로서는 소송 도중이라도 사실심 변론종결 시까지는 해당 처분에서 인정한 과세표준 또는 세액의 정당성을 뒷받침할 수 있는 새로운 자료를 제출하거나 처분의 동일성이 유지되는 범위에서 그 사유를 교환·변경할 수 있고, 반드시 처분 당시의 자료만으로 처분의 적법 여부를 판단하여야 하거나 당초의 처분사유만을 주장할 수 있는 것은 아니다.

⇨ 조세취소소송의 소송물은 처분사유에 의해 특정되는 '처분의 위법성 일반'을 소송물로 하는 일반 취소소송과 달리 '정당한 세액의 객관적 존부'이다. 따라서 조세취소소송에서는 처분의 동일성이 유지되는 범위에서 그 처분사유를 교환·변경할 수 있다.

| 예상지문 |

> 경정거부처분 취소소송의 소송물은 **정당한 세액의 객관적 존부**이고, 과세관청으로서는 **소송 도중이라도** 사실심 변론종결 시까지는 해당 처분에서 인정한 과세표준 또는 세액의 정당성을 뒷받침할 수 있는 새로운 자료를 제출하거나 **처분의 동일성**이 유지되는 범위에서 그 **사유를 교환·변경**할 수 있다.　　　　　　　　　　　　(O)

03 보조금환수및재정지원제외처분취소 [대판 2023.11.30. 2019두38465]

시외버스(공항버스) 운송사업을 하는 甲 주식회사가 청소년요금 할인에 따른 결손 보조금의 지원 대상이 아님에도 청소년 할인 보조금을 지급받음으로써 '부정한 방법으로 보조금을 지급받은 경우'에 해당한다는 이유로, 관할 시장이 보조금을 환수하고 구 경기도 여객자동차 운수사업 관리 조례 제18조 제4항을 근거로 보조금 지원 대상 제외처분을 하였다가 처분에 대한 취소소송에서 구 지방재정법 제32조의8 제7항을 처분사유로 추가한 사안에서, 시장이 위 처분의 근거 법령을 추가한 것은 기본적 사실관계의 동일성이 인정되지 않는 별개의 사실을 들어 주장하는 것으로서 처분사유 추가·변경이 허용되지 않는데도, 이와 달리 본 원심 판단에 법리오해의 잘못이 있다고 한 사례

시외버스(공항버스) 운송사업을 하는 甲 주식회사가 청소년요금 할인에 따른 결손 보조금의 지원 대상이 아님에도 청소년 할인 보조금을 지급받음으로써 여객자동차 운수사업법 제51조 제3항에서 정한 '부정한 방법으로 보조금을 지급받은 경우'에 해당한다는 이유로 관할 시장이 보조금을 환수하고 구 경기도 여객자동차 운수사업 관리 조례(경기도조례) 제18조 제4항을 근거로 **보조금 지원 대상 제외처분을** 하였다가 처분에 대한 취소소송에서 **구 지방재정법 제32조의8 제7항을 처분사유로 추가**한 사안에서, 도 보조금 지원 대상에 관한 제외처분을 재량성의 유무 및 범위와 관련하여 위 조례 제18조 제4항은 **기속행위**로, 구 지방재정법 제32조의8 제7항은 **재량행위**로 각각 달리 규정하고 있는 점, 근거 법령의 추가를 통하여 위 제외처분의 성질이 기속행위에서 재량행위로 변경되고, 그로 인하여 위법사유와 당사자들의 공격방어방법 내용, 법원의 사법심사방식 등이 달라지며, 특히 종래의 법 위반 사실뿐만 아니라 처분의 적정성을 확보하기 위한 양정사실까지 새로 고려되어야 하므로, 당초 처분사유와 소송 과정에서 시장이 추가한 처분사유는 기초가 되는 **사회적 사실관계의 동일성**이 **인정되지 않는 점**, 시장이 소송 도중에 위와 같이 제외처분의 근거 법령으로 위 조례 제18조 제4항 외에 구 지방재정법 제

32조의8 제7항을 추가하는 것은 甲 회사의 방어권을 침해하는 것으로 볼 수 있는 점을 종합하면, 관할 시장이 처분의 근거 법령을 추가한 것은 기본적 사실관계의 동일성이 인정되지 않는 별개의 사실을 들어 주장하는 것으로서 처분사유 추가·변경이 허용되지 않는데도, 이와 달리 본 원심판단에 법리오해의 잘못이 있다고 한 사례.

> **경기도 여객자동차운수사업 관리 조례 제18조** ④ 제2항에 따라 재정지원금을 환수 조치당한 여객자동차운수사업자에 대해서는 환수한 날로부터 3년간 도 보조금 지원 대상(시설개선비, 인센티브)에서 제외한다.
>
> **지방재정법 제32조의8** ⑦ 지방자치단체의 장은 제1항 제1호부터 제3호까지의 어느 하나에 해당하여 지방보조금 교부결정이 취소된 자에 대해서는 5년의 범위에서 지방보조금 교부를 제한할 수 있다.

┃ 예상지문 ┃

> ① 처분에 대한 취소소송에서 시장이 처분의 **근거 법령을 추가**하여 처분의 성질이 **기속행위에서 재량행위로 변경**되고, 그로 인하여 위법사유와 당사자들의 공격방어방법 내용, **법원의 사법심사방식** 등이 달라지며, 특히 종래의 **법 위반 사실**뿐만 아니라 **처분의 적정성**을 확보하기 위한 **양정사실까지 새로 고려**되어야 한다면 처분사유 추가·변경이 허용되지 않는다. (O)
>
> ② 관할 시장이 보조금을 환수하고 **구 경기도조례 제18조 제4항**을 근거로 **보조금 지원 대상 제외처분**을 하였다가 처분에 대한 취소소송에서 **구 지방재정법 제32조의8 제7항**을 처분사유로 **근거 법령을 추가**한 것은 기본적 사실관계의 **동일성이 인정되지 않는** 별개의 사실을 들어 주장하는 것으로서 처분사유 추가·변경이 **허용되지 않는다.** (O)

04 과징금부과처분취소 [대판 2023.3.16. 2022두58599]

[1] 민사소송법 제267조 제2항의 규정 취지 / 후소가 전소의 소송물을 전제로 하거나 선결적 법률관계에 해당하는 경우, 전소와 '같은 소'로 보아 판결을 구할 수 없는지 여부(적극) 및 재소의 이익이 다른 경우 '같은 소'라 할 수 있는지 여부(소극) / 본안에 대한 종국판결이 있은 후 소를 취하하였으나 위 규정 취지에 반하지 않고 소를 제기할 필요가 있는 정당한 사정이 있는 경우, 다시 소를 제기할 수 있는지 여부(적극)

민사소송법 제267조 제2항은 "본안에 대한 종국판결이 있은 뒤에 소를 취하한 사람은 같은 소를 제기하지 못한다"라고 규정하고 있다. 이는 임의의 소취하로 그때까지 국가의 노력을 헛수고로 돌아가게 한 사람에 대한 제재의 취지에서 그가 다시 동일한 분쟁을 문제 삼아 소송제도를 남용하는 부당한 사태의 발생을 방지하고자 하는 규정이다. 따라서 후소가 전소의 소송물을 전제로 하거나 선결적 법률관계에 해당하는 것일 때에는 비록 소송물은 다르지만 위 제도의 취지와 목적에 비추어 전소와 '같은 소'로 보아 판결을 구할 수 없다고 풀이하는 것이 타당하다. 그러나 여기에서 '같은 소'는 반드시 기판력의 범위나 중복제소금지의 경우와 같이 풀이할 것은 아니므로, 재소의 이익이 다른 경우에는 '같은 소'라 할 수 없다(대판 1989.10.10. 88다카18023, 대판 2017.4.13. 2015다16620 등 참조).

또한 본안에 대한 종국판결이 있은 후 소를 취하한 사람이더라도 민사소송법 제267조 제2항의 취지에 반하지 아니하고 소를 제기할 필요가 있는 정당한 사정이 있다면 다시 소를 제기할 수 있다 (대판 2009.6.25. 2009다22037 참조).

[2] 甲 등이 운영하는 병원에서 부당한 방법으로 보험자 등에게 요양급여비용을 부담하게 하였다는 이유로 보건복지부장관이 甲 등에 대하여 40일의 요양기관 업무정지 처분을 하자, 甲 등이 위 업무정지 처분의 취소를 구하는 소송을 제기하였다가 패소한 뒤 항소하였는데, 보건복지부장관이 항소심 계속 중 위 업무정지 처분을 과징금 부과처분으로 직권 변경하자, 甲 등이 과징금 부과처분의 취소를 구하는 소송을 제기한 후 업무정지 처분의 취소를 구하는 소를 취하한 사안에서, 위 과징금 부과처분의 취소를 구하는 소의 제기는 재소금지 원칙에 위반된다고 할 수 없음에도 이와 달리 본 원심판결에 법리오해의 잘못이 있다고 한 사례

甲 등이 운영하는 병원에서 부당한 방법으로 보험자 등에게 요양급여비용을 부담하게 하였다는 이유로 <u>보건복지부장관이 甲 등에 대하여 구 국민건강보험법 제98조 제1항 제1호에 따라 40일의 요양기관 업무정지 처분을 하자, 甲 등이 위 업무정지 처분의 취소를 구하는 소송(전소)을 제기하였다가 패소한 뒤 항소하였는데, 보건복지부장관이 항소심 계속 중 같은 법 제99조 제1항에 따라 위 업무정지 처분을 과징금 부과처분으로 직권 변경하자, 甲 등이 과징금 부과처분의 취소를 구하는 소송(후소)을 제기한 후 업무정지 처분의 취소를 구하는 소를 취하한 사안</u>에서, 전소는 처분의 변경으로 인해 효력이 소멸한 '업무정지 처분'의 취소를 구하는 것이고, 후소는 후행처분인 '과징금 부과처분'의 취소를 구하는 것이므로 전소와 후소의 소송물이 같다고 볼 수 없고, 전소의 소송물인 '업무정지 처분의 위법성'이 과징금 부과처분의 위법성을 소송물로 하는 후소와의 관계에서 항상 선결적 법률관계 또는 전제에 있다고 보기도 어려워, 결국 甲 등에게 업무정지 처분과는 별도로 과징금 부과처분의 위법성을 소송절차를 통하여 다툴 기회를 부여할 필요가 있으므로, <u>위 과징금 부과처분의 취소를 구하는 소의 제기는 재소금지 원칙에 위반된다고 할 수 없음에도 이와 달리 본 원심판결에 법리오해의 잘못이 있다.</u>

| 예상지문 |

보건복지부장관이 항소심 계속 중 **업무정지 처분을 과징금 부과처분으로 직권 변경**하자, 원고가 과징금 부과처분의 취소를 구하는 소송을 제기한 후 업무정지 처분의 취소를 구하는 소를 취하한 사안에서, 위 **과징금 부과처분의 취소**를 구하는 소의 제기는 **재소금지 원칙**에 위반되지 아니한다.　　　　　　　　　　　　(O)

제9절　행정소송의 판결

01 영업정지처분취소 - 일부취소판결 [대판 2020.5.14. 2019두63515]

판결요지

[1] 폐수처리오니에 생물학적 처리과정을 거쳐 '부숙토'를 만들어 매립시설 복토재 또는 토양개량제를 생산하는 것은 폐기물관리법령이 허용하는 폐수처리오니의 재활용 방법에 해당한다. 그러나 폐수처리오니로 '비탈면 녹화토'를 생산하는 것은 폐기물관리법령이 정한 재활용 기준을 위반하는 것이다. 나아가 폐기물처리업자가 폐수처리오니에 생물학적 처리과정을 거쳐 일단 매립시설 복토재 또는 토양개량제로 사용할 수 있는 부숙토를 생산하였더라도 이를 다시 제3자에게 제공하여 그로 하여금 부숙토를 원료로 폐수처리오니의 재활용 용도로 허용되지 않은 생산 품목인 비탈면 녹화토를 최종적으로 생산하게 하였다면, 이것 역시 폐기물처리업자가 폐기물관리법령이 정한 재활용 기준을 위반한 것이라고 보아야 한다.

다만 폐기물처리업자가 자신이 생산한 부숙토를 제3자에게 제공하면서 그가 그 부숙토를 폐기물 관리법령이 허용하지 않는 방식으로 사용하리라는 점을 예견하거나 결과 발생을 회피하기 어렵다고 인정할 만한 특별한 사정이 있어 폐기물처리업자의 **의무위반을 탓할 수 없는 정당한 사유**가 있는 경우에는 폐기물처리업자에 대하여 **제재처분을 할 수 없다**고 보아야 한다. 여기에서 '의무위반을 탓할 수 없는 정당한 사유'가 있는지를 판단할 때에는 폐기물처리업자 본인이나 그 대표자의 **주관적인 인식**을 기준으로 하는 것이 **아니라**, 그의 가족, 대리인, 피용인 등과 같이 본인에게 책임을 **객관적으로 귀속**시킬 수 있는 **관계자 모두를 기준으로** 판단하여야 한다.

[2] **여러 처분사유**에 관하여 **하나의 제재처분**을 하였을 때 그중 일부가 인정되지 않는다고 하더라도 **나머지 처분사유들만으로도** 처분의 **정당성이 인정**되는 경우에는 그 처분을 위법하다고 보아 **취소하여서는 아니** 된다.

[3] 행정청이 **여러 개의 위반행위**에 대하여 **하나의 제재처분**을 하였으나, **위반행위별로** 제재처분의 내용을 **구분**하는 것이 **가능**하고 여러 개의 위반행위 중 **일부의 위반행위**에 대한 **제재처분 부분만이 위법**하다면, 법원은 제재처분 중 위법성이 인정되는 **부분만 취소하여야** 하고 제재처분 전부를 취소하여서는 아니 된다.

⇨ 사안의 경우 행정청은 폐기물처리업자에게 3가지 처분사유를 들어 영업정지처분을 하였으며, 제1처분사유의 인정 여부 및 제1처분사유가 인정되지 않을 경우 이 사건 처분 전부를 취소하여야 하는지 여부가 쟁점이다.

행정청은 3가지 처분사유에 대하여 각각 1개월의 영업정지를 결정한 다음 이를 합산하여 폐기물처리업자에 대하여 3개월의 영업정지를 명하는 처분을 하였다. 원심은 제1처분사유가 인정되지 않는다는 이유로 처분 전부를 취소하였으며, **대법원**은 원심의 판단처럼 제2처분사유, 제3처분사유는 인정되는 반면 제1처분사유가 인정되지 않는다면 제1처분사유에 관한 1개월 영업정지 부분만 취소하였어야 한다고 판시하였다.

| 예상지문 |

> **여러 처분사유**에 관하여 **하나의 제재처분**을 하였을 때 그중 **일부가** 인정되지 **않는다**고 하더라도 **나머지 처분사유들만으로도 처분의 정당성**이 인정되는 경우 그 처분을 위법하다고 **취소하여서는 아니** 된다. (○)

| 기출지문 |

> ① 행정청이 여러 개의 위반행위에 대하여 하나의 제재처분을 하였으나, 위반행위별로 제재처분의 내용을 구분하는 것이 가능하고 여러 개의 위반행위 중 일부의 위반행위에 대한 제재처분 부분만이 위법하다면, 법원은 제재처분 전부를 취소하여서는 아니 된다. [22국가7급] (○)
> ② 하나의 제재처분의 사유가 된 여러 개의 위반행위 중 일부의 위반행위에 대한 제재처분 부분만이 위법하더라도 법원은 제재처분의 가분성에 관계없이 그 전부를 취소하여야 한다. [22세무사] (×)

02 증여세부과처분취소 [대판 2022.5.26. 2022두33712]

사실심 변론종결 시까지 제출된 자료에 의하여 정당한 세액이 산출되는 경우, 정당한 세액을 초과하는 부분만 취소하여야 하는지 여부(적극)

과세처분 취소소송의 소송물은 정당한 세액의 객관적 존부이므로 사실심 변론종결시까지 제출된 자료에 의하여 정당한 세액이 산출되는 경우에는 그 정당한 세액을 초과하는 부분만 취소하여야 하고 그 전부를 취소할 것은 아니다(대판 1997.3.28. 96누15022 등 참조).

| 예상지문 |

> 과세처분 취소소송의 소송물은 정당한 세액의 객관적 존부이므로 사실심 변론종결시까지 제출된 자료에 의하여 정당한 세액이 산출되는 경우에는 그 정당한 세액을 초과하는 부분만 취소하여야 한다. (O)

03 약제급여상한금액인하처분취소청구의 소 [대판 2022.5.13. 2019두49199, 2019두49205]

[1] 행정처분의 근거 법령이 개정된 경우, 행정처분에 적용되는 법령(=처분 시 시행되는 개정 법령) 및 법 위반행위에 대하여 행정상 제재처분을 할 때 적용되는 법령(=위반행위 시 시행 법령)

행정처분은 그 근거 법령이 개정된 경우에도 경과 규정에서 달리 정함이 없는 한 처분 당시 시행되는 개정 법령과 그에서 정한 기준에 의하는 것이 원칙이고(대판 2010.3.11. 2008두15169 등 참조), 법 위반행위에 대하여 행정상의 제재처분을 하려면 달리 특별한 규정을 두고 있지 아니한 이상 그 위반행위 당시에 시행되던 법령에 의하여야 한다(대판 2016.2.18. 2015두50474 등 참조).

[2] 구 국민건강보험 요양급여의 기준에 관한 규칙 제13조 제4항 제12호에 따른 약제 상한금액 인하 처분은 리베이트 제공 당시 시행되던 법령에 따라 이루어져야 하는지 여부(적극)

| 예상지문 |

> ① 행정처분은 그 근거 법령이 개정된 경우 경과 규정에서 달리 정함이 없는 한 처분 당시 시행되는 개정 법령과 그에서 정한 기준에 의하는 것이 원칙이다. (O)
> ② 법 위반행위에 대하여 행정상의 제재처분을 하려면 달리 특별한 규정을 두고 있지 아니한 이상 그 위반행위 당시에 시행되던 법령에 의하여야 한다. (O)

| 관련 판례 |

> 수도법 제71조 및 수도법 시행령 제65조에서 정한 상수도원인자부담금은 해당 지방자치단체의 조례에서 그 산정 시점에 관하여 특별히 정함이 없는 한, 부과처분일 당시 적용되는 법령에 따라 이를 산정하여야 한다(대판 2022.4.28. 2021두58837).

04 영업정지처분취소 [대판 2022.4.28. 2021두61932]

구청장이 기계설비 공사업 등에 관하여 건설산업기본법에 따른 건설업 등록을 한 甲 주식회사에 대하여 자본금이 건설업 등록기준에 미달한다는 사유로 구 건설산업기본법 제83조 제3호에 따라 영업정지 5개월의 처분을 한 후, 甲 회사가 서울회생법원에서 간이회생절차 개시 결정을 받았다가 '회생계획의 수행에 지장이 있다고 인정할 자료가 없다'는 이유로 간이회생절차 종결 결정을 받은 사안에서, 甲 회사는 영업정지처분 이후 간이회생절차 종결 결정을 받아 비로소 구 건설산업기본법 시행령 제79조의2 제3호 (나)목의 건설업

등록말소 내지 영업정지 예외사유가 발생하였으므로 위 처분은 처분 당시의 법령과 사실상태를 기준으로 판단할 때 적법하고, 처분 이후 甲 회사가 간이회생절차 종결 결정을 받은 사실로 처분 당시 적법하였던 위 처분이 다시 위법하게 된다고 볼 수 없다고 한 사례

가. 행정소송에서 **행정처분의 위법 여부는 행정처분이 있을 때**의 법령과 사실상태를 기준으로 하여 판단하여야 하고, 처분 후 법령의 개폐나 사실상태의 변동에 의하여 영향을 받지 않는다(대판 2007.5.11. 2007두1811, 대판 2018.6.28. 2015두58195 등 참조).

나. 앞서 본 사실관계를 위 법리에 비추어 살펴보면, 원고는 피고 서울특별시 구로구청장의 영업정지 5개월의 처분(이하 '이 사건 처분') 이후 간이회생절차 종결 결정을 받아 비로소 위 시행령 조항의 건설업 등록말소 내지 영업정지예외사유가 발생하였으므로, 달리 이 사건 처분 당시 영업정지 예외사유가 발생하여 있었다고 볼 만한 자료가 없는 이상, 이 사건 처분은 그 처분 당시의 법령과 사실상태를 기준으로 판단할 때 적법하다고 할 것이고, 이 사건 처분 이후 원고가 간이회생절차 종결 결정을 받은 사실로 인하여 처분 당시 적법하였던 이 사건 처분이 다시 위법하게 된다고 볼 수는 없다.

| **예상지문** |

① 행정소송에서 **행정처분의 위법 여부는 행정처분이 있을 때**의 법령과 사실상태를 기준으로 하여 판단하여야 하고, **처분 후** 법령의 개폐나 사실상태의 변동에 의하여 영향을 받지 않는다. (○)

② **영업정지처분 이후 간이회생절차 종결 결정**을 받아 비로소 **영업정지 예외사유**가 발생하였으므로 위 처분은 처분 당시의 법령과 사실상태를 기준으로 판단할 때 적법하고, 처분 이후 간이회생절차 종결 결정을 받은 사실로 처분 당시 적법하였던 위 처분이 다시 위법하게 된다고 볼 수 없다. (○)

05 연구개발확인서발급절차이행청구의 소 [대판 2020.1.16. 2019다264700]

판결요지

[1] 항고소송의 대상인 '처분'이란 "행정청이 행하는 구체적 사실에 관한 법집행으로서의 공권력의 행사 또는 그 거부와 그 밖에 이에 준하는 행정작용"(행정소송법 제2조 제1항 제1호)을 말한다. 행정청의 행위가 항고소송의 대상이 될 수 있는지는 추상적·일반적으로 결정할 수 없고, 구체적인 경우에 관련 법령의 내용과 취지, 그 행위의 주체·내용·형식·절차, 그 행위와 상대방 등 이해관계인이 입는 불이익 사이의 실질적 견련성, 법치행정의 원리와 그 행위에 관련된 행정청이나 이해관계인의 태도 등을 고려하여 개별적으로 결정하여야 한다. 또한 어떠한 처분에 법령상 근거가 있는지, 행정절차법에서 정한 처분절차를 준수하였는지는 본안에서 당해 처분이 적법한가를 판단하는 단계에서 고려할 요소이지, 소송요건 심사단계에서 고려할 요소가 아니다.

[2] 항고소송에서 처분의 위법 여부는 특별한 사정이 없는 한 그 처분 당시를 기준으로 판단하여야 한다. 이는 신청에 따른 처분의 경우에도 마찬가지이다. 새로 개정된 법령의 경과규정에서 달리 정함이 없는 한, 처분 당시에 시행되는 개정 법령과 그에서 정한 기준에 의하여 신청에 따른 처분의 발급 여부를 결정하는 것이 원칙이고, 그러한 개정 법령의 적용과 관련하여서는 개정 전 법령의 존속에 대한 국민의 신뢰가 개정 법령의 적용에 관한 공익상의 요구보다 더 보호가치가 있다고 인정되는 경우에 그러한 국민의 신뢰를 보호하기 위하여 그 적용이 제한될 수 있는 여지가 있을 따름이다.

[3] 국방전력발전업무훈령 제113조의5 제1항에 의한 **연구개발확인서 발급**은 개발업체가 '업체투자연구개발' 방식 또는 '정부·업체공동투자연구개발' 방식으로 전력지원체계 연구개발사업을 성공적으로 수행하여 군사용 적합판정을 받고 국방규격이 제·개정된 경우에 사업관리기관이 개발업체에게 해당 품목의 양산과 관련하여 경쟁입찰에 부치지 않고 수의계약의 방식으로 국방조달계약을 체결할 수 있는 지위(경쟁입찰의 예외사유)가 있음을 인정해 주는 '**확인적 행정행위**'로서 공권력의 행사인 '처분'에 해당하고, 연구개발확인서 **발급 거부**는 신청에 따른 처분 발급을 거부하는 '**거부처분**'에 해당한다.

[4] 어떤 군수품을 조달할지 여부나 그 수량과 시기는 국방예산의 배정이나 육·해·공군(이하 '각군')에서 요청하는 군수품 소요의 우선순위에 따라 탄력적으로 결정될 수 있어야 하므로, 관계 법령이나 규정에서 특별히 달리 정하지 않은 이상, 군수품 조달에 관해서는 **방위사업청장**이나 각군에게 **광범위한 재량**이 있다. 국방전력발전업무훈령이 업체투자연구개발 방식이나 정부·업체공동투자연구개발 방식으로 연구개발이 완료되어 군사용 적합판정을 받고 국방규격이 제·개정된 품목에 관해서도 반드시 양산하여야 한다거나 또는 수의계약을 체결하여야 한다고 규정하고 있지 않은 것도 이 때문이다. 따라서 개발업체가 전력지원체계 연구개발사업을 성공적으로 수행하였다고 하더라도 언제나 해당 품목에 관하여 수의계약 체결을 요구할 권리가 있는 것은 아니다.

그렇다고 하더라도, 사업관리기관에 의한 **연구개발확인서 발급 여부 결정**은 수의계약 체결 여부를 결정하기 전에 행해지는 별개의 **확인적 행정행위**이므로, 개발업체가 국방전력발전업무훈령 제113조의5 제1항에서 정한 발급 요건을 충족한다면 연구개발확인서를 발급하여야 하며, 관련 국방예산을 배정받지 못했다거나 또는 해당 품목이 군수품 양산 우선순위에서 밀려 곧바로 수의계약을 체결하지는 않을 예정이라는 이유만으로 연구개발확인서 발급조차 거부하여서는 안 된다.

| 기출지문 |

① 어떠한 처분에 **법령상 근거**가 있는지, 「행정절차법」에서 정한 **처분 절차를 준수**하였는지는 **본안에서** 해당 처분이 적법한가를 판단하는 단계에서 고려할 요소이지, **소송요건** 심사단계에서 고려할 요소가 **아니다.** [23-1]
[21국회8급]   (O)

② 어떠한 처분에 법령상 근거가 있는지, 「행정절차법」에서 정한 처분 절차를 준수하였는지는 소송요건 심사단계에서 고려하여야 한다. [23국가9급]   (×)

③ **방위사업법령** 및 '**국방전력발전업무훈령**'에 따른 **연구개발확인서 발급**은 사업관리기관이 개발업체에서 해당 품목의 양산과 관련하여 **수의계약의 방식**으로 국방조달계약을 체결할 수 있는 **지위가 있음**을 인정해 주는 **확인적 행정행위**로서 **처분에 해당**한다. [22소방, 21국회8급]   (O)

---

06 우선협상대상자 지정취소로 인한 손해배상 [대판 2020.10.15. 2020다222382]

판결요지

[1] '甲 회사 컨소시엄'이 주무관청인 乙 지방자치단체의 장에게 경전철건설 민간투자사업을 제안하자, 단체장이 甲 회사 컨소시엄을 우선협상대상자로 지정하였는데, 甲의 귀책사유를 이유로 **우선협상대상자 지정 취소처분** 하고 **차순위자와 실시협약**을 **체결**하자, 甲 회사가 乙 지방자치단체를 상대로 민간투자법령에 따른 **제안비용보상금의 지급**을 구한 사안에서, 乙 지방자치단체의 甲 회사 등에 대한 제안비용보상금 지급의무를 인정한 원심판단에는 민간투자법령에 따른 제안비용보상제도에 관한 법리오해의 잘못이 있다고 한 사례.

[2] 어떠한 처분에 **법령상 근거**가 있는지, 행정절차법에서 정한 **처분절차를 준수**하였는지는 **본안**에서 해당 처분이 적법한가를 판단하는 단계에서 고려할 요소이지, **소송요건** 심사단계에서 **고려할 요소가 아니다.**

[3] 관계 법령의 해석상 급부를 받을 권리가 법령의 규정에 의하여 직접 발생하는 것이 아니라 급부 대상자의 신청에 따라 관할 행정청이 지급결정을 함으로써 구체적인 권리가 발생하는 경우, 그러한 신청에 대하여 행정청이 이를 거부하거나 일부 금액만 지급결정을 하는 경우 그 결정을 대상으로 항고소송을 제기하고, 취소·무효확인판결의 기속력에 따른 재처분을 통하여 구체적인 권리를 인정받은 다음 비로소 공법상 당사자소송으로 급부의 지급을 구하여야 하고, 구체적인 권리가 발생하지 않은 상태에서 곧바로 행정청이 속한 국가나 지방자치단체 등을 상대로 한 당사자소송이나 민사소송으로 급부지급을 소구하는 것은 허용되지 않는다.

[4] 원고가 고의 또는 **중대한 과실 없이 행정소송**으로 제기하여야 할 사건을 **민사소송**으로 잘못 제기한 경우, **수소법원**으로서는 만약 그 **행정소송**에 대한 **관할도 동시에** 가지고 있다면 이를 **행정소송으로 심리·판단**하여야 하고, 그 행정소송 관할을 가지고 있지 아니하면 관할법원에 이송하여야 한다. 다만 행정소송으로서의 전심절차 및 제소기간을 도과하였거나 행정소송의 대상인 처분 등이 존재하지도 아니하는 등 행정소송으로서의 **소송요건을 결하고** 있음이 명백하여 어차피 부적법하게 되는 경우에는 이송할 것이 아니라 **각하하여야** 한다.

| 예상지문 |

> ① 관계 법령의 해석상 급부를 받을 권리가 **법령의 규정**에 의하여 직접 발생하는 것이 **아니라** 급부 대상자의 **신청**에 따라 관할 **행정청**이 지급결정을 함으로써 **구체적인 권리**가 발생하는 경우라 하더라도, **구체적인 권리**가 발생하지 **않은** 상태에서 **곧바로** 행정청이 속한 국가나 지방자치단체 등을 상대로 한 **당사자소송**이나 **민사소송**으로 급부지급을 소구할 수 있다. (×)
>
> ② 원고가 고의 또는 **중대한 과실 없이 행정소송**으로 제기하여야 할 사건을 **민사소송**으로 잘못 제기한 경우, **수소법원**으로서는 만약 그 **행정소송**에 대한 **관할도 동시에** 가지고 있다면 이를 **행정소송으로 심리·판단**하여야 한다. (○)
>
> ③ 원고가 고의 또는 **중대한 과실 없이 행정소송**으로 제기하여야 할 사건을 **민사소송**으로 잘못 제기한 경우, **수소법원**이 그 행정소송 **관할**을 가지고 있지 **아니하면** 관할법원에 **이송하여야 하고**, 행정소송으로서의 **소송요건을 결하고** 있음이 **명백**한 경우라 하더라도 이송하여야 한다. (×)

---

07 재건축부담금부과처분취소 [대판 2023.12.28. 2020두49553]

[1] 항고소송에서 행정처분의 위법 여부를 판단하는 기준과 방법

항고소송에서 **행정처분의 위법 여부**는 **행정처분이 있을 때**의 법령과 사실 상태를 기준으로 판단하여야 하고, 법원은 **행정처분 당시** 행정청이 **알고 있었던 자료뿐만** 아니라 **사실심 변론종결 당시까지** 제출된 **모든 자료**를 종합하여 처분 당시 존재하였던 객관적 사실을 확정하고 그 사실에 기초하여 처분의 위법 여부를 판단할 수 있다.

[2] 구 재건축초과이익환수법 제20조에서 개발비용을 뒷받침할 자료의 제출기한을 규정한 취지 및 납부의무자가 개발비용 공제를 위한 자료 제출기한에 관련 자료를 제출하지 않았더라도 재건축부담금 부과처분을 다투는 항고소송에서 그 자료를 증거로 제출할 수 있는지 여부(적극)

구 재건축초과이익 환수에 관한 법률(2012. 12. 18. 법률 제11589호로 개정되기 전의 것, 이하 '구 재건축이익환수법'이라 한다) 제20조가 **공제할 개발비용의 산정**에 필요한 **자료의 제출기한을 규정**하고 있고, 같은 법 제24조가 그 제출을 **게을리한 자**에 대하여 **과태료를 부과**하는 규정을 두고 있기는 하나, 구 재건축이익환수법이 위와 같이 **개발비용**을 뒷받침할 **자료의 제출기한**을 규정한 취지는 재건축부담금의 **신속한 산정 및 부과**를 통한 **행정의 원활한 수행**을 보장하고자 함에 있을 뿐, 이미 부과된 **재건축부담금의 적법 여부**를 다투는 항고소송에서 개발비용의 산정에 반영할 수 있는 **증명자료의 범위를 제한**하려는 것이라고 해석할 수는 **없다.**

따라서 납부의무자가 개발비용 공제를 위한 **자료의 제출기한**이 지나도록 관련 자료를 제출하지 않았더라도, 구 재건축이익환수법 제24조에 따라 해태기간에 비례한 과태료가 부과되는 것을 넘어서 **재건축부담금 부과처분**을 다투는 **항고소송에서까지** 그 자료를 증거로 제출할 수 없게 되는 것은 아니다.

| 예상지문 |

① 법원은 **행정처분 당시** 행정청이 **알고 있었던 자료**뿐만 아니라 **사실심 변론종결 당시까지** 제출된 **모든 자료**를 종합하여 처분 당시 존재하였던 객관적 사실을 확정하고 그 사실에 기초하여 **처분의 위법 여부를 판단할** 수 있다. (O)

② **재건축초과이익환수법** 제20조에서 개발비용을 뒷받침할 **자료의 제출기한**이 지나도록 관련 자료를 제출하지 않았다면, 구 재건축이익환수법 제24조에 따라 해태기간에 비례한 과태료가 부과되는 것을 넘어서 **재건축부담금 부과처분**을 다투는 **항고소송에서까지** 그 자료를 증거로 제출할 수 없다. (×)

08 부당이득금반환 [대판 2022.1.27. 2021다219161]

[1] 甲이 육군 부사관으로 전역하면서 국가에 퇴직수당을 청구하였는데, 퇴직수당의 결정에 관하여 국방부장관의 위임을 받은 국군재정관리단장은 甲이 군인복지기금에서 대부받은 민간주택임대자금의 상환지연이자를 퇴직수당에서 공제하여 지급하였고, 이에 甲이 국가를 상대로 공제된 퇴직수당의 지급을 구한 사안에서, 공제에 정당한 법령상 근거가 있다는 국가의 주장을 배척한 원심판단에 군인복지기금을 재원으로 한 대부금의 상환지연이자를 구 군인연금법에 따른 급여에서 공제할 수 있는 법규에 관하여 필요한 심리를 다하지 않은 잘못이 있다고 한 사례

[2] 원고가 고의나 중대한 과실 없이 행정소송으로 제기하여야 할 사건을 민사소송으로 잘못 제기하고 단독판사가 제1심판결을 선고한 경우, 그에 대한 항소사건이 고등법원의 전속관할인지 여부(적극)

이 사건 소는 국방부장관 등이 구체적인 급여수급액을 확인·결정함에 따라 공법상 권리가 된 퇴직수당 중 일부금의 지급을 청구하는 것으로, 그 법률관계의 한쪽 당사자를 피고로 하는 소송이므로 행정소송법상 **당사자소송**에 해당한다(대판 2021.12.16. 2019두45944 등 참조). 행정사건 제1심판결에 대한 항소사건은 고등법원이 심판해야 하고(법원조직법 제28조 제1호), 원고가 고의나 중대한 과실 없이 행정소송으로 제기하여야 할 사건을 민사소송으로 잘못 제기하고 단독판사가 제1심판결을 선고한 경우에도 그에 대한 항소사건은 고등법원의 전속관할이다(대판 2016.10.13. 2016다221658 참조). 지방법원 합의부로서 행정사건 제1심판결에 대한 항소사건을 심판한 원심은 전속관할을 위반한 잘못이 있다. 이 점에서도 원심판결은 유지될 수 없다.

⇨ 당사자소송에 속하는 것을 민사소송으로 알고 판사가 잘못 판결한 경우라 하더라도 항소심은 당사자소송으로 취급하여 고등법원의 전속관할에 속한다는 판시이다. 원고가 고의나 중대한 과실 없이 행정소송으로 제기하여야 할 사건을 민사소송으로 잘못 알고 민사소송으로 제기한 경우에는 각하하지 않고 행정소송의 관할권이 있는 경우에는 행정소송으로 다루고, 관할권이 없는 경우에는 이송하여야 한다는 것을 전제로 한 것이다.

| 예상지문 |

① 국방부장관 등이 구체적인 급여수급액을 확인·결정함에 따라 **공법상 권리**가 된 **퇴직수당 중 일부금의 지급을 청구하는 소송**은 그 법률관계의 한쪽 당사자를 피고로 하는 소송이므로 「행정소송법」상 **당사자소송**에 해당한다. (○)

② 원고가 고의나 중대한 과실 없이 **행정소송**으로 제기하여야 할 사건을 **민사소송으로 잘못 제기**하고 **단독판사가 제1심판결을 선고**한 경우에도 그에 대한 **항소사건은 고등법원의 전속관할**이다. (○)

09 소유권이전등기 [대판 2022.11.17. 2021두44425]

원고가 행정소송법상 항고소송으로 제기해야 할 사건을 민사소송으로 잘못 제기하여 수소법원이 관할법원에 이송하는 결정을 하고 이송결정이 확정된 후 원고가 항고소송으로 소 변경을 한 경우, 그 항고소송에 대한 제소기간 준수 여부를 판단하는 기준 시기(= 처음 소를 제기한 때)

행정소송법 제8조 제2항은 "행정소송에 관하여 이 법에 특별한 규정이 없는 사항에 대하여는 법원조직법과 민사소송법 및 민사집행법의 규정을 준용한다"라고 규정하고 있고, 민사소송법 제40조 제1항은 "이송결정이 확정된 때에는 소송은 처음부터 이송받은 법원에 계속된 것으로 본다"라고 규정하고 있다. 한편 행정소송법 제21조 제1항, 제4항, 제37조, 제42조, 제14조 제4항은 <u>행정소송 사이의 소 변경이 있는 경우 처음 소를 제기한 때에 변경된 청구에 관한 소송이 제기된 것으로 보도록 규정하고 있다</u>. 이러한 규정 내용 및 취지 등에 비추어 보면, <u>원고가 행정소송법상 항고소송으로 제기해야 할 사건을 민사소송으로 잘못 제기한 경우에 수소법원이 그 항고소송에 대한 관할을 가지고 있지 아니하여 관할법원에 이송하는 결정을 하였고</u>, 그 이송결정이 확정된 후 원고가 항고소송으로 **소 변경**을 하였다면, 그 항고소송에 대한 **제소기간의 준수 여부는** 원칙적으로 **처음에 소를 제기한 때**를 기준으로 <u>판단하여야 한다</u>(대판[전합] 1984.2.28. 83다카1981, 대판 2013.7.12. 2011두20321 등 참조).

| 예상지문 |

원고가 「행정소송법」상 **항고소송**으로 제기해야 할 사건을 **민사소송으로 잘못 제기**한 경우에 수소법원이 그 항고소송에 대한 관할을 가지고 있지 아니하여 관할법원에 이송하는 결정을 하였고, 그 **이송결정이 확정된 후** 원고가 **항고소송으로 소 변경**을 하였다면, 그 항고소송에 대한 **제소기간의 준수 여부**는 원칙적으로 **처음에 소를 제기한 때**를 기준으로 판단하여야 한다. (○)

10 도시관리계획결정 무효확인 등 청구의 소 - 취소판결의 효력(기속력)

[대판 2020.6.25. 2019두56135]

주민 등의 도시관리계획 입안 제안을 거부한 처분에 이익형량의 하자가 있어 위법하다고 판단하여 취소하는 판결이 확정된 경우, 행정청에 그 입안 제안을 그대로 수용하는 내용의 도시관리계획을 수립할 의무가 있는지 여부(소극) 및 행정청이 다시 새로운 이익형량을 하여 도시관리계획을 수립한 경우, 취소판결의 기속력에 따른 재처분의 의무를 이행한 것인지 여부(적극) / 이때 행정청이 다시 적극적으로 수립한 도시관리계획의 내용이 계획재량의 한계를 일탈한 것인지 여부는 별도로 심리·판단하여야 하는지 여부(적극)

취소 확정판결의 기속력의 범위에 관한 법리 및 도시관리계획의 입안·결정에 관하여 행정청에게 부여된 재량을 고려하면, 주민 등의 <u>도시관리계획 입안 제안을 거부한 처분</u>을 <u>이익형량에 하자가 있어 위법</u>하다고 판단하여 <u>취소하는 판결</u>이 확정되었더라도 <u>행정청</u>에게 그 입안 제안을 그대로 <u>수용하는 내용</u>의 도시관리계획을 <u>수립할 의무</u>가 있다고는 볼 수 <u>없고</u>, 행정청이 <u>다시 새로운 이익형량</u>을 하여 <u>적극적으로 도시관리계획을 수립</u>하였다면 취소판결의 <u>기속력에 따른 재처분의무</u>를 이행한 것이라고 보아야 한다. 다만 취소판결의 기속력 위배 여부와 계획재량의 한계 일탈 여부는 별개의 문제이므로, 행정청이 적극적으로 수립한 도시관리계획의 내용이 취소판결의 기속력에 위배되지는 않는다고 하더라도 계획재량의 한계를 일탈한 것인지의 여부는 별도로 심리·판단하여야 한다.

예상지문

> 주민 등의 도시관리계획 **입안 제안을 거부**한 처분에 대하여 법원이 **이익형량의 하자**를 이유로 **취소하는 판결**이 확정되고, 그 이후 행정청이 **새로운 이익형량**을 하여 주민 등의 **입안 제안**된 내용과는 **달리** 도시관리계획을 수립한 경우, 새로운 도시관리계획이 **취소판결의 기속력에 위반**되지 **않는다**. (O)

사례형 객관식 문제

01 甲 회사는 '토석채취허가지 진입도로와 관련 우회도로 개설 등은 인근 주민들과의 충분한 협의를 통해 민원발생에 따른 분쟁이 생기지 않도록 조치 후 사업을 추진할 것'이란 조건으로 토석채취허가를 받았다. 그러나 甲은 위 조건이 법령에 근거가 없다는 이유로 이행하지 아니하였고, 인근 주민이 민원을 제기하자 관할 행정청은 甲에게 공사중지명령을 하였다. 甲은 공사중지명령의 해제를 신청하였으나 거부되자 거부처분 취소소송을 제기하였다. 이에 대한 설명으로 옳지 않은 것은? [21국가9급]

① 일반적으로 기속행위의 경우 법령의 근거 없이 위와 같은 조건을 부가하는 것은 위법하다.

② 공사중지명령의 원인사유가 해소되었다면 甲은 공사중지명령의 해제를 신청할 수 있고, 이에 대한 거부는 처분성이 인정된다.

③ 甲에게는 공사중지명령 해제신청 거부처분에 대한 집행정지를 구할 이익이 인정되지 아니한다.

④ 甲이 앞서 공사중지명령 취소소송에서 패소하여 그 판결이 확정되었더라도, 甲은 그 후 공사중지명령의 해제를 신청한 후 해제신청 거부처분 취소소송에서 다시 그 공사중지명령의 적법성을 다툴 수 있다.

해설

① (O) 일반적으로 기속행위나 기속적 재량행위에는 부관을 붙일 수 없고 가사 부관을 붙였다 하더라도 무효이다(대판 1995.6.13. 94다56883). 「행정기본법」 제17조 제2항에 따르면 처분에 재량이 없는 경우에도 법률에 근거가 있는 경우 부관을 붙일 수 있다.

② (O) 행정청이 행한 공사중지명령의 상대방은 그 명령 이후에 그 원인사유가 소멸하였음을 들어 행정청에게 공사중지명령의 철회를 요구할 수 있는 조리상의 신청권이 있다 할 것이고, 상대방으로부터 그 신청을 받은 행정청으로서는 상당한 기간 내에 그 신청을 인용하는 적극적 처분을 하거나 각하 또는 기각하는 등의 소극적 처분을 하여야 할 법률상의 응답의무가 있다고 할 것이며, 행정청이 상대방의 신청에 대하여 아무런 적극적 또는 소극적 처분을 하지 않고 있는 이상 행정청의 부작위는 그 자체로 위법하다고 할 것이고, 구체적으로 그 신청이 인용될 수 있는지 여부는 소극적 처분에 대한 항고소송의 본안에서 판단하여야 할 사항이라고 할 것이다(대판 2005.4.14. 2003두7590).

③ (O) 신청에 대한 거부처분의 효력을 정지하더라도 거부처분이 없었던 것과 같은 상태, 즉 거부처분이 있기 전의 신청시의 상태로 되돌아가는 데에 불과하고 행정청에게 신청에 따른 처분을 하여야 할 의무가 생기는 것이 아니므로, 거부처분의 효력정지는 그 거부처분으로 인하여 신청인에게 생길 손해를 방지하는 데 아무런 보탬이 되지 아니하여 그 효력정지를 구할 이익이 없다(대판 1995.6.21. 95두26).

④ (×) 행정청이 관련 법령에 근거하여 행한 공사중지명령의 상대방이 명령의 취소를 구한 소송에서 패소함으로써 그 명령이 적법한 것으로 이미 확정되었다면, 이후 이러한 공사중지명령의 상대방은 그 명령의 해제신청을 거부한 처분의 취소를 구하는 소송에서 그 명령의 적법성을 다툴 수 없다. 그와 같은 공사중지명령에 대하여 그 명령의 상대방이 해제를 구하기 위해서는 명령의 내용 자체로 또는 성질상으로 명령 이후에 원인사유가 해소되었음이 인정되어야 한다(대판 2014.11.27. 2014두37665).

정답 ④

02 甲은 중대명백한 하자가 있어 무효인 A 처분에 대해 소송을 제기하려고 한다. 이에 대한 설명으로 옳은 것은?

[21 국회8급]

① 甲은 A 처분에 대한 무효확인소송과 취소소송을 선택적 청구로서 병합하여 제기할 수 있다.

② 甲이 A 처분에 대해 취소소송을 제기하는 경우 제소기간의 제한을 받지 않는다.

③ 甲이 취소소송을 제기하였더라도 A 처분에 중대명백한 하자가 있다면 법원은 무효확인판결을 하여야 한다.

④ 甲이 A 처분에 대해 무효확인소송을 제기하려면 확인소송의 일반적 요건인 즉시확정의 이익이 있어야 한다.

⑤ 甲이 A 처분에 대해 무효확인소송을 제기하였다가 그 후 그 처분에 대한 취소소송을 추가적으로 병합한 경우, 주된 청구인 무효확인소송이 적법한 제소기간 내에 제기되었다면 추가로 병합된 취소소송도 제소기간을 준수한 것으로 보아야 한다.

해설

① (×) 행정처분에 대한 무효확인과 취소청구는 서로 양립할 수 없는 청구로서 주위적·예비적 청구로서만 병합이 가능하고 선택적 청구로서의 병합이나 단순 병합은 허용되지 아니한다(대판 1999.8.20. 97누6889).

② (×) 행정처분의 당연무효를 선언하는 의미에서 취소를 구하는 행정소송을 제기한 경우에도 제소기간의 준수 등 취소소송의 제소요건을 갖추어야 한다(대판 1993.3.12. 92누11039).

③ (×) 위법한 처분에 대하여 취소소송이 제기된 경우 법원은 당해 위법이 무효사유인 위법인지 취소사유인 위법인지 구분할 필요 없이 취소판결을 내리면 된다.

④ (×) 행정처분의 근거 법률에 의하여 보호되는 직접적이고 구체적인 이익이 있는 경우에는 행정소송법 제35조에 규정된 '무효확인을 구할 법률상 이익'이 있다고 보아야 하고, 이와 별도로 무효확인소송의 보충성이 요구되는 것은 아니므로 행정처분의 무효를 전제한 이행소송 등과 같은 직접적인 구제수단이 있는지 여부를 따질 필요가 없다고 해석함이 상당하다(대판[전합] 2008.3.20. 2007두6342).

⑤ (O) 하자 있는 행정처분을 놓고 이를 무효로 볼 것인지 아니면 단순히 취소할 수 있는 처분으로 볼 것인지는 동일한 사실관계를 토대로 한 법률적 평가의 문제에 불과하고, 행정처분의 무효확인을 구하는 소에는 특단의 사정이 없는 한 그 취소를 구하는 취지도 포함되어 있다고 보아야 하는 점 등에 비추어 볼 때, 동일한 행정처분에 대하여 무효확인의 소를 제기하였다가 그 후 그 처분의 취소를 구하는 소를 추가적으로 병합한 경우, 주된 청구인 무효확인의 소가 적법한 제소기간 내에 제기되었다면 추가로 병합된 취소청구의 소도 적법하게 제기된 것으로 봄이 상당하다(대판 2005.12.23. 2005두3554).

정답 ⑤

제10절 당사자소송

01 양수금 [대판 2021.4.15. 2019다244980, 244997]

[1] 민사소송법 제186조 제1항에 의한 보충송달에서 '동거인'의 의미 및 판결의 선고 및 송달 사실을 알지 못하여 자신이 책임질 수 없는 사유로 불변기간인 상소기간을 지키지 못하게 되었다는 사정에 관한 주장·증명책임의 소재(=상소를 추후보완하고자 하는 당사자)

민사소송법 제186조 제1항에 의하면 **근무장소 외의 송달할 장소에서** 송달받을 사람을 만나지 못한 때에는 그 **동거인 등으로서 사리를 분별할 지능이** 있는 사람에게 서류를 교부하는 방법으로 송달할 수 있고, 여기에서 '**동거인**'은 송달을 받을 사람과 **사실상 동일한 세대에 속하여 생활을 같이하는** 사람이기만 하면 되며, 판결의 선고 및 송달 사실을 알지 못하여 자신이 책임질 수 없는 사유로 말미암아 불변기간인 상소기간을 지키지 못하게 되었다는 사정은 **상소를 추후보완**하고자 하는 **당사자 측에서 주장·증명**하여야 한다.

[2] 토지구획정리조합으로부터 조합원에 대한 구 토지구획정리사업법상의 청산금채권을 양수한 사람이 행정소송법 제3조 제2호에서 정한 당사자소송에 의하여 양수금의 지급을 구할 수 있는지 여부(적극)

토지구획정리조합으로부터 조합원에 대한 구 토지구획정리사업법(2000. 1. 28. 법률 제6252호로 폐지)상의 청산금채권을 양수한 사람은 행정소송법 제3조 제2호에서 정한 **당사자소송에 의하여 양수금의 지급을 구할 수 있다.

예상지문

① 판결의 선고 및 송달 사실을 알지 못하여 자신이 책임질 수 없는 사유로 말미암아 불변기간인 상소기간을 지키지 못하게 되었다는 사정은 **상소를 추후보완**하고자 하는 **당사자 측에서 주장·증명**하여야 한다. (O)

② **토지구획정리조합으로부터** 조합원에 대한 구 토지구획정리사업법상의 **청산금채권을 양수한** 사람은 행정소송법 제3조 제2호에서 정한 **당사자소송에** 의하여 양수금의 **지급을 구할** 수 있다. (O)

제5편

지방자치법

01 평택당진항매립지일부구간귀속지방자치단체결정취소 [대판 2021.2.4. 2015추528]

판결요지

[1] **지방자치단체의 관할구역**은 본래 지방자치제도 보장의 핵심영역, **본질적 부분**에 속하는 것이 **아니라** 입법형성권의 범위에 속하는 점, 해상 공유수면 매립지의 경우 국가의 결정에 의하여 비로소 관할 지방자치단체가 정해지는 것인 점, 2009. 4. 1. 법률 제9577호로 개정된 지방자치법 제4조는 제1항에서 지방자치단체의 관할구역은 법령으로 정하는 것을 원칙으로 하면서도, 제3항에서 예외적으로 공유수면 매립지의 경우 종전에 헌법재판소의 권한쟁의심판 절차를 통해 해상경계선을 기준으로 관할 지방자치단체가 결정됨에 따라 발생하는 문제들을 해소하기 위하여 특별히 행정안전부장관으로 하여금 일정한 의견청취 절차를 거쳐 신중하게 관할 귀속 결정을 할 수 있는 권한을 위임한 것인 점, 국가는 해상 공유수면 매립지의 관할 지방자치단체를 결정할 때 관련 지방자치단체나 주민들의 이해관계 외에도 국토의 효율적이고 균형 있는 이용·개발과 보전(헌법 제120조 제2항, 제122조), 지역 간의 균형 있는 발전(헌법 제123조 제2항)까지도 고려하여 비교형량하여야 하는데 이러한 고려요소나 실체적 결정기준을 법률에 더 구체적으로 규정하는 것은 입법기술적으로도 곤란한 측면이 있는 점 등을 종합하면, 지방자치법 제4조 제3항부터 제7항이 행정안전부장관 및 그 소속 위원회의 **매립지 관할 귀속**에 관한 의결·결정의 실체적 결정기준이나 고려요소를 구체적으로 규정하지 않았다고 하더라도 지방자치제도의 **본질을 침해**하였다거나 명확성원칙, **법률유보원칙**에 반한다고 볼 수 **없다**.

[2] 2009. 4. 1. 법률 제9577호로 지방자치법 제4조를 개정하여 행정안전부장관이 매립지가 속할 지방자치단체를 결정하는 제도를 신설한 입법 취지에 비추어 보면, **행정안전부장관 및 소속 위원회**는 **매립지가 속할** 지방자치단체를 정할 때 **폭넓은 형성의 재량**을 가진다. 다만 그 형성의 재량은 무제한적인 것이 아니라, 관련되는 **제반 이익**을 종합적으로 고려하여 **비교·형량**하여야 하는 제한이 있다. 행정안전부장관 및 소속 위원회가 그러한 이익형량을 **전혀 하지** 않았거나 이익형량의 **고려 대상**에 마땅히 포함해야 할 사항을 **누락**한 경우 또는 이익형량을 하였으나 **정당성·객관성이 결여**된 경우에는 그 관할 귀속 결정은 **재량권을 일탈·남용**한 것으로 위법하다.

예상지문

지방자치단체의 **관할구역**은 관련 지방자치단체나 주민들의 이해관계와 밀접한 관련이 있는바 지방자치제도 보장의 핵심영역, **본질적 부분**에 속하는 것이므로, 지방자치법상 행정안전부장관 및 그 소속 위원회의 **매립지 관할 귀속**에 관한 의견·결정의 실체적 결정기준이나 고려요소를 **구체적으로 규정하지 않은** 것은 지방자치제도의 **본질을 침해**한 것이다.

(×)

법인이 해당 지방자치단체에서 인적·물적 설비를 갖추고 계속적으로 사업을 영위하면서 해당 지방자치단체의 재산 또는 공공시설의 설치로 특히 이익을 받는 경우, 지방자치법 제138조에 따른 분담금 납부의무자가 될 수 있는지 여부(적극)

지방자치법은 여러 조항에서 권리·의무의 주체이자 법적 규율의 상대방으로서 '주민'이라는 용어를 사용하고 있다. 지방자치법에 '주민'의 개념을 구체적으로 정의하는 규정이 없는데, 그 입법 목적, 요건과 효과를 달리하는 다양한 제도들이 포함되어 있는 점을 고려하면, 지방자치법이 단일한 주민 개념을 전제하고 있는 것으로 보기 어렵다. 자연인이든 법인이든 누군가가 지방자치법상 주민에 해당하는지는 개별 제도별로 제도의 목적과 특성, 지방자치법뿐만 아니라 관계 법령에 산재해 있는 관련 규정들의 문언, 내용과 체계 등을 고려하여 개별적으로 판단할 수밖에 없다.

지방자치법 제13조 제2항, 제14조, 제15조, 제16조, 제17조, 제20조에 따른 참여권 등의 경우 지방자치법 자체나 관련 법률에서 일정한 연령 이상 또는 주민등록을 참여자격으로 정하고 있으므로(공직선거법 제15조, 주민투표법 제5조, 주민소환에 관한 법률 제3조 참조) 자연인만을 대상으로 함이 분명하고, 제12조는 기본적으로 제2장에서 정한 다양한 참여권 등을 행사할 수 있는 주민의 자격을 명확히 하려는 의도로 만들어진 규정이라고 볼 수 있다. 그러나 제13조 제1항에서 정한 <u>재산·공공시설 이용권, 균등한 혜택을 받을 권리</u>와 제21조에서 정한 <u>비용분담</u> 의무의 경우 자연인만을 대상으로 한 규정이라고 볼 수 없다.

지방자치법 제138조에 따른 분담금 제도의 취지와 균등분 주민세 제도와의 관계 등을 고려하면, 지방자치법 제138조에 따른 분담금 납부의무자인 '주민'은 균등분 주민세의 납부의무자인 '주민'과 기본적으로 동일하되, 다만 '지방자치단체의 재산 또는 공공시설의 설치로 주민의 일부가 특히 이익을 받은 경우'로 한정된다는 차이점이 있을 뿐이다. 따라서 <u>법인의 경우 해당 지방자치단체의 구역 안에 주된 사무소 또는 본점을 두고 있지 않더라도 '사업소'를 두고 있다면 지방자치법 제138조에 따른 분담금 납부의무자인 '주민'에 해당한다.</u>

지방자치법 제12조가 '주민의 자격'을 '지방자치단체의 구역 안에 주소를 가진 자'로 정하고 있으나 이는 위에서 본 바와 같이 주로 자연인의 참여권 등을 염두에 두고 만들어진 규정이고, 지방자치법은 주소의 의미에 관하여 별도의 규정을 두고 있지 않다. <u>민법 제36조가 '법인의 주소'를 '주된 사무소의 소재지'로, 상법 제171조는 '회사의 주소'를 '본점 소재지'로 정하고 있으나, 이는 민법과 상법의 적용에서 일정한 장소를 법률관계의 기준으로 삼기 위한 필요에서 만들어진 규정이다. 따라서 지방자치법 제138조에 따른 분담금 납부의무와 관련하여 법인의 주소가 주된 사무소나 본점의 소재지로 한정된다고 볼 것은 아니다.</u>

어떤 법인이 해당 지방자치단체에서 인적·물적 설비를 갖추고 계속적으로 사업을 영위하면서 해당 지방자치단체의 재산 또는 공공시설의 설치로 특히 이익을 받는 경우에는 지방자치법 제138조에 따른 분담금 납부의무자가 될 수 있다. 특히 지방자치법 제138조에 근거하여 분담금 제도를 구체화한 조례에서 정한 분담금 부과 요건을 충족하는 경우에는 부담금 이중부과 등과 같은 특별한 사정이 없는 한 조례 규정에 따라 분담금을 납부할 의무가 있다.

① 법인의 경우 해당 지방자치단체의 구역 안에 **주된 사무소 또는 본점**을 두고 있지 않고 **'사업소'만**을 두고 있다면 「지방자치법」 제138조에 따른 분담금 납부의무자인 **'주민'**에 해당하지 아니한다. (×)

② 「지방자치법」 제138조에 따른 **분담금 납부의무**와 관련하여 법인의 주소가 **주된 사무소나 본점의 소재지로 한정**되지 **않으므로**, **법인**이 해당 지방자치단체에서 인적·물적 설비를 갖추고 계속적으로 사업을 영위하면서 해당 지방자치단체의 재산 또는 공공시설의 설치로 특히 이익을 받는 경우, 「지방자치법」 제138조에 따른 **분담금 납부의무자**가 될 수 있다. (○)

03 상수도시설분담금부과처분무효확인 [대판 2022.4.14. 2020두58427]

법인이 해당 지방자치단체의 구역 안에 주된 사무소 또는 본점을 두고 있지 않지만 '사업소'를 두고 있는 경우, 구 지방자치법 제138조에 따른 분담금 납부의무자인 '주민'에 해당하는지 여부(적극) / 법인이 특정한 지방자치단체에서 인적·물적 설비를 갖추고 계속적으로 사업을 영위하면서 해당 지방자치단체의 재산 또는 공공시설의 설치로 특히 이익을 받는 경우, 구 지방자치법 제138조에 따른 분담금 납부의무자가 될 수 있는지 여부(적극) 및 위 조항에 따라 분담금 제도를 구체화한 조례에서 정한 부과 요건을 충족하는 경우, 분담금을 납부할 의무가 있는지 여부(원칙적 적극)

구 지방자치법 제138조에 따른 **분담금 납부의무자인 '주민'**은 구 지방세법에서 정한 균등분 **주민세의 납부의무자인 '주민'**과 기본적으로 **동일한** 의미이므로, **법인이** 해당 지방자치단체의 구역 안에 **주된 사무소 또는 본점**을 두고 있지 **않더라도 '사업소'를** 두고 있다면 구 지방자치법 제138조에 따른 분담금 납부의무자인 **'주민'에 해당**한다.

따라서 어떤 법인이 특정한 지방자치단체에서 인적·물적 설비를 갖추고 계속적으로 사업을 영위하면서 해당 지방자치단체의 재산 또는 공공시설의 설치로 특히 이익을 받는 경우에는 구 지방자치법 제138조에 따른 분담금 납부의무자가 될 수 있고, 구 지방자치법 제138조에 따라 분담금 제도를 구체화한 조례에서 정한 부과 요건을 충족하는 경우에는 이중부과 등과 같은 특별한 사정이 없는 한 그 조례에 따라 분담금을 납부할 의무가 있다.

구 지방자치법(2021. 1. 12. 법률 제17893호로 전부 개정되기 전의 것)

제138조(분담금) 지방자치단체는 그 재산 또는 공공시설의 설치로 주민의 일부가 특히 이익을 받으면 이익을 받는 자로부터 그 이익의 범위에서 분담금을 징수할 수 있다.

지방자치법상 **분담금 납부의무자인 '주민'**은 지방세법상 **균등분 주민세의 납부의무자인 '주민'**과 기본적으로 **동일한** 의미이므로, **법인이** 해당 지방자치단체의 구역 안에 **주된 사무소 또는 본점**을 두고 있지 않더라도 **'사업소'**를 두고 있다면 구 지방자치법 제138조에 따른 **분담금 납부의무자인 '주민'**에 해당한다. (○)

04 손해배상(기) - 주민감사청구 [대판 2020.6.25. 2018두67251]

[1] 지방자치법 제16조 제1항에 따라 주민감사를 청구할 때 '해당 사무의 처리가 법령에 반하거나 공익을 현저히 해친다고 인정될 것'이 주민감사청구 또는 주민소송의 적법요건인지 여부(소극)

지방자치법 제16조 제1항에서 규정한 '해당 사무의 처리가 법령에 위반되거나 공익을 현저히 해친다고 인정되면'이란 감사기관이 감사를 실시한 결과 피감기관에 대하여 시정요구 등의 조치를 하기 위한 요건 및 주민소송에서 법원이 본안에서 청구를 인용하기 위한 요건일 뿐이고, 주민들이 **주민감사를 청구**하거나 **주민소송을 제기**하는 단계에서는 '해당 사무의 처리가 **법령에 반**하거나 **공익을 현저히 해친다고 인정될 가능성**'을 주장하는 것으로 족하며, '해당 사무의 처리가 법령에 반하거나 공익을 현저히 해친다고 인정될 것'이 주민감사청구 또는 주민소송의 **적법요건**이라고 볼 수는 **없다**. 왜냐하면 '해당 사무의 처리가 법령에 위반되거나 공익을 현저히 해친다고 인정되는지 여부'는 감사기관이나 주민소송의 법원이 구체적인 사실관계를 조사·심리해 보아야지 비로소 판단할 수 있는 사항이기 때문이다. 만약 이를 주민감사청구의 적법요건이라고 볼 경우 본안의 문제가 본안 전(前) 단계에서 먼저 다루어지게 되는 모순이 발생할 뿐만 아니라, 주민감사를 청구하는 주민들로 하여금 주민감사청구의 적법요건으로서 '해당 사무의 처리가 법령에 위반되거나 공익을 현저히 해친다고 인정될 것'을 증명할 것까지 요구하는 불합리한 결과가 야기될 수 있다.

[2] 주민감사청구가 지방자치법에서 정한 적법요건을 모두 갖추었음에도, 감사기관이 해당 주민감사청구가 부적법하다고 오인하여 더 나아가 구체적인 조사·판단을 하지 않은 채 각하하는 결정을 한 경우, 감사청구한 주민은 위법한 각하결정 자체를 별도의 항고소송으로 다툴 필요 없이, 지방자치법이 규정한 다음 단계의 권리구제절차인 주민소송을 제기할 수 있는지 여부(적극)

지방자치법 제17조 제1항은 주민감사를 청구한 주민에 한하여 주민소송을 제기할 수 있도록 하여 '주민감사청구 전치'를 주민소송의 소송요건으로 규정하고 있으므로, **주민감사청구 전치 요건**을 충족하였는지 여부는 **주민소송의 수소법원이 직권으로 조사**하여 판단하여야 한다. 주민소송이 주민감사청구 전치 요건을 충족하였다고 하려면 주민감사청구가 **지방자치법 제16조**에서 정한 적법요건을 모두 갖추고, 나아가 **지방자치법 제17조 제1항** 각호에서 정한 사유에도 **해당하여야** 한다. 지방자치법 제17조 제1항 제2호에 정한 '**감사결과**'에는 감사기관이 주민감사청구를 **수리하여** 일정한 조사를 거친 후 주민감사청구사항의 실체에 관하여 **본안판단**을 하는 내용의 결정을 하는 경우**뿐만 아니라**, 감사기관이 주민감사청구가 **부적법하다고 오인**하여 **위법한 각하결정**을 하는 경우까지 포함한다. 주민감사청구가 지방자치법에서 정한 적법요건을 모두 갖추었음에도, **감사기관이 해당 주민감사청구가 부적법하다고 오인**하여 더 나아가 구체적인 조사·판단을 하지 않은 채 **각하하는 결정**을 한 경우에는, 감사청구한 주민은 위법한 각하결정 자체를 **별도의 항고소송**으로 **다툴 필요 없이**, 지방자치법이 규정한 다음 단계의 권리구제절차인 **주민소송**을 제기할 수 있다고 보아야 한다.

| 예상지문 |

지방자치법 제21조 제1항의 '해당 사무의 처리가 **법령에 반**하거나 **공익을 현저히 해친다고 인정될 것**'은 **주민감사청구** 또는 **주민소송**의 **적법요건**에 해당한다. (×)

① 주민감사청구가 「지방자치법」에서 정한 적법요건을 모두 갖추었음에도, 감사기관이 해당 주민감사청구가 **부적법하다고 오인**하여 더 나아가 구체적인 조사·판단을 하지 않은 채 **각하**하는 결정을 한 경우에는 감사청구한 주민은 **위법한 각하결정 자체를 별도의 항고소송으로 다툴 필요 없이** **주민소송을 제기**할 수 있다.
[22경찰간부]　　(O)

② A구 주민들이 적법한 주민감사청구를 하였음에도 감사기관이 해당 주민감사청구가 부적법하다고 오인하여 각하하는 결정을 한 경우, 감사청구한 주민은 위법한 각하결정 자체를 별도의 항고소송으로 다투어야 한다.
[22-3]　　(×)

③ 주민감사청구가 적법함에도 감사기관이 부적법하다고 오인하여 위법한 각하결정을 내린 경우에는 주민소송의 주민감사청구 전치요건을 충족한 것으로 보아야 한다. [23-2]　　　　　　　　　　(O)

05 주민소송 [대판 2020.7.29. 2017두63467]

판결요지

[1] 주민소송 제도는 지방자치단체 주민이 지방자치단체의 위법한 재무회계행위의 방지 또는 시정을 구하거나 그로 인한 손해의 회복 청구를 요구할 수 있도록 함으로써 지방자치단체 재무행정의 적법성, 지방재정의 건전하고 적정한 운영을 확보하려는 데 목적이 있다. 그러므로 주민소송은 원칙적으로 지방자치단체의 재무회계에 관한 사항의 처리를 직접 목적으로 하는 행위에 대하여 제기할 수 있고, 지방자치법 제17조 제1항에서 주민소송의 대상으로 규정한 '재산의 취득·관리·처분에 관한 사항', '해당 지방자치단체를 당사자로 하는 계약의 체결·이행에 관한 사항' 등에 해당하는지 여부도 그 기준에 의하여 판단하여야 한다.

[2] 주민감사청구가 '지방자치단체와 그 장의 권한에 속하는 사무의 처리'를 대상으로 하는 데 반하여, 주민소송은 '그 감사청구한 사항과 관련이 있는 위법한 행위나 업무를 게을리한 사실'에 대하여 제기할 수 있는 것이므로, **주민소송의 대상은 주민감사를 청구한 사항과 관련이 있는 것으로 충분하고, 주민감사를 청구한 사항과 반드시 동일할 필요는 없다.** 주민감사를 청구한 사항과 **관련성이 있는지**는 주민감사청구사항의 **기초인 사회적 사실관계와 기본적인 점에서 동일**한지에 따라 결정되는 것이며 그로부터 **파생**되거나 **후속하여 발생**하는 행위나 사실은 주민감사청구사항과 **관련이 있다고 보아야 한다.**

[3] 지방자치법 제17조 제2항 **제1호부터 제3호까지**의 주민소송은 해당 지방자치단체의 장을 상대방으로 하여 위법한 재무회계행위의 방지, 시정 또는 확인 등을 직접적으로 구하는 것인 데 반하여, **제4호** 주민소송은 감사청구한 사항과 관련이 있는 위법한 행위나 업무를 게을리한 사실에 대하여 지방자치단체의 장 및 직원, 지방의회의원, 해당 행위와 관련이 있는 상대방(이하 '상대방')에게 손해배상청구, 부당이득반환청구, 변상명령 등을 할 것을 요구하는 소송이다. 따라서 제4호 주민소송 판결이 확정되면 지방자치단체의 장인 피고는 상대방에 대하여 판결에 따라 결정된 손해배상금이나 부당이득반환금의 지불 등을 청구할 의무가 있으므로, **제4호 주민소송**을 제기하는 자는 상대방, 재무회계행위의 내용, 감사청구와의 관련성, 상대방에게 요구할 **손해배상금** 내지 **부당이득금** 등을 **특정하여야** 한다.

[4] 지방자치단체의 장은 지방자치법 제17조 제2항 제4호 주민소송에 따라 손해배상청구나 부당이득반환청구를 명하는 판결 또는 회계관계직원 등의 책임에 관한 법률(이하 '회계직원책임법')에 따른

변상명령을 명하는 판결이 확정되면 위법한 재무회계행위와 관련이 있는 상대방에게 손해배상금이나 부당이득반환금을 청구하여야 하거나 변상명령을 할 수 있다(지방자치법 제17조 제2항 제4호, 제18조 제1항, 회계직원책임법 제6조 제1항). 그리고 이에 더 나아가 상대방이 손해배상금 등의 지급을 이행하지 않으면 지방자치단체의 장은 손해배상금 등을 청구하는 소송을 제기하여야 한다(지방자치법 제18조 제2항). 이때 상대방인 지방자치단체의 장이나 공무원은 국가배상법 제2조 제2항, 회계직원책임법 제4조 제1항의 각 규정 내용 및 취지 등에 비추어 볼 때, 그 위법행위에 대하여 **고의 또는 중대한 과실**이 있는 경우에 제4호 주민소송의 **손해배상책임**을 부담하는 것으로 보아야 한다.

| 예상지문 |

① **주민감사청구** 당시에 **직접적·명시적 감사청구대상**으로 삼지 **않은** 내용은 주민소송의 대상에 해당하지 않는다. (×)

② **주민소송의 대상**은 **주민감사**를 청구한 사항과 **관련이 있는** 것으로 **충분**하고, 주민감사를 청구한 사항과 **반드시 동일할 필요는 없으며**, 주민감사를 청구한 사항과 관련성이 있는지는 주민감사청구사항의 **기초인 사회적 사실관계와 기본적인 점에서 동일한지**에 따라 결정되며 그로부터 **파생**되거나 **후속하여 발생**하는 행위나 사실은 주민감사청구사항과 **관련이 있다**고 보아야 한다. (O)

| 기출지문 |

① 주민소송의 대상은 **주민감사를 청구한** 사항과 **관련이 있는** 것만으로는 **불충분**하고, 주민감사를 청구한 사항과 **동일하여야** 한다. [22변시, 23-2] (×)

② **도로점용허가**가 도로 등의 본래 기능 및 목적과 무관하게 그 사용가치를 실현·활용하기 위한 것으로 평가되는 경우에는 **주민소송의 대상**이 되는 재산의 관리·처분에 해당한다. [22변시] (O)

06 임시이사선임처분취소청구의소 – 자치사무와 기관위임사무 [대판 2020.9.3. 2019두58650]

판결요지

지방자치법 제22조, 제9조에 따르면, 지방자치단체가 **조례를 제정**할 수 있는 사항은 지방자치단체의 고유사무인 **자치사무**와 개별 법령에 따라 지방자치단체에 위임된 **단체위임사무에 한정**된다. 국가사무가 지방자치단체의 장에게 위임되거나 상위 지방자치단체의 사무가 하위 지방자치단체의 장에게 위임된 기관위임사무에 관한 사항은 원칙적으로 조례의 제정범위에 속하지 않는다. 법령상 지방자치단체의 장이 처리하도록 규정하고 있는 사무가 자치사무인지 기관위임사무인지를 판단할 때 그에 관한 법령의 규정 형식과 취지를 우선 고려하여야 하지만, 그 밖에도 사무의 성질이 전국적으로 통일적인 처리가 요구되는 사무인지 여부나 그에 관한 경비부담과 최종적인 책임귀속의 주체 등도 아울러 고려하여야 한다.

지방자치법, 지방교육자치에 관한 법률 및 사립학교법의 관련 규정들의 형식과 취지, 임시이사 선임제도의 내용과 성질 등을 앞에서 본 법리에 비추어 살펴보면, 사립 초등학교·중학교·고등학교 및 이에 준하는 각종 학교를 설치·경영하는 **학교법인의 임시이사 선임**에 관한 교육감의 권한은 **자치사무**라고 보는 것이 타당하다.

① 법령상 지방자치단체의 장이 처리하도록 하고 있는 사무가 **자치사무**인지 아니면 **기관위임사무**인지를 판단하기 위해서는 그에 관한 **법령의 규정** 형식과 취지를 우선 고려하여야 하지만, 그 밖에 <u>그 **사무의 성질**이 전국적으로 통일적인 처리가 요구되는 사무인지, 그에 관한 **경비부담**과 최종적인 **책임귀속의 주체**가 누구인지 등도 함께 고려하여야 한다.</u> [13변시]　　　　　　　　　　　　　　　　　　　　　　　　　　　　(○)

② 사립 초등학교·중학교·고등학교 및 이에 준하는 각종학교를 설치·경영하는 학교법인의 임시이사 선임에 관한 교육감의 권한은 국가사무라고 보는 것이 타당하다. [22경찰간부]　　　　　　　　　　　　　(×)

07 협약무효확인 등 청구의 소 - 자치사무과 국가사무 [대판 2020.12.30. 2020두37406]

국가하천에 관한 사무가 국가사무에 해당하는지 여부(원칙적 적극) 및 지방자치단체가 비용 일부를 부담한다고 하여 국가사무의 성격이 자치사무로 바뀌는 것인지 여부(소극)

지방자치법 제11조는 "지방자치단체는 다음 각호에 해당하는 **국가사무를 처리할 수 없다. 다만 법률에 이와 다른 규정이 있는 경우에는 국가사무를 처리할 수 있다**"라고 정하고 있는데, 그 제4호에서 **국가하천**을 '전국적 규모나 이와 비슷한 규모의 사무'로서 지방자치단체가 처리할 수 없는 **국가사무의 예**로 정하고 있다. 하천법은 국가하천의 하천관리청은 국토교통부장관이고(제8조 제1항), 하천공사와 하천의 유지·보수는 원칙적으로 하천관리청이 시행한다고 정하고 있다(제27조 제5항).

위와 같은 규정에 따르면, **국가하천**에 관한 사무는 다른 법령에 특별한 정함이 없는 한 **국가사무로 보아야** 한다. 지방자치단체가 **비용 일부를 부담**한다고 해서 국가사무의 성격이 **자치사무로 바뀌는** 것은 **아니다**.

이 유

지방자치법은 국가는 국가의 부담을 지방자치단체에 넘겨서는 안 되고(제122조 제2항) 국가사무를 위임할 때에는 이를 위임한 국가가 그 경비를 부담하여야 하며(제141조 단서), 지방자치단체는 국가시책을 달성하기 위하여 노력하여야 하고 이를 위하여 필요한 경비에 대한 국고보조율과 지방비부담률은 법령으로 정한다고 규정함으로써(제123조), **국가사무의 경비는 국가가 부담**하는 것을 **원칙**으로 하면서도 **예외적으로 지방자치단체가 일부 부담**할 여지가 있음을 인정하고 있다.

하천법은 하천에 관한 비용은 이 법 또는 다른 법률에 특별한 규정이 있는 경우를 제외하고는 국가하천에 관한 것은 국고의 부담으로 하고(제59조), 국토교통부장관은 국가가 부담하여야 하는 하천에 관한 비용의 일부를 대통령령으로 정하는 바에 따라 해당 하천공사나 하천의 유지·보수로 이익을 받는 시·도에 부담시키는 명령을 할 수 있고(제61조 제1항), 그에 따라 부담명령을 받은 시·도지사는 해당 하천공사나 하천의 유지·보수로 특히 이익을 받는 시·군·구가 있는 때에는 그 부담금의 전부 또는 일부를 해당 시·군·구에 부담시킬 수 있다고 정하고 있다(제61조 제3항). 그 위임에 따라 하천법 시행령은 국토교통부장관이 시·도에 부담시킬 수 있는 비용의 기준과 절차(제74조), 시·도지사가 시·군·구에 부담시킬 수 있는 비용의 기준과 절차(제75조)를 규정하고 있다. 이처럼 **하천법도 국가하천**에 관한 비용은 **국가가 부담**하는 것을 **원칙**으로 하면서도, 국토교통부장관으로 하여금 국가하천의 하천공사나 유지·보수로 이익을 받는 **지방자치단체**에 그 **비용의 일부를 부담**시킬 수 있도록 하고 있다.

⇨ 사안의 경우 단양군(원고)은 국가(피고)가 설치하는 수중보의 위치 변경을 요구하였고, 위치 변경으로 인하여 단양군에 이익이 된다는 이유로 단양군수의 요청에 따라 단양군수와 국토교통부장관이 수중보 건설비용 일부와 운영·유지비용 전부를 단양군이 부담하는 협약을 체결하였다. 대법원은 이 사건 수중보 건설사업이 국가사무라고 판단하면서, 국가하천의 비용부담과 관련된 규정 및 이 사건 수중보 건설사업이 원고와 그 주민들에게 경제적으로 이익이 되는 사무라는 등의 이유로 이 사건 협약이 위법하다고 보기 어렵다고 판시하였다.

| 예상지문 |

> **국가하천**에 관한 사무는 다른 법령에 특별한 정함이 없는 한 **국가사무**로 보아야 하고, **지방자치단체**가 비용 일부를 부담한다고 해서 국가사무의 성격이 **자치사무로 바뀌는 것은 아니다.**　　　　　　　　　　　　　　(O)

08 조례안재의결무효확인 [대판 2023.7.13. 2022추5156]

부산광역시 생활임금 조례 일부개정조례안에 대한 재의결의 무효확인을 구하는 사건

Ⅰ. 판시사항

1. 부산광역시장으로 하여금 생활임금 적용대상 전직원을 대상으로 호봉 재산정을 통해 생활임금을 반영하도록 규정한 이 사건 조례안 제11조 제3항이 국가사무에 관한 사항을 규정한 것인지 여부(소극)

2. 이 사건 조례안 제11조 제3항이 원고의 예산안 편성권을 침해하는지 여부(소극)

3. 이 사건 조례안 제11조 제3항이 원고의 인사권을 침해하는지 여부(소극)

4. 이 사건 조례안 제11조 제3항이 근로기준법 제4조에 위배되는지 여부(소극)

5. 이 사건 조례안 제11조 제3항이 이 사건 조례안 내 다른 규정과 충돌하여 그 효력이 부인되는지 여부(소극)

Ⅱ. 판결요지

시의 공공기관 소속 근로자, 시와 공공계약을 체결한 기관·단체 또는 업체에 소속된 근로자 등에 대하여 생활임금을 지급하도록 하는 사무는 그 주민이 되는 근로자가 시에서의 기본적인 생활여건을 형성할 수 있도록 하는 것으로 주민복지에 관한 사업이라 할 것이고, 이는 경제적 여건이 상이한 지방자치단체의 현실을 고려하여 결정되는 것이므로, 이러한 생활임금의 지급에 관한 사무는 지방자치단체 고유의 자치사무인 지방자치법 제13조 제2항 제2호 소정의 주민의 복지증진에 관한 사무 중 주민복지에 관한 사업에 해당되는 사무라고 할 것이다.

이 사건 조례안 제11조 제3항은 '제3조 제1항 각 호의 적용대상 전직원'을 대상으로 호봉 재산정을 통한 생활임금의 반영을 규정하고 있고, 제3조 제1항은 원고 부산광역시장으로 하여금 각 호의 노동자 중 위원회의 심의를 거쳐 적용대상을 결정하도록 규정하고 있으므로, 결국 이 사건 조례안 제11조 제3항에 의하여 호봉 재산정이 되어야 하는 적용대상은 원고에게 이를 결정할 권한이 인정된다.

또한, 이 사건 조례안 제11조 제3항은 호봉 재산정을 통해 생활임금을 반영할 것을 규정함으로써 생활임금 반영 효과가 호봉과 무관하게 고르게 미칠 수 있도록 기준을 제시하고 있을 뿐이고, 구체적인 생활임금 결정이나 호봉 재산정에 따른 임금 상승분의 결정은 여전히 원고의 재량에 맡겨져 있다.

이 사건 조례안 제11조 제3항이 생활임금 적용대상 전직원을 대상으로 호봉 재산정을 통해 생활임금을 반영하도록 규정한 것이 집행기관으로서의 지방자치단체의 장 고유의 재량권을 침해하였다거나 예산배분의 우선순위 결정에 관한 지방자치단체의 장의 예산안 편성권을 본질적으로 침해하여 위법하다고 볼 수 없다.

이 사건 조례안 제11조 제3항에 의하더라도 어느 정도의 임금을 구체적으로 지급하도록 할 것인지에 대해서는 원고에게 여전히 상당한 재량이 있음은 앞서 본 바와 같다. 결국 이 사건 조례안 제11조 제3항은 시 소속 직원의 임금 지급에 있어 호봉 재산정으로 생활임금 반영에 따른 임금 상승 효과를 고르게 누리도록 하라는 지침을 제공함으로써 원고의 권한을 일부 견제하려는 취지일 뿐, 소속 직원에 대하여 특정한 임금을 지급하도록 강제한다거나 임금 조건에 대하여 피고 부산광역시의회의 사전 동의를 받도록 하는 등으로 원고의 임금 결정에 관한 고유권한에 대하여 사전에 적극적으로 관여하는 것이라고 보기 어렵다.

근로기준법 제4조의 입법취지 및 내용에 비추어 살펴보면, 근로기준법 제4조가 근로자에게 유리한 내용의 근로조건의 기준을 지방의회의 의결로 결정하는 것을 제한하는 취지는 아니라고 할 것이므로, 근로자에게 유리한 내용의 근로조건의 기준을 조례로써 규정하고 그 내용이 사용자의 근로조건 결정에 관한 자유를 일부 제약한다 하더라도 그와 같은 내용을 규정한 조례가 무효라고 볼 수 없다.

> 근로기준법 제4조(근로조건의 결정) 근로조건은 근로자와 사용자가 동등한 지위에서 자유의사에 따라 결정하여야 한다.

⇨ '부산광역시 생활임금 조례 일부개정조례안'에 대한 재의결에 대하여 부산광역시장이 무효확인을 구한 사안으로, 대법원은 부산광역시장으로 하여금 생활임금 적용대상 전직원을 대상으로 호봉 재산정을 통해 생활임금을 반영하도록 규정한 조례안 규정이 원고 부산광역시장의 예산안 편성권이나 인사권을 본질적으로 침해하지 아니하고 근로기준법 제4조에 위반된다고 볼 수 없다는 등의 이유로 청구를 기각함.

| 예상지문 |

① 시의 공공기관 소속 근로자, 시와 공공계약을 체결한 기관·단체 또는 업체에 소속된 근로자 등에 대하여 생활임금을 지급하도록 하는 사무는 그 주민이 되는 근로자가 시에서의 기본적인 생활여건을 형성할 수 있도록 하는 것으로 주민복지에 관한 사업이라 할 것이고, 이는 경제적 여건이 상이한 지방자치단체의 현실을 고려하여 결정되는 것이므로, 이러한 생활임금의 지급에 관한 사무는 지방자치단체 고유의 자치사무에 해당한다. (O)

② 조례안 제11조 제3항이 생활임금 적용대상 전직원을 대상으로 호봉 재산정을 통해 생활임금을 반영하도록 규정한 것이 집행기관으로서의 지방자치단체의 장 고유의 재량권을 침해하였다거나 예산배분의 우선순위 결정에 관한 지방자치단체의 장의 예산안 편성권을 본질적으로 침해하여 위법하다고 볼 수 있다. (×)

[1] 법률의 위임 없이 주민의 권리 제한 또는 의무 부과에 관한 사항을 정한 조례의 효력(무효) 및 법률이 주민의 권리의무에 관한 사항에 관하여 구체적으로 범위를 정하지 않은 채 조례로 정하도록 포괄적으로 위임한 경우나 법률규정이 예정하고 있는 사항을 구체화·명확화한 것으로 볼 수 있는 경우, 법령에 위반되지 않는 범위 내에서 주민의 권리의무에 관한 사항을 조례로 제정할 수 있는지 여부(적극)

구 지방자치법 제22조 단서에 의하면 지방자치단체가 조례를 제정할 때 그 내용이 주민의 **권리제한 또는 의무부과**에 관한 사항이나 **벌칙**인 경우에는 **법률의 위임이 있어야** 하므로, **법률의 위임 없이** 주민의 권리제한 또는 의무부과에 관한 사항을 정한 조례는 그 **효력이 없다**(대판[전합] 2012.11.22. 2010두19270 등 참조). 다만 조례에 대한 법률의 위임은 법규명령에 대한 법률의 위임과 같이 반드시 구체적으로 범위를 정하여 할 필요가 없고, 법률이 주민의 권리의무에 관한 사항에 관하여 구체적으로 범위를 정하지 않은 채 조례로 정하도록 **포괄적으로 위임**한 경우나 법률규정이 예정하고 있는 사항을 **구체화·명확화**한 것으로 볼 수 있는 경우에는 지방자치단체는 법령에 위반되지 않는 범위 내에서 각 지역의 실정에 맞게 주민의 권리의무에 관한 사항을 **조례로 제정**할 수 있다(대판 2002.3.26. 2001두5927, 대판 2017.12.5. 2016추5162 등 참조).

[2] 지방자치단체가 기관위임사무에 관한 사항을 조례로 제정할 수 있는지 여부(원칙적 소극) 및 법령상 지방자치단체의 장이 처리하도록 규정하고 있는 사무가 자치사무인지 기관위임사무인지 판단하는 기준

구 지방자치법 제22조 본문, 제9조에 의하면, 지방자치단체가 **조례를 제정할 수 있는 사항**은 지방자치단체의 고유사무인 **자치사무**와 개별 법령에 의하여 지방자치단체에 위임된 **단체위임사무에 한하고**, 국가사무가 지방자치단체의 장에게 위임되거나 상위 지방자치단체의 사무가 하위 지방자치단체의 장에게 위임된 **기관위임사무**에 관한 사항은 원칙적으로 **조례의 제정범위**에 속하지 **않는다**. 법령상 지방자치단체의 장이 처리하도록 규정하고 있는 사무가 자치사무인지 기관위임사무에 해당하는지를 판단함에는 그에 관한 법령의 규정 형식과 취지를 우선 고려하여야 할 것이지만, 그 밖에도 그 사무의 성질이 전국적으로 통일적인 처리가 요구되는 사무인지 여부나 그에 관한 경비부담과 최종적인 책임귀속의 주체 등도 아울러 고려하여야 한다(대판 2013.4.11. 2011두12153, 대판 2017.12.5. 2016추5162 등 참조).

[3] 시장이 납품도매업차량에 대한 주정차위반 행정처분이 발생한 경우 자동유예될 수 있도록 구청장 등과 적극 협의하도록 하는 내용 등의 '부산광역시 납품도매업 지원에 관한 조례안'에 대하여 부산광역시장이 시의회에 재의를 요구하였으나 시의회가 원안대로 재의결함으로써 조례안을 확정한 사안에서, 위 조례안은 기관위임사무인 주정차 위반행위에 대한 과태료 부과처분에 관한 사항을 법령의 위임 없이 조례로 정한 경우에 해당하므로 조례제정권의 한계를 벗어난 것으로서 위법하다고 한 사례

| 예상지문 |

① **지방자치단체**가 조례를 제정할 때 그 내용이 주민의 **권리제한 또는 의무부과**에 관한 사항이나 **벌칙**인 경우에는 **법률의 위임이 있어야** 하므로, **법률의 위임 없이** 주민의 권리제한 또는 의무부과에 관한 사항을 정한 조례는 그 **효력이 없다.** (O)

② 지방자치단체가 **조례를 제정할 수 있는 사항**은 지방자치단체의 고유사무인 **자치사무**와 개별 법령에 의하여 지방자치단체에 위임된 **단체위임사무에 한하고**, 국가사무가 지방자치단체의 장에게 위임되거나 상위 지방자치단체의 사무가 하위 지방자치단체의 장에게 위임된 **기관위임사무**에 관한 사항은 원칙적으로 **조례의 제정 범위에 속하지 않는다.** (O)

③ 시장이 **납품도매업차량**에 대한 **주정차위반** 행정처분이 발생한 경우 **자동유예**될 수 있도록 구청장 등과 적극 협의하도록 하는 내용 등의 「부산광역시 납품도매업 지원에 관한 조례안」은 기관위임사무인 주정차 위반행위에 대한 과태료 부과처분에 관한 사항을 **법령의 위임 없이** 조례로 정한 경우에 해당하므로 조례제정권의 한계를 벗어난 것으로서 **위법**하다. (O)

10 조례안재의결무효확인 [대판 2022.10.27. 2022추5026]

행정재산인 지하도상가를 제3자에게 사용, 수익하게 하거나 양도하는 것을 금지하는 규정을 신설함과 동시에 마련된 '2년간'의 유예기간 규정에 대하여 이를 '5년간'으로 연장한 이 사건 조례안 부칙 제3조 제4항이 공유재산법에 위배되는지 여부(적극)

공유재산 및 물품을 보호하고 그 취득·유지·보존 및 운용과 처분의 적정을 도모하기 위한 공유재산법의 입법목적, 공유재산 사유화에 따른 사회적 형평의 문제, 공유재산 사용·수익 제한 규정의 취지 등을 종합하면, 제3자에게 행정재산의 사적 이용을 허용할 것인지 여부는 각 지방자치단체의 자율적 규율에 맡겨져 있다고 보기 어려우므로 지방자치단체가 **조례** 제정을 통해 **공유재산법에 반하는** 내용으로 **행정재산의 제3자 사용·수익**을 허용하는 것은 **위법**하다.

인천광역시 지하도상가 관리 운영 조례 일부개정조례안(이하 '이 사건 조례안') 부칙 제3조 제4항이 재의결된 때는 행정재산의 제3자 사용·수익, 양도 금지를 규정한 조례가 시행된 지 이미 2년여가 경과하여 임차인의 종전 조례에 대한 신뢰가 지속되었다고 볼 수 없고, 그에 관한 신뢰가 존재하더라도 보호가치가 있는 정당한 신뢰로 보기 어렵다. 그럼에도 그 유예기간을 연장하는 것은 공유재산법 및 현행 조례의 규범력을 약화시키고, 현행 조례 시행 전 후에 사용·수익허가를 받은 임차인들을 합리적 이유 없이 차별하여 지역 간, 주민 간 형평성 논란을 야기할 수 있다. 코로나19 확산의 장기화에 따른 경기침체를 고려하더라도 종전 2년의 유예기간이 임차인 등의 보호에 현저히 짧은 기간이라고 보기 어렵고, 이미 한 차례 유예기간이 주어진 상황에서 그 보다 더 긴 유예기간을 규정하여 법 위반 상태의 지속을 정당화할 만한 특별한 사정도 보이지 아니하므로, 이 사건 조례안 부칙 제3조 제4항은 공유재산법에 위반된다.

이 사건 조례안의 일부가 효력이 없는 이상, 이 사건 조례안에 대한 재의결은 전부 효력이 없다고 봄이 타당하다(대판 2016.11.10. 2014추19, 대판 2017.12.5. 2016추5162 참조).

| 예상지문 |

① 「**공유재산 및 물품 관리법**」의 입법목적, 공유재산 사용·수익 제한 규정의 취지 등을 종합하면, **제3자에게 행정재산의 사적 이용을 허용**할 것인지 여부는 **각 지방자치단체의 자율적 규율**에 맡겨져 있다고 볼 수 있다. (×)

② 행정재산인 지하도상가를 **제3자에게 사용, 수익**하게 하거나 양도하는 것을 **금지**하는 규정을 신설함과 동시에 마련된 '2년간'의 유예기간 규정에 대하여 이를 '5년간'으로 연장한 **조례안** 부칙 제3조 제4항은 「**공유재산 및 물품 관리법**」에 **위반**된다. (O)

[1] 구 지방자치법 제22조에서 정한 '법령의 범위 안에서'의 의미 및 법령에 위반되는 지방자치단체 조례의 효력(무효) / 조례가 법령에 위반되는지 판단하는 방법

구 지방자치법 제22조 본문은 "지방자치단체는 법령의 범위 안에서 그 사무에 관하여 조례를 제정할 수 있다"라고 규정한다. 여기서 말하는 '법령의 범위 안에서'란 '법령에 위반되지 않는 범위 안에서'를 가리키므로 지방자치단체가 제정한 **조례가 법령에 위반**되는 경우에는 그 **효력이 없다**. 조례가 법령에 위반되는지 여부는 법령과 조례의 각 규정 취지, 규정의 목적과 내용 및 효과 등을 비교하여 양자 사이에 모순·저촉이 있는지 여부에 따라서 개별적·구체적으로 판단하여야 한다(대판 2020.2.13. 2017추5039 참조).

[2] 건축법 제4조 제1항에 따라 구성된 건축위원회가 공공기록물 관리에 관한 법률 제17조 제2항에 따른 회의록 작성 대상인 회의에 해당하는지 여부(적극) 및 공공기록물 관리에 관한 법률 시행령 제18조 제2항에서 영구기록물관리기관의 장이 지정하는 일정한 회의에 대하여 회의록과 함께 속기록이나 녹음기록 중 어느 하나를 생산하도록 규정한 취지

공공기록물법은 공공기관의 투명하고 책임 있는 행정 구현과 공공기록물의 안전한 보존 및 효율적 활용을 위하여 공공기록물 관리에 필요한 사항을 정함을 목적으로 하고(제1조), 이를 위해 공공기관으로 하여금 업무의 입안단계부터 종결단계까지 업무수행의 모든 과정 및 결과가 기록물로 생산·관리될 수 있도록 업무과정에 기반한 기록물관리를 위하여 필요한 조치를 마련하도록 하고(제16조 제1항), 대통령령으로 정하는 바에 따라 주요 회의의 회의록, 속기록 또는 녹음기록을 작성하여야 한다(제17조 제2항)고 규정하고 있다. 같은 법 시행령 제18조 제1항 제5호는 개별법 또는 특별법에 따라 구성된 위원회 등이 운영하는 회의를 개최하는 경우 회의록을 작성하도록 하고 있는데, 건축위원회는 건축법 제4조 제1항에 따라 구성된 위원회이므로 위와 같은 회의록 작성 대상인 회의에 해당한다.

한편, 공공기록물법 시행령 제18조 제2항은 영구기록물관리기관의 장이 지정하는 일정한 회의에 대하여 회의록과 함께 속기록이나 녹음기록 중 어느 하나를 생산하도록 규정하고 있으나, 공공기록물법의 입법취지에 비추어 보면 위 시행령 조항은 영구기록물관리기관의 장이 보존가치가 크다고 판단하여 지정한 회의에 대하여 회의록 외에 추가적인 기록물 생산을 하도록 함으로써 보다 안전한 기록물의 보존과 효율적 활용을 담보하기 위한 것으로 보아야 하는 것이지, 영구기록물관리기관의 장이 지정하지 않은 회의에 대하여 회의록 외에 추가적인 기록물 생산을 금지하는 취지로는 해석되지 아니한다. 따라서 부산광역시 건축조례 일부개정 조례안 제9조 제7항이 위원회의 회의록과 함께 녹취 기록을 작성하도록 하였더라도 공공기록물법령에 위반된 것으로 볼 수 없다.

[3] 법률의 위임 없이 주민의 권리제한 또는 의무부과에 관한 사항을 정한 조례의 효력(무효) 및 법률이 주민의 권리의무에 관한 사항에 관하여 구체적으로 범위를 정하지 않은 채 조례로 정하도록 포괄적으로 위임한 경우나 법률규정이 예정하고 있는 사항을 구체화·명확화한 것인 경우, 지방자치단체가 주민의 권리의무에 관한 사항을 조례로 제정할 수 있는지 여부(한정 적극)

구 지방자치법 제22조 단서에 의하면, 지방자치단체가 조례를 제정할 때 그 내용이 주민의 권리제한 또는 의무부과에 관한 사항이나 벌칙인 경우에는 법률의 위임이 있어야 하므로, 법률의 위임 없이 주민의 권리제한 또는 의무부과에 관한 사항을 정한 조례는 그 효력이 없다. 다만 조례에 대

한 법률의 위임은 법규명령에 대한 법률의 위임과 같이 반드시 구체적으로 범위를 정하여 할 필요가 없으며, 법률이 주민의 권리의무에 관한 사항에 관하여 구체적으로 범위를 정하지 않은 채 조례로 정하도록 **포괄적으로 위임**한 경우나 **법률규정이 예정하고 있는 사항을 구체화·명확화한 것**으로 볼 수 있는 경우에는 지방자치단체는 법령에 위반되지 않는 범위 안에서 주민의 권리의무에 관한 사항을 조례로 제정할 수 있다(대판 2002.3.26. 2001두5927, 대판 2017.12.5. 2016추5162 참조).

부산광역시 건축조례 일부개정 조례안 제9조 제8항은 행정사무조사 시 위원 전원의 실명으로 회의록을 제출하게 하는데, 이는 지방의회가 행정사무조사 시 서류제출 요구를 할 수 있도록 규정한 구 지방자치법 제41조 제4항, 정보주체의 동의를 받거나 공공기관이 법령 등에서 정하는 소관 업무의 수행을 위하여 불가피한 경우 개인정보처리자가 개인정보를 수집하여 그 수집 목적의 범위에서 이용하거나 제3자에게 제공할 수 있도록 한 개인정보보호법 제15조 제1항 제1호, 제3호와 제17조 제1항이 예정하고 있는 사항을 구체화한 것으로 볼 수 있으므로 법률유보원칙에 반한다고 볼 수 없다.

| 예상지문 |

① 구 「지방자치법」 제22조 본문 "지방자치단체는 법령의 범위 안에서 그 사무에 관하여 조례를 제정할 수 있다"에서, **'법령의 범위 안에서'**란 '법령에 위반되지 않는 범위 안에서'를 가리키므로 지방자치단체가 제정한 **조례가 법령에 위반**되는 경우에는 그 **효력이 없다.** (O)

② **조례에 대한 법률의 위임**은 법규명령에 대한 법률의 위임과 같이 반드시 구체적으로 범위를 정하여 할 필요가 없으며, **조례에서 규칙으로 재위임**하는 경우에도 마찬가지이다. (×)

③ 법률이 조례로 정하도록 **포괄적으로 위임**한 경우나 **법률규정이 예정**하고 있는 사항을 **구체화·명확화**한 것으로 볼 수 있는 경우에는 지방자치단체는 법령에 위반되지 않는 범위 안에서 주민의 권리의무에 관한 사항을 **조례로 제정**할 수 있다. (O)

④ 「부산광역시 건축조례 일부개정 조례안」 제9조 제8항은 행정사무조사 시 **위원 전원의 실명으로 회의록을 제출**하게 하는데, 이는 구 「지방자치법」 제41조 제4항, 「개인정보보호법」 제15조 제1항 제1호, 제3호와 제17조 제1항이 **예정한 사항을 구체화**한 것으로 볼 수 있으므로 **법률유보원칙**에 반한다고 볼 수 없다. (O)

12 조례안의결무효확인 [대판 2022.4.14. 2020추5169, 표준판례 430]

[1] 위임명령은 법률이나 상위명령에서 구체적으로 범위를 정한 개별적인 위임이 있어야 가능한지 여부(적극) 및 이때 구체적인 위임의 범위와 그에 관한 예측가능성 유무를 판단하는 기준과 방법 / 이러한 법리는 조례가 법률로부터 위임받은 사항을 다시 지방자치단체장이 정하는 '규칙' 등에 재위임하는 경우에도 적용되는지 여부(적극)

위임명령은 법령에서 구체적으로 범위를 정한 개별적인 위임이 있을 때에 가능하고, 구체적인 위임의 범위는 규제대상의 종류와 성격에 따라 달라지지만, 적어도 위임명령에 규정될 내용 및 범위의 기본사항이 구체적으로 규정되어 있어서 누구라도 당해 법령으로부터 위임명령에 규정될 내용의 대강을 예측할 수 있어야 하고, 예측가능성의 유무는 당해 위임조항 하나만이 아니라 … 관련 법규를 유기적·체계적으로 종합하여 판단하여야 하며, 이러한 법리(포괄위임금지)는 조례가 법률로부터 위임받은 사항을 다시 지방자치단체장이 정하는 **'규칙'** 등에 **재위임**하는 경우에도 **적용된다.**

[2] 서초구의회가 의결한 '시가표준액 9억 원 이하의 1가구 1개 주택을 소유한 개인에 대하여 지방세법이 정한 재산세의 세율을 표준세율의 100분의 50으로 감경하는' 내용의 '서울특별시 서초구 구세 조례 일부 개정 조례안'에 대하여 서울특별시장이 지방세법 위반의 소지가 있다는 이유로 재의요구를 지시하였으나 구청장이 따르지 않고 공포하자 조례안 의결의 효력 배제를 구하는 무효확인의 소를 제기한 사안에서, 위 조례안이 근거조항의 위임범위의 한계를 일탈하였다거나 조세법률주의, 포괄위임금지 원칙, 조세법률의 명확성 원칙, 지방세특례제한법의 절차, 조세평등주의 등에 위배되어 무효라고 볼 수 없다고 한 사례

| 예상지문 |

> 조례가 법률로부터 위임받은 사항을 **다시** 지방자치단체장이 정하는 **'규칙'** 등에 **재위임**하는 경우에도 **포괄적 위임도 가능**하다. (×)

13 조례안재의결무효확인 [대판 2022.6.30. 2022추5040]

서울특별시 교육비특별회계의 전출금 등으로 계상할 수 있는 교육경비 보조금의 규모를 해당연도 본 예산의 세입 중 지방세기본법 제8조 제1항 제1호 각 목에 따른 보통세의 '1000분의 4 이상 1000분의 6 이내'로 정한 것이 서울특별시장의 예산안 편성권을 침해하여 위법한지(적극)

2. 이 사건 조례안 제5조 제1항이 원고의 예산안 편성권을 침해하는지 여부

가. 원고 서울특별시장은, '서울특별시 교육경비 보조에 관한 조례 일부개정조례안'(이하 '이 사건 조례안') 제5조 제1항이 원고가 재량으로 정할 수 있는 교육경비보조금의 규모를 예산안 편성 이전에 실질적으로 결정함으로써 지방자치단체의 장의 고유권한인 예산안 편성권을 침해한다고 주장한다.

나. 헌법 제117조 제1항과 구 지방자치법 제22조 본문에 의하면 지방자치단체는 법령의 범위 안에서 그 사무에 관하여 자치조례를 제정할 수 있다. 구 지방자치법은 의결기관으로서의 지방의회와 집행기관으로서의 지방자치단체의 장에게 독자적 권한을 부여하는 한편, 지방의회는 행정사무감사와 조사권 등에 의하여 지방자치단체의 장의 사무집행을 감시·통제할 수 있게 하고 지방자치단체의 장은 지방의회의 의결에 대한 재의 요구권 등으로 의회의 의결권 행사에 제동을 가할 수 있게 함으로써 상호 견제와 균형을 유지하도록 하고 있다. 따라서 지방의회는 자치사무에 관하여 법률에 특별한 규정이 없는 한 위와 같은 지방자치단체의 장의 고유권한을 침해하지 않는 범위 내에서 조례를 제정할 수 있다(대판 2013.4.11. 2012추22 등 참조). 특히 예산과 관련하여 구 지방자치법 제127조 제1항은 지방자치단체의 장에게 예산안 편성권을 부여하고, 제39조 제2호는 지방의회로 하여금 예산안에 대한 심의를 통하여 사후에 감시·통제할 수 있도록 하고 있으므로, 법령상 지방자치단체의 장에게 예산안 편성 권한행사를 함에 있어 의회의 사전 의결 또는 사후 승인을 받도록 하는 등 그 권한행사를 견제·제한하는 규정을 두거나 그러한 내용의 조례를 제정할 수 있다고 규정하고 있지 아니하는 한 하위법규인 조례로써는 지방자치단체의 장의 예산안 편성권을 본질적으로 제약하는 내용을 규정할 수 없다(대판 1996.5.10. 95추87 참조).

다. 지방교육재정교부금법 제11조 제8항에 따라 시·도 및 시·군·자치구가 관할구역에 있는 고등학교 이하 각급학교에 교부할 수 있는 교육경비 보조금은 해당 지방자치단체의 예산에 계상되므로, 교육경비 보조금의 편성에 관한 사항은 집행기관인 지방자치단체의 장의 예산안 편성권의 한 내

용을 이룬다. 지방자치단체의 재정 상황이나 지방교육재원 확보의 측면에서 <u>교육경비 보조금 규모의 상한이나 하한을 설정할 필요가 있을 수 있으나</u>, 그러한 경우에도 지방자치단체의 장의 예산안 편성권을 본질적으로 제약할 정도에 이르러서는 아니 된다.

라. 이 사건 조례안 제5조 제1항은 다음과 같은 이유에서 <u>원고의 교육경비 보조금에 관한 예산안 편성권을 본질적으로 제약한 것으로 볼 수 있으므로</u> 이를 지적하는 원고의 주장은 이유 있다.

1) **지방교육재정교부금법**은 지방자치단체로 하여금 **교육경비를 보조**할 수 있도록 하고 있을 뿐, 보조금의 **의무 편성 비율**을 정하거나 지방자치단체의 장의 보조금 편성에 대하여 **다른 기관이 사전에 견제**나 제약을 할 수 있는 규정을 두고 있지 아니하다. 그럼에도 **이 사건 조례안 제5조 제1항**은 일정 비율 이상의 교육경비 보조금을 반드시 교육비특별회계의 전출금으로 계상하도록 하여 법령의 근거 없이 원고의 예산안 편성권에 사전적인 제약을 가하고 있다. 또한 지방자치단체의 재정여건, 재원배분계획 등과 무관하게 <u>보통세의 1000분의 4 이상의 교육경비 보조금을 의무적으로 편성하도록</u> 함으로써 지방자치단체의 장이 예산안 편성 시 고려할 사항을 정하고 있는 지방재정법, 「지방자치단체 예산편성 운영에 관한 규칙」 등 <u>상위법령의 취지에도 어긋난다.</u>

2) 그동안의 서울특별시 교육경비 보조금 지급 내역에 비추어 보면, 이 사건 조례안 제5조 제1항이 정하는 보통세의 1000분의 4라는 하한은 현재의 보조금 지급 수준과 비슷하거나 다소 높은 수준으로서, 사실상 보조금 지급을 현재의 수준으로 동결하고 장래에 그 규모를 줄일 수 있는 가능성을 박탈하는 결과를 초래한다. 교육경비 보조금의 규모 상한이 보통세의 1000분의 6인 점에 비추어 보면, 보통세의 1000분의 4라는 하한이 원고의 교육경비 보조금 편성에 관한 재량을 충분히 보장해 줄 수 있는 수준으로 보기도 어렵다. 지방예산에 대한 건전운용의 필요성에 따른 상한 설정과 지방교육재원 확보의 필요성에 따른 하한 설정이 갖는 의미를 동일하게 볼 수 없으므로, 이미교육경비 보조금 편성 규모에 상한이 존재한다는 이유만으로 하한을 설정한 것이 정당하다는 피고 서울특별시의회의 주장 역시 받아들이기 어렵다.

3. 결론

이 사건 조례안 중 제5조 제1항이 원고의 <u>예산안 편성권을 본질적으로 제약하여 위법하므로 효력이 없는 이상 이 사건 조례안에 대한 <u>재의결은 전부 효력이 부인되어야 한다</u>(대판 2016.11.10. 2014추19, 대판 2017.12.5. 2016추5162 참조). 따라서 이 사건 조례안에 대한 재의결의 효력 배제를 구하는 원고의 이 사건 청구는 이유 있어 인용하고, 소송비용은 패소자가 부담하도록 하여, 관여 대법관의 일치된 의견으로 주문과 같이 판결한다.

│ 예상지문 │

① 지방의회는 **자치사무**에 관하여 법률에 특별한 규정이 없는 한 위와 같은 지방자치단체의 **장의 고유권한**을 침해하지 않는 범위 내에서 조례를 제정할 수 있다. (O)

② 법령상 지방자치단체의 장에게 예산안 편성 권한행사를 함에 있어 의회의 사전 의결 또는 사후 승인을 받도록 하는 등 그 권한행사를 견제·제한하는 규정을 두거나 그러한 내용의 조례를 제정할 수 있다고 규정하고 있지 아니하는 한 하위법규인 **조례로써는** 지방자치단체의 **장의 예산안 편성권**을 본질적으로 제약하는 내용을 규정할 수 없다. (O)

③ 「**지방교육재정교부금법**」은 지방자치단체로 하여금 **교육경비를 보조**할 수 있도록 하고 있을 뿐, 보조금의 **의무 편성 비율**을 정하거나 지방자치단체의 **장의 보조금 편성**에 대하여 **다른 기관이 사전에 견제**나 제약을 할

수 있는 규정을 두고 있지 아니하므로, 이 사건 조례가 서울시 교육비특별회계의 전출금 등으로 계상할 수 있는 교육경비 보조금의 규모를 **보통세의 '1000분의 4 이상 1000분의 6 이내'로 정한 것**은 서울특별시장의 **예산안 편성권을 침해**하여 위법하다.　　　　　　　　　　　　　　　　　　　　　　　　　　　(○)

14 조례안재의결무효확인 [대판 2021.9.16. 2020추5138]

[1] 시·도교육청의 직속기관을 포함한 행정기관의 설치가 조례로 결정할 사항인지 여부(적극) 및 지방교육 행정기관의 행정기구 설치와 관련하여 교육감과 지방의회가 가지는 권한 / 지방의회가 집행기관의 고유 권한에 속하는 사항의 행사에 관하여 사전에 적극적으로 개입할 수 있는지 여부(소극) 및 개입이 허용되 는 범위

시·도교육청의 직속기관을 포함한 지방교육행정기관의 행정기구의 설치는 기본적으로 법령의 범 위 안에서 조례로써 결정할 사항이다. 교육감은 시·도의 교육·학예에 관한 사무를 집행하는 데 필요한 때에는 법령 또는 조례가 정하는 바에 따라 기구를 직접 설치할 권한과 이를 위한 조례안 의 제안권을 가지며, 설치된 기구 전반에 대하여 조직편성권을 가질 뿐이다. 지방의회는 교육감의 지방교육행정기구 설치권한과 조직편성권을 견제하기 위하여 조례로써 직접 교육행정기관을 설 치·폐지하거나 교육감이 조례안으로써 제안한 기구의 축소, 통폐합, 정원 감축의 권한을 가진다. 지방자치법상 지방자치단체의 집행기관과 지방의회는 서로 분립되어 각기 그 고유 권한을 행사하 되 상호 견제의 범위 내에서 상대방의 권한 행사에 대한 관여가 허용된다. **지방의회는 집행기관의 고유 권한**에 속하는 사항의 행사에 관하여 **사전에 적극적**으로 개입하는 것은 **허용되지 않으**나, 견 제의 범위 내에서 **소극적·사후적**으로 개입하는 것은 **허용된다.**

[2] 전라북도의회가 의결한 '전라북도교육청 행정기구 설치 조례 일부 개정조례안'에 대하여 전라북도 교육 감이 재의를 요구하였으나 전라북도의회가 위 조례 개정안을 원안대로 재의결함으로써 확정한 사안에 서, 위 조례 개정안이 교육감의 지방교육행정기관 조직편성권을 부당하게 침해한다고 볼 수 없다고 한 사례

전라북도의회가 의결한 '전라북도교육청 행정기구 설치 조례 일부 개정조례안'에 대하여 전라북도 **교육감이 재의를 요구**하였으나 전라북도의회가 위 조례 개정안을 원안대로 **재의결함으로써 확정**한 사안에서, 위 조례 개정안은 직속기관들이 전라북도교육청 소속임을 분명하게 하기 위하여 해당 **직속기관의 명칭에 '교육청'을 추가**하거나 **지역 명칭을 일부 변경**하는 것에 불과한데, 관계 법령의 규정 내용에 따르면, 직속기관의 명칭을 결정하는 것이 교육감의 고유 권한에 해당한다고 볼 만한 근거가 없는 반면, 지방의회가 '이미 설치된 교육청의 직속기관'의 명칭을 변경하는 것은 **사후적· 소극적 개입**에 해당하므로, 위 조례 개정안이 자치사무에 관하여 법령의 범위 안에서 조례를 제정 할 수 있는 '지방의회의 포괄적인 조례 제정 권한'의 한계를 벗어난 것이라고 보기는 어렵다는 이유 로, **위 조례 개정안**이 교육감의 지방교육행정기관 조직편성권을 **부당하게 침해**한다고 볼 수 **없다.**

| 예상지문 |

① 지방자치법상 지방자치단체의 집행기관과 지방의회는 서로 분립되어 각기 그 고유 권한을 행사하되 상호 견 제의 범위 내에서 상대방의 권한 행사에 대한 관여가 허용되므로, 지방의회는 집행기관의 고유 권한에 속하 는 사항의 행사에 관하여 **사전에 적극적으로 개입**하는 것은 **허용되지 않으**나, 견제의 범위 내에서 **소극적· 사후적**으로 개입하는 것은 **허용된다.**　　　　　　　　　　　　　　　　　　　　　　　　　　(○)

② 전라북도의회가 의결한 '전라북도교육청 행정기구 설치 조례 일부 개정조례안'은 **직속기관들**이 전라북도교육청 **소속임을 분명**하게 하기 위하여 해당 직속기관의 **명칭**에 **'교육청'**을 **추가**하거나 지역 명칭을 일부 변경하는 것으로서 **사후적·소극적 개입**에 해당하므로 교육감의 지방교육행정기관 **조직편성권**을 부당하게 **침해**한다고 볼 수 **없다**. (O)

| 기출지문 |

전라북도의회가 의결한 '전라북도교육청 행정기구 설치 조례 일부 개정조례안'은 직속기관들이 전라북도교육청 소속임을 분명하게 하기 위하여 해당 직속기관의 명칭에 '교육청'을 추가하거나 지역 명칭을 일부 변경하는 것에 불과하므로, 위 조례 개정안이 교육감의 지방교육행정기관조직편성권을 부당하게 침해한다고 볼 수는 없다.
[22경찰간부] (O)

15 조례안재의결무효확인 [대판 2023.3.9. 2022추5118]

시장이 임명 또는 추천하는 공공기관의 장에 대하여 임명 후 지방의회의 인사검증을 거치도록 하는 '부산광역시 공공기관의 인사검증 운영에 관한 조례안'이 법령에 위배되어 무효인지 여부(적극)

1) 헌법 제117조 제1항과 지방자치법 제28조 제1항 본문에 의하면 지방자치단체는 법령의 범위 안에서 그 사무에 관하여 조례를 제정할 수 있으며, 지방자치법은 의결기관으로서의 지방의회와 집행기관으로서의 지방자치단체의 장에게 독자적 권한을 부여하는 한편, 지방의회는 행정사무감사와 조사권 등에 의하여 지방자치단체의 장의 사무집행을 감시·통제할 수 있게 하고 지방자치단체의 장은 지방의회의 의결에 대한 재의 요구권 등으로 의회의 의결권 행사에 제동을 가할 수 있게 함으로써 상호 견제와 균형을 유지하도록 하고 있다. 따라서 지방의회는 자치사무에 관하여 법률에 특별한 규정이 없는 한 위와 같은 지방자치단체의 장의 고유권한을 침해하지 않는 범위 내에서 조례를 제정할 수 있다고 할 것이다(대판 2013.4.11. 2012추22 등 참조).

특히 인사와 관련하여 상위 법령에서 지방자치단체의 장에게 기관구성원 임명·위촉 권한을 부여하면서도 임명·위촉권의 행사에 대한 지방의회의 동의를 받도록 하는 등의 견제나 제약을 규정하고 있거나 그러한 제약을 조례 등에서 할 수 있다고 규정하고 있지 아니하는 한, 당해 법령에 의한 임명·위촉권은 지방자치단체의 장에게 전속적으로 부여된 것이라고 보아야 한다. 따라서 하위 법규인 조례로써는 지방자치단체의 장의 임명·위촉권을 제약할 수 없고, 지방의회의 지방자치단체 사무에 대한 비판, 감시, 통제를 위한 행정사무감사 및 조사권의 행사의 일환으로 위와 같은 제약을 규정하는 조례를 제정할 수도 없다(대판 2017.12.13. 2014추644 참조).

2) 지방자치법 제28조 제1항 단서, 행정규제기본법 제4조 제3항에 의하면 지방자치단체가 조례를 제정할 때 그 내용이 주민의 권리 제한 또는 의무 부과에 관한 사항이나 벌칙인 경우에는 법률의 위임이 있어야 하므로, 법률의 위임 없이 주민의 권리 제한 또는 의무 부과에 관한 사항을 정한 조례는 그 효력이 없다(대판[전합] 2012.11.22. 2010두19270 참조).

3) 「개인정보 보호법」 제15조 제1항은 정보주체의 동의를 받은 경우(제1호) 외에도 제2호 내지 제6호에서 정보주체의 동의 없이 개인정보를 수집·이용할 수 있는 경우를 별도로 규정하고 있다.

그중 인사검증회의의 공개와 관련하여서는 「개인정보 보호법」 제15조 제1항 제3호의 "공공기관이 '법령 등'에서 정하는 소관 업무의 수행을 위하여 불가피한 경우"에 해당하는지 여부가 문제될 수 있는바, 여기에서 말하는 '법령 등'이란 어디까지나 '적법'한 법령 등을 의미한다고 보아야 한다(대판 2017.12.13. 2014추644 참조).

16 조례안의결무효확인 [대판 2023.7.13. 2022추5149]

경상남도 업무협약 체결 및 관리에 관한 조례안에 대한 재의결의 무효확인을 구하는 사건

경상남도지사는 업무협약에 비밀유지조항을 둔 경우라도 경상남도의회에서 지방자치법에 따라 자료요구가 있는 경우 이를 거부할 수 없도록 규정한 경상남도 업무협약 체결 및 관리에 관한 조례안 제6조 제1항이 법령에 위반되는지 여부(적극)

지방자치법은 지방의회의 권한 중 하나로 안건 심의에 관련된 서류제출 요구권(제48조)과 행정사무 감사권·조사권에 기한 서류제출 요구권(제49조 제4항)을 규정함으로써 지방의회의 심의 및 감사·조사가 효율적으로 이루어지도록 하고 있다. 한편 그 구체화에 관하여 위임받은 지방자치법 시행령은, 지방의회가 안건의 심의와 직접 관련된 서류의 제출을 요구할 경우 그 요구를 받은 지방자치단체의 장은 법령이나 조례에서 특별히 규정한 경우 외에는 그 요구에 따라야 하고(제40조 제2항), 지방의회가 행정사무 감사 또는 조사를 위하여 필요한 서류제출을 요구할 경우 그 요구를 받은 사람은 법령이나 조례에서 특별히 규정한 경우 외에는 그 요구에 따라야 하며 행정사무 감사 또는 조사에 협조하여야 한다(제46조 제2항)고 규정함으로써, 지방의회의 서류제출 요구에 대하여 구속력을 인정하되, 법령 또는 조례에서 특별히 규정한 경우는 그 예외를 인정하도록 함으로써 지방자치의 법령적합성을 도모하고 있다. 결국 지방의회의 서류제출 요구권에 기한 심의 및 감사·조사 역시 그 구체적인 실현은 법령 또는 조례에서의 제한 규정을 예정하고 있다.

그런데 지방공무원법 제52조와 국가공무원법 제60조는 공무원으로 하여금 직무상 알게 된 비밀을 엄수하도록 하는 내용의 비밀유지의무를 규정하고 있다. 따라서 지방자치단체의 장이 지방의회의 요구에 따라 지방의회에 제출할 자료 중에 직무상 알게 된 비밀이 포함된 경우, 이 사건 조례안 제6조 제1항에 따르면 지방자치단체의 장이 이를 지방의회에 제출하여야 하는 반면, 지방공무원법 제52조 등에 따르면 지방자치단체의 장이 지방의회의 제출요구를 거부함으로써 직무상 알게 된 비밀을 엄수하여야 한다. 이러한 측면에서 이 사건 조례안 제6조 제1항이 지방공무원법 제52조 등과 충돌한다고 볼 여지가 크다.

또한, 「공공기관의 정보공개에 관한 법률」은 국민의 알권리 보장과 국정 운영의 투명성 확보를 위해 공공기관이 보유·관리하는 정보의 공개를 원칙으로 하면서도(제3조), 국가안전보장, 질서유지 및 공공복리 차원에서 공개하지 아니할 수 있는 정보를 규정하고 있고(제9조 제1항), 그 중에는 법인 등의 경영상·영업상 비밀에 영업상 비밀에 관한 사항으로서 공개될 경우 법인 등의 정당한 이익을 현저히 해칠 우려가 있다고 인정되는 정보가 포함되어 있다(제7호). 「사회기반시설에 대한 민간투자법」 역시 민간투자사업의 투명성을 높이기 위하여 주무관청으로 하여금 사업시행자와 체결하는 실시협약의 내용 및 변경사항 등에 대한 정보를 공개하도록 하되, 사업시행자의 경영상·영업상 비밀에 해당하는

정보는 비공개하도록 규정하여 사업시행자의 정당한 이익을 보호하는 범위 내에서 정보공개를 의무화하고 있다(제51조의3).

그런데 지방의회의 감사 또는 조사는 공개를 원칙으로 하기 때문에(지방자치법 시행령 제51조 본문) 감사 또는 조사 과정에 수반되는 지방의회에 대한 서류제출 역시 정보의 공개에 관하여 위 법률조항들이 정한 한계를 준수해야 할 필요가 있다. 그럼에도 이 사건 조례안 제6조 제1항은 서류제출요구에 응할 경우 기업의 자유 등이 침해될 수 있다는 점에 대한 어떠한 고려도 없이 원고 경상남도지사에게 피고 경상남도의회의 서류제출 요구에 응하도록 하고 있다. 결국 이 사건 조례안 제6조 제1항은 기본권에 의한 한계를 규정하고 있는 위 법률조항들과도 충돌한다.

물론 직무상 비밀이라거나 영업상 비밀이라는 이유로 언제나 지방자치단체의 장이 서류제출을 거부할 수 있다고 하게 되면 업무협약을 통한 사업추진 과정의 투명성 제고가 어려워지고, 지방의회의 지방정부에 대한 견제기능도 효율적으로 수행할 수 없게 되며, 주민의 알권리도 충족될 수 없다는 점에서 이 사건 조례안 제6조 제1항의 제정 필요성을 부정할 수는 없다. 그러나 주민의 알권리도 헌법 제37조 제2항에 의하여 국가안전보장, 질서유지, **공공복리를 이유로 제한**될 수 있다는 점에서 절대적 권리는 아니다. 이 사건 조례안 제6조 제1항이 목적하는 바가 업무협약의 비밀유지조항을 빌미로 자료제출을 거부하려는 것을 막는 데 있다면, 자료제출을 원칙적으로 강제하되, 법령에서 보호하고 있는 **직무상 비밀 혹은 영업상 비밀** 등의 경우에는 자료제출을 거부할 수 있는 **예외를 합리적으로 인정하였어야** 한다.

⇨ '경상남도 업무협약 체결 및 관리에 관한 조례안'에 대한 재의결에 대하여 경상남도지사가 무효확인을 구한 사안으로, 경상남도지사는 업무협약에 비밀유지조항을 둔 경우라도 경상남도의회에서 지방자치법 제48조 및 제49조에 따라 자료요구가 있는 경우 이를 거부할 수 없도록 규정한 조례안 규정이 지방공무원법 제52조, 「공공기관의 정보공개에 관한 법률」 제9조 제1항 제7호, 「사회기반시설에 대한 민간투자법」 제51조의3 제1항 등에 위반된다는 이유로 그 청구를 인용한 사안임.

| 예상지문 |

> 경상남도지사는 업무협약에 비밀유지조항을 둔 경우라도 경상남도의회에서 지방자치법에 따라 자료요구가 있는 경우 이를 거부할 수 없도록 규정한 경상남도 업무협약 체결 및 관리에 관한 조례안 제6조 제1항은 법령에 위반된다.
> (O)

17 조례안재의결무효확인 [대판 2022.7.28. 2021추5050]

[1] 구 지방자치법 제22조에서 정한 '법령의 범위 안에서'의 의미 및 법령에 위반되는 지방자치단체 조례의 효력(무효) / 조례가 법령에 위반되는지 판단하는 방법

구 지방자치법 제22조 본문은 "지방자치단체는 법령의 범위 안에서 그 사무에 관하여 조례를 제정할 수 있다"라고 규정한다. 여기서 말하는 '법령의 범위 안에서'란 '법령에 위반되지 않는 범위 안에서'를 가리키므로 지방자치단체가 제정한 **조례가 법령에 위반**되는 경우에는 **효력이 없다**. 조례가 법령에 위반되는지 여부는 법령과 조례의 각 규정 취지, 규정의 목적과 내용 및 효과 등을 비교하여 양자 사이에 모순·저촉이 있는지 여부에 따라서 개별적·구체적으로 판단하여야 한다(대판 2020.2.13. 2017추5039 참조).

[2] 조례가 규율하는 특정사항에 관하여 그것을 규율하는 국가의 법령이 이미 존재하는 경우, 조례가 적법하기 위한 요건

조례가 규율하는 특정사항에 관하여 그것을 규율하는 **국가의 법령이 이미 존재**하는 경우에도 조례가 법령과 **별도의 목적**에 기하여 규율함을 의도하는 것으로서 그 적용에 의하여 **법령의 규정이 의도하는 목적과 효과를 전혀 저해하는 바가 없는** 때 또는 양자가 **동일한 목적**에서 출발한 것이라고 할지라도 국가의 법령이 반드시 그 규정에 의하여 **전국에 걸쳐 일률적으로 동일한 내용을 규율**하려는 **취지가 아니고** 각 지방자치단체가 그 **지방의 실정에 맞게 별도로 규율**하는 것을 **용인하는 취지**라고 해석되는 때에는 그 조례가 국가의 **법령에 위배**되는 것은 **아니**라고 보아야 한다(대판 2006.10.12. 2006추38 참조).

[3] 공공주택 특별법에 따른 공공주택 임차인이 감사 요청을 하는 경우와 이들에 대한 보호 필요성이 인정되는 경우에도 지방자치단체의 장이 공동주택관리법 제93조 제4항에 따라 감사를 실시할 수 있도록 규정한 '부산광역시 공동주택 관리에 관한 감사 조례 일부개정 조례안'에 대하여 임대주택 임차인의 감사 요청권에 대하여 별도로 규정하지 않고 있는 공동주택관리법에 위반된다며 부산광역시장이 재의를 요구하였으나 부산광역시의회가 원안대로 재의결한 사안에서, 위 조례안 규정들이 상위법령에 위반되지 않는다고 한 사례

| **예상지문** |

① 조례가 **규율**하는 특정사항에 관하여 그것을 규율하는 **국가의 법령이 이미 존재**하는 경우에도 조례가 법령과 **별도의 목적**으로 규율하여 **법령의 목적과 효과를 전혀 저해하는 바가 없는** 때 또는 **동일한 목적**이라도 국가의 법령이 반드시 **전국에 걸쳐 일률적으로 규율**하려는 **취지가 아니고** 각 **지방의 실정에 맞게 별도로 규율**하는 것을 **용인하는 취지**라고 해석되는 때에는 그 조례가 국가의 **법령에 위배**되는 것은 **아니**다.　　　　(○)

② 「공공주택 특별법」에 따른 공공주택 **임차인이 감사 요청**을 하는 경우와 이들에 대한 **보호 필요성**이 인정되는 경우에도 **지방자치단체의 장**이 「공동주택관리법」 제93조 제4항에 따라 감사를 실시할 수 있도록 규정한 조례는 임대주택 임차인의 감사 요청권에 대하여 별도로 규정하지 않은 「**공동주택관리법**」에 위반되어 효력이 없다.　　　　(×)

18 교습정지처분 취소 [대판 2022.1.27. 2019두59851]

독서실 열람실 내 남녀별 좌석을 구분 배열하도록 하고 그 위반 시 교습정지처분을 할 수 있도록 한 「전라북도 학원의 설립·운영 및 과외교습에 관한 조례」 제11조 제1호, 위 조례 시행규칙 제15조 제1항 [별표 3]이 헌법상 기본권을 침해하는지 여부(적극)

전라북도전주교육지원청교육장이 甲 주식회사가 운영하는 독서실에 대한 현장점검을 실시하여 열람실의 남녀별 좌석 구분 배열이 준수되지 않고 배치도상 남성 좌석으로 지정된 곳을 여성이 이용하거나 여성 좌석으로 지정된 곳을 남성이 이용하여 남녀 이용자가 뒤섞여 있는 것을 적발하고, 학원의 설립·운영 및 과외교습에 관한 법률 제8조, 독서실의 운영자에게 열람실의 남녀 좌석을 구분하여 배열하도록 하고 위반 시 교습정지처분을 할 수 있도록 규정한 '전라북도 학원의 설립·운영 및 과외교습에 관한 조례' 제3조의3 제2호, 제11조 제1호 등에 따라 10일간 교습정지를 명하는 처분을 한 사안에서, 위 조례 조항은 과잉금지의 원칙에 반하여 독서실 운영자의 직업수행의 자유와 독서실 이용자의 일반적 행동자유권 내지 자기결정권을 침해하는 것으로 헌법에 위반된다.

| 예상지문 |

독서실 열람실 내 **남녀별 좌석을 구분** 배열하도록 하고 그 **위반 시 교습정지처분**을 할 수 있도록 한 조례 조항은 과잉금지의 원칙에 반하여 독서실 운영자의 직업수행의 자유와 독서실 이용자의 일반적 행동자유권 내지 자기결정권을 침해하는 것으로 **헌법에 위반**된다. (○)

19 직무이행명령취소청구 [대판 2020.3.27. 2017추5060]

직무이행명령 및 이에 대한 이의소송 제도의 취지 및 직무이행명령의 요건 중 '법령의 규정에 따라 지방자치단체의 장에게 특정 국가위임사무나 시·도위임사무를 관리·집행할 의무가 있는지' 여부의 판단대상(= 법령상 의무의 존부)과 이를 판단하는 방법

직무이행명령 및 이에 대한 **이의소송** 제도의 취지는 국가위임사무나 시·도위임사무의 관리·집행에서 위임기관과 수임기관 사이의 지위와 권한, 상호 관계 등을 고려하여, 수임기관인 지방자치단체의 장이 해당 사무에 관한 사실관계의 인식이나 법령의 해석·적용에서 위임기관과 견해를 달리하여 해당 사무의 관리·집행을 하지 아니할 때, 위임기관에는 사무집행의 실효성을 확보하기 위하여 수임기관인 지방자치단체의 장에 대한 직무이행명령과 그 불이행에 따른 후속 조치를 할 권한을 부여하는 한편, 해당 지방자치단체의 장에게는 직무이행명령에 대한 이의의 소를 제기할 수 있도록 함으로써, 위임사무의 관리·집행에 관한 양 기관 사이의 분쟁을 대법원의 재판을 통하여 합리적으로 해결하고 사무집행의 적법성과 실효성을 보장하려는 데 있다. 따라서 직무이행명령의 요건 중 **'법령의 규정**에 따라 지방자치단체의 장에게 특정 국가위임사무나 시·도위임사무를 관리·집행할 **의무가 있는지'** 여부의 판단대상은 문언대로 법령상 의무의 존부이지, 지방자치단체의 장이 사무의 관리·집행을 하지 아니한 데 합리적 이유가 있는지 여부가 아니다. 법령상 의무의 존부는 원칙적으로 직무이행명령 당시의 사실관계에 관련 법령을 해석·적용하여 판단하되, 직무이행명령 이후의 정황도 고려할 수 있다(대판 2013.6.27. 2009추206 등 참조).

| 예상지문 |

현행 지방자치법 제188조의 **직무이행명령의 요건** 중 '법령의 규정에 따라 지방자치단체의 장에게 특정 국가위임사무나 시·도위임사무를 **관리·집행할 의무가 있는지'** 여부의 판단대상은 문언대로 **법령상 의무의 존부이지**, 지방자치단체의 장이 사무의 관리·집행을 하지 아니한 데 **합리적 이유가** 있는지 여부가 **아니다.** (○)

제6편

공무원법

제1장　공무원관계의 변동
제2장　공무원의 권리와 의무
제3장　공무원의 책임

제6편 | 공무원법

제1장 공무원관계의 변동

01 지방공무원법위반 – 공무원관계의 변경 [대판 2022.2.11. 2021도13197]

[1] 지방공무원의 승진임용에 관하여 임용권자에게 부여된 인사재량의 범위 / 지방공무원법 제42조의 구성요건인 '임용에 관하여 부당한 영향을 미치는 행위'에 해당하는지를 판단할 때 고려하여야 할 사항

지방공무원의 <u>승진임용</u>에 관해서는 임용권자에게 일반 국민에 대한 행정처분이나 공무원에 대한 징계처분에서와는 비교할 수 없을 정도의 **광범위한 재량**이 부여되어 있다. 따라서 승진임용자의 자격을 정한 관련 법령 규정에 위배되지 아니하고 사회통념상 합리성을 갖춘 사유에 따른 것이라는 일응의 주장·증명이 있다면 섣불리 위법하다고 판단하여서는 아니 된다. 특히 임용권자의 인사와 관련한 행위에 대하여 형사처벌을 하는 경우에는 임용권자의 광범위한 인사재량권을 고려하여 해당 규정으로 인하여 임용권자의 인사재량을 부당히 박탈하는 결과가 초래되지 않도록 처벌규정을 엄격하게 해석·적용하여야 할 것이다. 따라서 "누구든지 시험 또는 임용에 관하여 고의로 방해하거나 부당한 영향을 미치는 행위를 하여서는 아니 된다"라고 규정하는 지방공무원법 제42조의 '임용에 관하여 부당한 영향을 미치는 행위'에 해당하는지를 판단함에 있어서도 임용권자가 합리적인 재량의 범위 내에서 인사에 관한 행위를 하였다면 섣불리 구성요건해당성을 인정하여서는 아니 된다.

[2] 지방공무원법상 공무원의 결원 발생 시 발생한 결원 수 전체에 대하여 오로지 승진임용의 방법으로 보충하거나 그 대상자에 대하여 승진임용 절차를 동시에 진행하여야 하는지 여부(소극) / 승진임용과 관련하여 인사위원회의 사전심의를 거치는 것은 임용권자가 승진임용 방식으로 인사권을 행사하고자 하는 것을 전제로 하는지 여부(적극) / 임용권자는 결원 보충의 방법과 승진임용의 범위에 관한 사항을 선택하여 결정할 수 있는 재량이 있는지 여부(적극)

<u>지방공무원법은 공무원의 결원 발생 시 발생한 결원 수 전체에 대하여 오로지 승진임용의 방법으로 보충하도록 하거나 그 대상자에 대하여 승진임용 절차를 동시에 진행하도록 규정하지 않고</u>, 제26조에서 "임용권자는 공무원의 결원을 신규임용·승진임용·강임·전직 또는 전보의 방법으로 보충한다"라고 규정하여 <u>임용권자에게 다양한 방식으로 결원을 보충할 수 있도록</u> 하고 있다. 그리고 지방공무원법 및 '지방공무원 임용령'에서는 인사의 공정성을 높이기 위한 취지에서 임용권자가 승진임용을 할 때에는 임용하려는 결원 수에 대하여 인사위원회의 사전심의를 거치도록 하고 있다(지방공무원법 제39조 제4항, 지방공무원 임용령 제30조 제1항). 즉, 승진임용과 관련하여 <u>인사위원회의 사전심의를 거치는 것은 임용권자가 승진임용 방식으로 인사권을 행사하고자 하는 것을 전제로 한다</u>. 이와 달리 만약 발생한 결원 수 전체에 대하여 동시에 승진임용의 절차를 거쳐야 한다고 해석하면, 해당 기관의 연간 퇴직률, 인사적체의 상황, 승진후보자의 범위, 업무 연속성 보장의 필요성이나 재직가능 기간 등과 무관하게 연공서열에 따라서만 승진임용이 이루어지게 됨에 따라 임용

권자의 승진임용에 관한 재량권이 박탈되는 결과가 초래될 수 있으므로, <u>임용권자는 결원 보충의 방법과 승진임용의 범위에 관한 사항을 선택하여 결정할 수 있는 재량이 있다고 보아야 할 것이다.</u>

[3] 지방공무원법상 임용권자는 인사위원회의 심의·의결 결과와 다른 내용으로 승진대상자를 결정하여 승진임용을 할 수 있는지 여부(적극) / 인사위원회의 심의·의결 결과에 따르도록 규정한 '지방공무원 임용령' 제38조의5가 임용권자의 인사재량을 배제하는 규정인지 여부(소극) 및 위 규정은 임용권자로 하여금 가급적 인사위원회의 심의·의결 결과를 존중하라는 취지인지 여부(적극)

징계에 관해서는 인사위원회의 징계의결 결과에 따라 징계처분을 하여야 한다고 분명하게 규정하고 있는 반면(지방공무원법 제69조 제1항), 승진임용에 관해서는 <u>인사위원회의 사전심의를 거치도록 규정하였을 뿐 그 심의·의결 결과에 따라야 한다고 규정하고 있지 않으므로</u>, 임용권자는 **인사위원회의 심의·의결 결과와는 다른** 내용으로 승진대상자를 결정하여 **승진임용을 할 수 있다.** '지방공무원 임용령' 제38조의5가 '임용권자는 특별한 사유가 없으면 소속 공무원의 승진임용을 위한 인사위원회의 사전심의 또는 승진의결 결과에 따라야 한다'라고 규정하고 있으나 위 규정은 지방공무원법의 구체적인 위임에 따른 것이 아니므로 그로써 임용권자의 인사재량을 배제한다고 볼 수 없으며, 문언 자체로도 특별한 사유가 있으면 임용권자가 인사위원회의 심의·의결 결과를 따르지 않을 수 있음을 전제하고 있으므로 임용권자로 하여금 가급적 인사위원회의 심의·의결 결과를 존중하라는 취지로 이해하여야 한다.

| 예상지문 |

① **지방공무원의 승진임용**에 관해서는 임용권자에게 일반 국민에 대한 행정처분이나 공무원에 대한 징계처분에서와는 비교할 수 없을 정도의 **광범위한 재량**이 부여되어 있다.　　　　　　　　　　　　　　　　(○)

② 「지방공무원법」은 공무원의 결원 발생 시 발생한 결원 수 전체에 대하여 오로지 승진임용의 방법으로 보충하도록 규정하지 않고, 제26조에서 임용권자에게 다양한 방식으로 결원을 보충할 수 있도록 하고 있으므로, 임용권자는 **결원 보충의 방법**과 승진임용의 범위에 관한 사항을 선택하여 결정할 수 있는 **재량이 있다.**　　　　　　　　　　　　　　　　(○)

---

02 공무원 보수지급 – 공무원관계의 변경 [대판 2022.10.14. 2022두45623]

1) 국가공무원법 제73조의3 제1항에서 정한 **직위해제**는 당해 공무원이 장래에 계속 직무를 담당하게 될 경우 예상되는 업무상의 장애 등을 예방하기 위하여 일시적으로 당해 공무원에게 직위를 부여하지 아니함으로써 직무에 종사하지 못하도록 하는 잠정적인 조치로서, 임용권자가 일방적으로 보직을 박탈시키는 것을 의미한다. 이러한 직위해제는 공무원의 비위행위에 대한 징벌적 제재인 징계와 법적성질이 다르지만(대판 2003.10.10. 2003두5945 등 참조), 해당 공무원에게 보수·승진·승급 등 다양한 측면에서 직·간접적으로 불리한 효력을 발생시키는 침익적 처분이라는 점에서 그것이 부당하게 장기화될 경우에는 결과적으로 해임과 유사한 수준의 불이익을 초래할 가능성까지 내재되어 있으므로, 직위해제의 요건 및 효력 상실·소멸시점 등은 문언에 따라 엄격하게 해석하여야 하고, 특히 헌법 제7조 제2항 및 국가공무원법 제68조에 따른 공무원에 대한 신분보장의 관점은 물론 헌법상 비례원칙에 비추어 보더라도 직위해제처분의 대상자에게 불리한 방향으로 유추·확장해석을 하여서는 아니 된다.

2) 국가공무원법 제73조의3 제1항 제3호는 파면·해임·강등 또는 정직에 해당하는 징계의결(이하 '중징계의결')이 요구 중인 자에 대하여 직위해제처분을 할 수 있음을 규정하였는바, 이는 중징계의결 요구를 받은 공무원이 계속 직위를 보유하고 직무를 수행한다면 공무집행의 공정성과 그에 대한 국민의 신뢰를 저해할 구체적인 위험이 생길 우려가 있으므로 이를 사전에 방지하고자 하는 데 목적이 있다. 이러한 직위해제제도의 목적 및 취지는 물론 이로 인한 불이익의 정도와 침익적 처분의 성질에 비추어 보면, 단순히 '중징계의결 요구'가 있었다는 형식적 이유만으로 직위해제처분을 하는 것이 정당화될 수는 없고, 직위해제처분의 대상자가 중징계처분을 받을 고도의 개연성이 인정되는 경우임을 전제로 하여, 대상자의 직위·보직·업무의 성격상 그가 계속 직무를 수행함으로 인하여 공정한 공무집행에 구체적인 위험을 초래하는지 여부 등에 관한 제반 사정을 면밀히 고려하여 그 요건의 충족 여부 등을 판단하여야 한다.

3) 한편, 국가공무원법 제73조의3 제2항은 직위해제처분을 한 경우에도 그 사유가 소멸되면 지체 없이 직위를 부여하여야 함을 명시하였다. 이는 같은 조 제1항 제3호의 요건 중 하나인 '중징계의결이 요구 중인 자'의 의미 및 '중징계의결 요구'의 종기에 관한 해석과 관계된다. 국가공무원법은 '징계의결 요구(제78조), 징계의결(제82조 제1항), 징계의결 통보(공무원 징계령 제18조), 징계처분(제78조 및 공무원 징계령 제19조) 또는 심사·재심사 청구(제82조 제2항 및 공무원 징계령 제24조)' 등 징계절차와 그 각 단계를 명확히 구분하여 규정하였고, '재징계의결 요구(제78조의3)'는 징계처분이 무효·취소된 경우에 한하는 것으로 명시함으로써 '심사·재심사 청구'가 이에 포함되지 않는다는 점 역시 문언상 분명하다. 이러한 관련 규정의 문언 내용·체계에 비추어 보면, '중징계의결이 요구 중인 자'는 국가공무원법 제82조 제1항 및 공무원 징계령 제12조에 따른 징계의결이 이루어질 때까지로 한정된다고 봄이 타당하다.

4) 만일 징계의결에 따라 곧바로 징계처분이 이루어진 경우와 달리 징계의결에 대하여 징계의결 요구권자가 심사·재심사를 청구한 경우에는 직위해제의 효력이 심사·재심사 청구에 관한 결정 시까지 지속된다고 본다면, 국가공무원법 및 공무원 징계령의 문언 내용·체계의 해석에 반할 뿐만 아니라 징계의결 요구권자의 심사·재심사 청구 여부에 관한 일방적인 의사·판단에 상당한 수준의 불이익한 처분에 해당하는 직위해제의 종기를 결부시키는 것이 되고, 이로 인하여 공무원을 장기간 동안 불안정한 신분 상태에 놓이게 하여 헌법과 국가공무원법이 정한 공무원의 신분보장에 반할 우려가 커짐은 물론 직위해제처분의 대상자에게 불리한 방향의 유추·확장해석을 하는 것이 되어 허용할 수 없다. 더욱이 '중징계의결이 요구 중인 자'에 해당하여 직위해제처분을 받은 대상자에 대하여 적법한 절차에 따라 '경징계의결'이 이루어진 경우에는, 비록 재심사 청구에 의한 변경 가능성을 고려하더라도 '중징계처분을 받을 고도의 개연성'이 있다고 쉽게 인정하기 어려운 상태가 되었다고 봄이 타당하다. 잠정적 조치인 직위해제처분의 특성상 그 사유·목적에 부합하는 적정한 범위 내에서 필요 최소한으로 운용되어야만 한다는 점에서 보더라도, 당초 직위해제를 한 시점에는 적법한 처분에 해당하였더라도 그 사유의 소멸·상실일에 해당하는 **징계의결이 있은** 다음 날부터는 **직위해제처분이 효력을 상실**하게 된다고 볼 수밖에 없다.

| 기출지문 |

'중징계의결이 요구 중인 자'에 해당하는 공무원에 대하여 직위해제 처분을 한 경우에는 징계의결이 있기 전까지만 직위해제를 하여야 하나, 해당 공무원에 대하여 징계의결이 있었고 이에 대하여 징계의결요구권자가 심사·재심사 청구를 하였다면 그에 대한 결정이 있을 때까지 직위해제를 유지할 수 있다. [23국회8급]　　　　(×)

군인이 임용권자로부터 받은 파면 등 징계, 전역명령 등 신분상 불이익처분이 확정판결에 의하여 위법한 것으로 확인되어 복귀하는 과정에서 군인사법상 계급별 연령정년이 예외적으로 연장되는 경우 및 이때 연장되는 기간의 범위

대법원은 구 국가정보원직원법 제22조 제1항 제2호에서 정한 계급정년이 문제 된 사안에서 "계급정년의 적용을 받는 국가정보원 소속 공무원이 직권면직처분에 의하여 면직되었다가 직권면직처분이 무효임이 확인되거나 취소되어 복귀한 경우, 직권면직처분 때문에 사실상 직무를 수행할 수 없었던 기간 동안 승진 심사를 받을 기회를 실질적으로 보장받지 못하였다고 하더라도 **원칙적으로** 직권면직기간은 계급정년기간에 포함될 것이나, 직권면직처분이 법령상의 직권면직사유 없이 오로지 임명권자의 일방적이고 중대한 귀책사유에 기한 것이고 그러한 직권면직처분으로 인해 줄어든 직무수행기간 때문에 당해 공무원이 상위 계급으로 승진할 수 없었다는 등의 특별한 사정이 인정되는 경우에까지 직권면직기간을 계급정년기간에 포함한다면 헌법 제7조 제2항 소정의 공무원 신분보장 규정의 취지를 근본적으로 훼손하게 되므로, 그러한 경우에는 **예외적으로** 직권면직기간이 계급정년기간에서 제외된다고 봄이 상당하다"라고 밝혔다.

군인사법은 제8조 제1항에서 연령정년, 근속정년, 계급정년 등 3가지 유형의 정년제도를 규정하였다. 그런데 '연령정년'은 계급마다 연한에 차등을 두고 있을 뿐만 아니라 그 연한이 경찰공무원 등 다른 공무원과 비교하여 현저히 낮게 설정되어 있으므로, 군인사법상 '연령정년'에 관한 문제를 다룰 때에 계급적 요소를 참작하지 않을 수 없다. 따라서 군인이 임용권자로부터 파면 등 징계, 전역명령 등 신분상 불이익처분을 받았으나 그것이 확정판결에 의하여 위법한 것으로 확인되어 복귀하는 과정에서 연령정년의 경과 여부가 문제 되는 경우로서, 상명하복의 엄격한 규율과 군기를 중시하고 집단적 공동생활을 영위하는 군대의 특수한 사정을 충분히 고려하더라도 신분상 불이익처분이 법령상 정당한 근거 없이 오로지 임명권자의 일방적이고 중대한 귀책사유에 기한 것이고, 그 불이익처분으로 인해 해당 계급에서 상위 계급으로 진급함에 필요한 직무수행의 기회를 상당한 기간에 걸쳐 실질적으로 침해·제한당하는 등의 특별한 사정이 인정되며, 이를 용인할 경우 군인사법상 계급별 연령정년의 입법 취지는 물론 헌법 제7조 제2항에서 정한 공무원의 신분보장 취지를 근본적으로 훼손하게 되는 정도에까지 이르러 일반 불법행위의 법리에 의한 손해배상의 방법으로 그 위법성을 도저히 치유할 수 없다고 인정되는 경우에는 위 대법원판결의 법리가 동일하게 적용될 수 있다. 이 경우 '연령'이라는 기준의 불가역적인 성질에 비추어, 위와 같은 경위로 진급심사에 필요한 실질적인 직무수행의 기회를 상실한 기간만큼 연령정년이 연장된다.

| 예상지문 |

> **원칙적으로** 공무원의 직권면직기간은 계급정년기간에 포함될 것이나, 직권면직처분이 법령상의 직권면직사유 없이 오로지 임명권자의 일방적이고 중대한 귀책사유에 기한 것이고 그러한 직권면직처분으로 인해 줄어든 직무수행기간 때문에 당해 공무원이 상위 계급으로 승진할 수 없었다는 등의 특별한 사정이 인정되는 경우에까지 직권면직기간을 계급정년기간에 포함한다면 헌법 제7조 제2항 소정의 공무원 신분보장 규정의 취지를 근본적으로 훼손하게 되므로, 그러한 경우에는 **예외적으로** 직권면직기간이 계급정년기간에서 제외된다. (O)

04 강등처분취소 [대판 2024.1.4. 2022두65092]

판결요지

[1] 헌법 제7조가 보장하는 **직업공무원제도**의 운영 및 기본적 요소에 해당하는 **공무원의 임용·보직·승진**에는 공무원의 능력·성적·전문성 등을 반영한 **능력주의·성과주의**가 바탕이 되어야 한다. 또한, 헌법 제7조 제2항은 "공무원의 신분과 정치적 중립성은 법률이 정하는 바에 의하여 보장된다."라고 하여, 직업공무원제도가 정치적 중립성과 신분보장을 중추적 요소로 하는 민주적이고 법치주의적인 공직제도임을 천명하면서도 구체적 내용을 법률로 정하도록 위임하였으므로, 이러한 헌법의 위임 및 기속적 방향 제시에 따른 **지방공무원법**이 정한 신분보장·승진 등 인사 운영 관련 규정을 해석·적용할 때에도 헌법상 직업공무원제도의 취지·목적과 함께 **능력주의·성과주의 원칙**을 고려하여야 한다.

[2] 지방공무원법 제6조 제1항, 제25조 본문, 제38조 제1항 본문, 제39조 제3항, 제4항, 제5항, 지방공무원 임용령 제31조의2 제1항, 제4항, 제31조의6 제1항, 제32조 제1항, 제2항, 제3항에 따르면, 지방공무원의 임용권자가 5급 공무원을 4급 공무원으로 승진임용을 하기 위해서는 승진 예정 대상자인 5급 공무원에 대하여 직급별로 지방공무원 임용령에서 정한 바에 따라 근무성적평정·경력평정 및 능력의 실증을 반영한 승진후보자명부를 작성하여 인사위원회 사전심의를 거친 다음 승진후보자명부의 높은 순위에 있는 후보자부터 차례로 승진임용 여부를 심사하여 결정해야 한다. 이때 **임용권자**에게는 **승진임용**에 관하여 일반 국민에 대한 행정처분이나 공무원에 대한 징계처분에서와는 비교할 수 없을 정도의 매우 **광범위한 재량**이 부여되어 있으므로 승진후보자명부의 높은 순위에 있는 후보자를 반드시 승진임용해야 하는 것은 아니지만, 승진후보자명부의 작성 또는 승진임용 여부를 심사·결정하는 과정에서 아무런 제한 없는 재량권이 인정되는 것은 아니다. 즉, 임용권자가 승진후보자명부의 작성 및 승진임용을 할 때에는 지방공무원법 제25조, 제38조 제1항 및 제39조 제5항에 따라 근무성적평정·경력평정 및 그 밖의 능력의 실증에 따라야 하는 의무를 부담하므로, 4급 공무원으로 승진임용을 하기 위하여 승진후보자명부를 작성하거나 승진임용 여부를 심사·결정하는 과정에서 **법령상 근거 없이 직무수행능력과 무관한 요소**로서 근무성적평정·경력평정 및 능력의 실증에 해당한다고 보기 어려운 사정을 **주된 평정 사유로 반영**하였거나 이러한 사정을 승진임용에 관한 **일률적인 배제사유** 또는 소극요건으로 삼았다면, 이는 **임용권자가** 법령상 근거 없이 자신의 **주관적 의사**에 따라 임용권을 자의적으로 행사한 것으로 **헌법상 직업공무원제도**의 취지·목적 및 능력주의 원칙은 물론 **지방공무원법령** 규정에 반하는 것이어서 **허용될 수 없다.**

┃ 예상지문 ┃

① **지방공무원법**이 정한 신분보장·승진 등 인사 운영 관련 규정을 해석·적용할 때에도 **헌법상 직업공무원제도**의 취지·목적과 함께 **능력주의·성과주의** 원칙을 고려하여야 하므로, 승진후보자명부의 높은 순위에 있는 후보자를 **반드시 승진임용해야** 한다.   (×)

② **임용권자**에게는 승진임용에 관하여 일반 국민에 대한 행정처분이나 공무원에 대한 징계처분에서와는 비교할 수 없을 정도의 매우 **광범위한 재량**이 부여되어 있으나, 4급 공무원으로 승진임용 여부를 심사·결정하는 과정에서 **법령상 근거 없이 직무수행능력과 무관한 요소**로서 근무성적평정·경력평정 및 능력의 실증에 해당한다고 보기 어려운 사정을 주된 평정 사유로 반영하였거나 이러한 사정을 승진임용에 관한 일률적인 배제사유 또는 소극요건으로 삼는 것은 **허용될 수 없다.**   (○)

Ⅰ. 판결요지

공직선거법 제52조 제1항 제5호, 제9호, 제10호, 제53조 제1항 제1호, 제4항의 내용과 체계, 입법 목적을 종합하면, **공무원이 공직선거의 후보자가 되기 위하여 공직선거법 제53조 제1항에서 정한 기한 내에 소속기관의 장 또는 소속위원회에 사직원을 제출**하였다면 공직선거법 제53조 제4항에 따라 그 **수리 여부와 관계없이** 사직원 **접수 시점에 그 직을 그만둔 것으로** 간주되므로, 그 이후로는 공무원이 해당 공직선거와 관련하여 정당의 추천을 받기 위하여 정당에 가입하거나 후보자등록을 할 수 있고, 후보자등록 당시까지 사직원이 수리되지 않았더라도 그 후보자등록에 공직선거법 제52조 제1항 제5호, 제9호 또는 제10호를 위반한 등록무효사유가 있다고는 볼 수 없다.

Ⅱ. 이 유

1. 기초사실

(1) 피고는 2019. 12. 31. 중앙선거관리위원회에 '공무원이 공직선거의 후보자가 되기 위하여 공직선거법 제53조 제1항에서 정한 기한까지 사직원을 제출하였는데도 소속 기관장이 사직원을 수리하지 않고 있는 상황이라면 후보자등록이 가능한지 여부'를 질의하였다. 이에 대하여 중앙선거관리위원회는 2020. 1. 8. 피고에게 '공직선거법 제53조 제4항에 따르면 같은 조 제1항, 제2항에서 규정한 시기까지 소속 기관장에게 사직 원이 접수되면 수리 여부와 상관없이 후보자등록이 가능하다'고 회신하였다. 이에 피고는 2020. 1. 15. 경찰청장에게 사직원(의원면직신청서)을 제출하여 그 사직원이 접수되었고, 피고는 2020. 1. 16. 더불어민주당 △△시당에 입당원서를 제출하였다.

(2) 서울중앙지방검찰청 검사는 2020. 1. 29. 피고를 ○○시장 선거개입 관련 공소사실로 기소하였고, 이를 이유로 경찰청장은 2020. 2. 21. 피고를 경찰인재개발원장에서 직위해제하였다.

(3) 피고는 2020. 3. 26. △△광역시 □구 선거구의 더불어민주당 추천 후보자로 등록하였다. 2020. 4. 15. 실시된 △△광역시 □구 선거구의 제21대 국회의원선거(이하 '이 사건 선거')에서 더불어민주당이 추천한 후보자인 피고가 66,306표를 득표하여, 관할 선거관리위원회가 최다 득표자인 피고를 당선인으로 결정하였다. 경찰청장은 2020. 5. 29. 피고에 대하여 조건부 의원면직 결정을 하였다.

2. 판단 − 공직선거법 제53조 제4항의 정당한 해석

공직선거법 제52조 제1항은 '후보자등록 후에 제53조 제1항부터 제3항까지 또는 제5항을 위반하여 등록된 것이 발견된 때'(제5호), '후보자등록 후에 정당이 그 소속 당원이 아닌 사람이나 정당법 제22조에 따라 당원이 될 수 없는 사람을 추천한 것이 발견된 때'(제9호) 또는 '후보자등록 후에 다른 법률에 따라 공무담임이 제한되는 사람이나 후보자가 될 수 없는 사람에 해당하는 것이 발견된 때'(제10호)에는 그 후보자의 등록은 무효로 한다고 규정하고 있다. 나아가 공직선거법 제53조 제1항 제1호는 국가공무원법 제2조에 규정된 국가공무원에 해당하는 사람으로서 국회의원 후보자가 되려는 사람은 선거일 전 90일까지 그 직을 그만두어야 한다고 규정하는 한편, 같은 조 제4항은 "제1항부터 제3항까지의 규정을 적용하는 경우 그 소속기관의 장 또는 소속위원회에 사직원이 접수된 때에 그 직을 그만둔 것으로 본다"라고 규정하고 있다.

이러한 관련 규정들의 내용과 체계, 입법목적을 종합하여 보면, 공무원이 공직선거의 후보자가 되기 위하여 공직선거법 제53조 제1항에서 정한 기한 내에 그 소속기관의 장 또는 소속위원회에

사직원을 제출하였다면 공직선거법 제53조 제4항에 의하여 그 수리 여부와 관계없이 사직원 접수 시점에 그 직을 그만둔 것으로 간주되므로, 그 이후로는 공무원이 해당 공직선거와 관련하여 정당의 추천을 받기 위하여 정당에 가입하거나 후보자등록을 할 수 있다고 보아야 하고, 후보자등록 당시까지 사직원이 수리되지 않았다고 하더라도 그 후보자등록에 공직선거법 제52조 제1항 제5호, 제9호 또는 제10호를 위반한 등록무효사유가 있다고는 볼 수 없다. 그 구체적인 이유는 다음과 같다.

⇨ 공직선거법 제53조 제4항은 공무원이 공직선거에 출마하고자 법정기한 내에 사직원을 제출함으로써 더 이상 직업공무원으로서의 직무를 수행할 의사가 없음을 분명하게 표시하였음에도 소속 기관장이 사직원 수리를 지연하거나 거부함에 따라 공무원이 법정기한 내에 그 직을 그만둔 상태로 후보자등록을 할 수 없는 부당한 결과가 초래되는 것을 방지하고 공무원의 사직원 제출 후 공직선거 출마의 자유를 보장하기 위하여, 소속 기관장의 사직원 수리 시점이 언제인지 또는 그 사직원 수리 지연·거부에 정당한 사유가 있는지를 따질 것 없이 오직 공무원의 사직원 접수 시점만을 기준으로 후보자등록 가능 여부를 판단하도록 한 것이다. 이를 통해 선거관리위원회가 공직선거의 후보자등록 사무를 명확한 기준에 따라 관리·집행할 수 있고 후보자등록의 효력에 관한 분쟁을 사전에 방지할 수 있다.

| 예상지문 |

> 공무원이 **공직선거의 후보자**가 되기 위하여 **공직선거법 제53조 제1항**에서 정한 기한 내에 소속기관의 장 또는 소속위원회에 **사직원을 제출**하였다면 공직선거법 제53조 제4항에 따라 그 **수리 여부와 관계없이** 사직원 **접수 시점**에 그 **직을 그만둔 것**으로 간주되므로, 정당에 가입하거나 후보자 등록을 할 수 있다. (O)

06 임금 – 불이익처분에 대한 구제 [대판 2023.2.2. 2022다226234]

[1] 교원소청심사위원회 결정의 기속력이 미치는 범위

교원의 지위 향상 및 교육활동 보호를 위한 특별법 제10조의2는 교원소청심사위원회의 결정은 처분권자를 기속한다고 규정하고 있다. 여기서 교원소청심사위원회 결정의 기속력은 결정의 주문에 포함된 사항뿐 아니라 그 전제가 된 요건사실의 인정과 판단, 즉 처분 등의 구체적 위법사유에 관한 판단에까지 미친다(대판 2013.7.25. 2012두12297, 대판 2020.6.25. 2015다71726 등 참조).

[2] 교원소청심사위원회가 임용기간이 만료된 교원에 대한 재임용거부처분을 취소하는 결정을 한 경우, 학교법인 등에 해당 교원을 재임용하여야 하는 의무를 부과하거나 그 교원이 바로 재임용되는 것과 같은 법적 효과가 인정되는지 여부(소극)

교원소청심사위원회의 소청심사결정 중 임용기간이 만료된 교원에 대한 재임용거부처분을 취소하는 결정은 재임용거부처분을 취소함으로써 학교법인 등에 해당 교원에 대한 재임용심사를 다시 하도록 하는 절차적 의무를 부과하는 데 그칠 뿐, 학교법인 등에 반드시 해당 교원을 재임용하여야 하는 의무를 부과하거나 혹은 그 교원이 바로 재임용되는 것과 같은 법적 효과까지 인정되는 것은 아니다(대판 2010.9.9. 2008다6953, 대판 2011.9.8. 2009다65249 등 참조).

[3] 기간임용제 대학교원에 대한 학교법인의 재임용거부결정이 재량권을 일탈·남용한 것으로 평가되어 사법상 효력이 부정되는 경우, 불법행위를 이유로 학교법인에 손해배상책임을 묻기 위해서는 재임용거부

결정이 객관적 정당성을 상실하였다고 인정되어야 하는지 여부(적극) 및 그 판단 기준 / 학교법인의 불법행위가 인정되는 경우, 사립대학 교원이 청구할 수 있는 재산적 손해배상의 범위(=재직할 수 있었던 기간 동안의 임금 상당액) / 교원이 재산적 손해 외에 위자료를 청구할 수 있는 경우

[4] 甲이 乙 학교법인이 운영하는 丙 대학교의 부교수로 승진 임용된 후 재임용되었는데, 임용기간 만료일을 전후하여 乙 법인이 2회에 걸쳐 甲에 대하여 재임용거부처분을 하였으나 모두 절차 위반을 이유로 취소되자 甲에게 이의신청 기회 및 의견진술 기회를 부여한 후 업적평가결과 재임용에 필요한 점수를 취득하지 못하였다는 이유로 다시 재임용거부처분을 한 사안에서, 학술논문이 2018. 12. 31.까지 제출되지 않았다는 이유로 논문실적을 반영하지 않는 등 업적평가결과의 연구 영역 중 2018년도(2018. 3. 1.부터 2019. 2. 28.까지) 학술논문 항목을 0점으로 인정한 부분은 객관적 정당성을 상실한 것으로서 甲에 대한 불법행위에 해당한다고 한 사례

| 예상지문 |

> ① 교원소청심사위원회 결정의 기속력은 결정의 주문에 포함된 사항뿐 아니라 그 전제가 된 요건사실의 인정과 판단, 즉 처분 등의 구체적 위법사유에 관한 판단에까지 미친다. (O)
> ② 교원소청심사위원회가 임용기간이 만료된 교원에 대한 재임용거부처분을 취소하는 결정을 한 경우, 학교법인 등에 해당 교원을 재임용하여야 하는 의무를 부과하거나 그 교원이 바로 재임용되는 것과 같은 법적 효과가 인정된다. (×)

07 교원의 지위 향상 및 교육활동 보호를 위한 특별법 제10조 제3항 위헌소원 [헌재 2022.10.27. 2019헌바117, 표준판례 434]

공공단체인 한국과학기술원의 총장이 교원소청심사위원회의 결정에 대하여 행정소송법으로 정하는 바에 따라 소송을 제기할 수 없도록 하는 구 '교원의 지위 향상 및 교육활동 보호를 위한 특별법' 제10조 제3항 중 '교원, 사립학교법 제2조에 따른 학교법인 또는 사립학교 경영자 등 당사자'에 관한 부분이 재판청구권을 침해하는지 여부(소극)

심판대상조항이 공공단체인 한국과학기술원의 총장을 교원소청심사위원회의 결정에 불복하여 행정소송을 제기할 수 있는 제소권자 범위에 포함시키지 아니하여 행정소송을 제기하지 못하도록 한 것은, 교원의 인사를 둘러싼 분쟁을 신속하게 해결하고 궁극적으로는 한국과학기술원의 설립취지를 효과적으로 실현하기 위한 것이다.

교원의 신분보장을 둘러싼 재판상 권리구제절차를 어떻게 마련할 것인지는 당해 학교의 설립목적과 공공적 성격의 정도, 국가의 감독 수준 등을 두루 고려하여 정할 수 있는 것으로, 교원 근로관계의 법적 성격에 의해서만 좌우된다고 보기 어렵다. 한국과학기술원 설립목적의 특수성과 그 목적을 달성하기 위한 국가의 관리·감독 및 재정 지원, 사무의 공공성 내지 공익성 등을 고려할 때, 소속 교원의 신분을 국·공립학교의 교원의 그것과 동등한 정도로 보장하면서 교원소청심사절차의 당사자인 청구인이 교원소청심사결정에 대해 행정소송을 제기할 수 없도록 한 것을 두고 입법형성의 범위를 벗어났다고 보기 어렵다.

입법자는 대학의 경쟁력 강화와 교육 및 연구역량을 향상시키고자 법인 형태로 설립하는 대학에 교원 임용과 관련한 자율성을 부여하는 한편, 해당 대학의 공공단체로서의 지위를 고려하여 교원의 지위를

두텁게 제도를 형성하는 것이 가능하다. 교원소청심사위원회의 인용결정이 있을 경우 한국과학기술원 총장의 제소를 금지하여 교원으로 하여금 확정적이고 최종적으로 징계 등 불리한 처분에서 벗어날 수 있도록 한 것은 공공단체의 책무를 규정한 교원지위법의 취지에도 부합한다. 따라서 심판대상조항은 청구인의 재판청구권을 침해하지 아니한다.

⇨ 국립대학교와 사립대학교를 불문하고 교원에 대한 인사조치(징계처분을 포함)에 대해서 당사자인 **교원**은 **교원소청심사를 청구**할 수 있다. 교원소청심사위원회의 기각 결정(처분)에 대해 교원은 행정소송을 제기할 수 있으며, 인용 결정에 대해서 **국립대학교**는 행정소송을 제기할 수 없지만 「사립학교법」 제2조에 따른 학교법인 또는 **사립학교 경영자** 등 당사자는 행정소송을 제기할 수 있도록 구 교원의 지위 향상 및 교육활동 보호를 위한 특별법 제10조 제3항에서 규정하고 있다.
한국과학기술원(KAIST)은 정관의 변경이나 이사의 선임에 있어서 과학기술정보통신부장관의 승인과 교육부장관의 동의가 필요한 공법인이자 공공단체로서의 지위와 성격을 가지고 있다. 따라서 교원소청심사결정에 대한 한국과학기술원 총장의 불복권을 인정하지 않는 심판대상조항은 헌법에 위반되지 않는다.

| 예상지문 |

> 교원소청심사위원회의 인용결정이 있을 경우 교원지위부존재확인 등 민사소송을 통한 구제수단은 한국과학기술원의 권익을 구제할 실효적인 권리구제수단으로 보기 어려우므로, 공공단체인 한국과학기술원의 총장이 교원소청심사위원회의 결정에 대하여 행정소송법으로 정하는 바에 따라 소송을 제기할 수 없도록 하는 구 '교원의 지위 향상 및 교육활동 보호를 위한 특별법' 조항은 재판청구권을 침해한다. (×)

제2장 공무원의 권리와 의무

01 징계무효확인 [대판 2023.4.13. 2021다254799]

[1] 국가공무원법 제66조 제1항의 적용 범위

공무원은 국민 전체에 대한 봉사자로서 국민에 대하여 책임을 지고, 공무원의 신분과 정치적 중립성은 법률이 정하는 바에 의하여 보장된다(헌법 제7조 제1항, 제2항). 국가공무원법은 공무원의 헌법상 지위를 구현하기 위한 법률로서 공무원의 임용과 승진, 보수, 훈련과 근무성적의 평정, 신분과 권익의 보장, 징계 등을 규정하면서 공무원으로서 각종 의무를 규정하고 있는데, 제66조 제1항에서는 노동운동과 그 밖에 공무 외의 일을 위한 **집단 행위를 하지 않을 의무**를 규정하고 있다. 이러한 헌법과 국가공무원법의 입법 내용과 취지를 고려하면 국가공무원법 제66조 제1항의 의무는 원칙적으로 헌법과 국가공무원법에서 규정하는 책임을 부담하고 이를 위해 신분과 지위가 보장됨을 전제로 **국가공무원에게 지우는** 의무이다. 따라서 위와 같은 정도의 책임과 신분 및 지위 보장을 받는 정도가 아닌 경우에는 일률적으로 국가공무원법 제66조 제1항이 적용된다고 할 수 없다. 국가공무원법 제66조 제1항이 "공무원은 노동운동이나 그 밖에 공무 외의 일을 위한 집단 행위를 하여서는 아니 된다. 다만 사실상 노무에 종사하는 공무원은 예외로 한다"라고 규정하면서 사실상 노무에 종사하는 공무원의 경우 위와 같은 의무를 부담하지 않도록 하여 국가공무원법 제66조 제1항의 의무를 모든 공무원이 일률적으로 부담하여야 하는 의무로 규정하지 않은 것도 같은 취지에서 이해할 수 있다.

[2] 대한법률구조공단의 임직원이 국가공무원법 제66조 제1항의 의무를 부담하는지 여부(소극)

대한법률구조공단(이하 '공단')은 경제적으로 어렵거나 법을 몰라서 법의 보호를 충분히 받지 못하는 사람에게 법률구조를 할 목적으로 설립된 특수목적법인으로 그 임직원의 직무에는 공공성, 공익성이 인정되고, 소속 변호사의 경우 특정직 공무원인 검사에 준하여 급여를 받기는 하나, 공단 임직원의 지위나 직무 성격을 헌법과 법률에서 보장하는 국가공무원과 같은 정도의 것으로 규정하고 있다고 보기 어렵고, 법률구조법 등에서 공단 임직원에게 국가공무원법 제66조 제1항을 직접 적용한다고 규정하고 있지도 않으므로, **공단 임직원이 국가공무원법 제66조 제1항의 의무**를 부담한다고 볼 수는 **없다**. 따라서 법률구조법 제32조의 "공단의 임직원은 형법이나 그 밖의 법률에 따른 벌칙을 적용할 때에는 공무원으로 본다"라는 규정을 근거로 공단 임직원에게 국가공무원법 제84조의2, 제66조 제1항을 적용하는 것은 이들의 구체적인 법적 지위에 대한 고려 없이 이들에 대한 권리를 지나치게 제한하는 것으로서 부당하다.

| 예상지문 |

> 공단 임직원의 지위나 직무 성격을 헌법과 법률에서 보장하는 국가공무원과 같은 정도의 것으로 규정하고 있다고 보기 어렵고, 법률구조법 등에서 공단 임직원에게 국가공무원법 제66조 제1항을 직접 적용한다고 규정하고 있지도 않으므로, 공단 임직원이 국가공무원법 제66조 제1항의 의무를 부담한다고 볼 수는 없다.　　　　(O)

제3장 공무원의 책임

01 과태료부과처분취소 [대판 2020.11.26. 2020두42262]

[1] 공증인이 직무수행을 하면서 공증인의 감독기관인 법무부장관이 제정한 '집행증서 작성사무 지침'을 위반한 경우, 공증인법 제79조 제1호에 근거한 직무상 명령을 위반한 것인지 여부(적극)

일반적으로 상급행정기관은 소속 공무원이나 하급행정기관에 대하여 업무처리지침이나 법령의 해석·적용 기준을 정해주는 '행정규칙'을 제정할 수 있다. 공증인은 직무에 관하여 공무원의 지위를 가지고, 법무부장관은 공증인에 대한 감독기관이므로 공증인법 제79조 제1호에 근거한 직무상 명령을 개별·구체적인 지시의 형식으로 할 수도 있으나, 행정규칙의 형식으로 일반적인 기준을 제시하거나 의무를 부과할 수도 있다.

법무부장관은 공증인의 '집행증서'(이는 법령상 용어는 아니고 강제집행을 승낙하는 의사표시가 기재되어 민사집행법에 따른 강제집행의 집행권원이 되는 공정증서를 강학상, 실무상으로 지칭하는 용어) 작성 사무에 관한 사항을 정하여 그 사무의 적절성과 공정성을 확보하고 집행증서 작성 과정에서 집행채무자의 권리가 부당하게 침해되는 것을 방지함을 목적으로, 2013. 10. 1. '집행증서 작성사무 지침'을 제정하였다. 이는 공증인의 감독기관인 법무부장관이 상위법령의 구체적인 위임 없이 공증인이 직무수행에서 준수하여야 할 세부적인 사항을 규정한 '행정규칙'이라고 보아야 한다. 따라서 공증인이 직무수행에서 위 지침을 위반한 경우에는 공증인법 제79조 제1호에 근거한 직무상 명령을 위반한 것이다.

[2] 공무원이 상급행정기관이나 감독권자의 직무상 명령을 위반하였다는 점을 징계사유로 삼으려면 직무상 명령이 상위법령에 반하지 않는 적법·유효한 것이어야 하는지 여부(적극)

공무원이 상급행정기관이나 감독권자의 직무상 명령을 위반하였다는 점을 징계사유로 삼으려면 직무상 명령이 상위법령에 반하지 않는 적법·유효한 것이어야 한다.

| 기출지문 |

공무원이 상급행정기관이나 감독권자의 직무상 명령을 위반하였다는 점을 징계사유로 삼으려면 직무상 명령이 상위법령에 반하지 않는 적법·유효한 것이어야 한다. [22경찰간부]   (○)

제7편

공물법

01 사용허가취소처분등취소청구 [대판 2020.10.29. 2019두43719]

판결요지

국유지에 지어진 무허가 미등기 건물을 양수하여 건물의 부지로 국유지를 무단점용하고 있던 甲이 위 건물을 '본인의 주거용'으로만 사용하겠다며 위 국유지의 사용허가를 신청하자 관리청인 시장이 甲에게 한시적으로 **국유지 사용허가**를 하였는데, 현장조사에서 甲이 위 건물을 다른 사람들에게 **임대하여** 식당 등으로 사용하고 있는 사실을 파악하고 '甲이 위 건물 임대를 통해 위 국유지를 다른 사람에게 사용·수익하게 하여 국유재산법 제30조 제2항을 위반하였다'는 사유로 甲에게 위 **사용허가를 취소**하고 국유지를 원상회복할 것을 명하는 처분을 한 사안에서, 甲은 위 건물을 본인의 주거용으로만 사용하겠다는 뜻을 밝혀 위 국유지의 사용허가를 받고도 위 건물을 제3자에게 임대함으로써 시장이 사용허가 당시 예정하였던 목적과 취지에 반하여 건물 임차인으로 하여금 건물의 점유·사용에 수반하여 국유지를 사용·수익하게 하였으므로 위 건물 임대는 국유재산법 제36조 제1항 제2호에서 사용허가 취소사유로 정한 '사용허가 받은 재산을 다른 사람에게 사용·수익하게 한 경우'에 해당하는데도, 이와 달리 본 원심판단에 법리오해의 잘못이 있다.

| 예상지문 |

① **행정재산 사용허가**를 받은 자가 '사용허가 받은 재산을 제30조 제2항을 위반하여 **다른 사람**에게 **사용·수익**하게 한 경우' 및 '그 **사용목적을 위배**한 경우'에는 관리청은 그 사용허가를 **취소**하거나 **철회**할 수 **있다**. (O)

② **본인의 주거용으로만** 사용하겠다는 뜻을 밝혀 이 사건 국유지의 **사용허가**를 받고도 이 사건 건물을 **제3자에게 임대**한 경우 사용허가 당시 예정하였던 목적과 취지에 반하여 건물 임차인으로 하여금 건물의 점유·사용에 수반하여 국유지를 사용·수익하게 하였으므로 **사용허가 취소사유**로 정한 '사용허가 받은 재산을 다른 사람에게 사용·수익하게 한 경우'에 **해당한다**. (O)

02 토지인도 - 공물제한 [대판 2021.3.11. 2020다229239]

[3] 일반 공중의 통행에 공용되는 도로 부지의 소유자가 이를 점유·관리하는 지방자치단체를 상대로 도로의 철거, 점유 이전 또는 통행금지를 청구하는 것이 권리남용에 해당하는지 여부(원칙적 적극)

어떤 토지가 개설경위를 불문하고 일반 공중의 통행에 공용되는 도로, 즉 공로가 되면 그 부지의 소유권 행사는 제약을 받게 되며, 이는 소유자가 수인하여야 하는 재산권의 **사회적 제약**에 해당한다. 따라서 공로 부지의 소유자가 이를 점유·관리하는 지방자치단체를 상대로 공로로 제공된 도로의 철거, 점유 이전 또는 통행금지를 청구하는 것은 법질서상 원칙적으로 허용될 수 없는 '**권리남용**'이라고 보아야 한다.

[4] 甲 지방자치단체가 乙 사찰로 출입하는 유일한 통행로로서 사찰의 승려, 신도, 탐방객 및 인근 주민들이 이용하고 있던 도로를 농어촌도로 정비법 제2조 제1항의 농어촌도로로 지정하고 30년 이상 관리하고 있었는데, 위 도로가 있는 임야를 임의경매절차에서 매수한 丙이 甲 지방자치단체를 상대로 도로의 철거 및 인도를 구한 사안에서, 위 도로는 일반 공중의 통행에 공용되는 도로, 즉 공로에 해당한다고 봄이 타당하고, 丙의 청구는 권리남용이라고 볼 여지가 큰데도, 이와 달리 본 원심판단에 법리오해의 잘못이 있다고 한 사례

甲 지방자치단체가 乙 사찰로 출입하는 유일한 통행로로서 사찰의 승려, 신도, 탐방객 및 인근 주민들이 이용하고 있던 도로를 농어촌도로정비법 제2조 제1항의 농어촌도로로 지정하고 30년 이상 관리하고 있었는데, 위 도로가 있는 임야를 임의경매절차에서 매수한 丙이 甲 지방자치단체를 상대로 도로의 철거 및 인도를 구한 사안에서, 위 도로는 아주 오래전에 자연발생적으로 형성되었고 甲 지방자치단체가 농어촌도로 정비법상 농어촌도로로 지정하고 30년 이상 관리하면서 일반 공중의 통행에 공용되는 도로, 즉 공로에 해당한다고 봄이 타당하고, 이러한 이용상황을 알면서도 임의경매절차에서 위 임야를 매수한 丙이 甲 지방자치단체를 상대로 도로의 철거·인도를 구하는 것은 권리남용이라고 볼 여지가 큰데도, 이와 달리 본 원심판단에 법리오해의 잘못이 있다.

| 기출지문 |

어떤 토지가 개설경위를 불문하고 일반 공중의 통행에 공용되는 도로, 즉 공로가 되면 그 부지의 소유권 행사는 제약을 받게 되며, 이는 소유자가 수인하여야 하는 재산권의 사회적 제약에 해당하므로, 공로부지의 소유자가 이를 점유·관리하는 지방자치단체를 상대로 공로로 제공된 도로의 철거, 점유 이전 또는 통행금지를 청구하는 것은 법질서상 원칙적으로 허용될 수 없는 '권리남용'이라고 보아야 한다. [22경찰간부]　　　　　　　　(○)

제8편

공용부담법

제1장   공용제한
제2장   공공수용
제3장   공용환지 · 공용환권

제8편 | 공용부담법

제1장 공용제한

제2장 공공수용

01 부당이득금 [대판 2022.3.17. 2021다283520]

구 국토의 계획 및 이용에 관한 법률상 도시계획시설사업에서 사업시행자 지정의 법적 성질(=특정인에게 도시계획시설사업을 시행할 수 있는 권한을 부여하는 처분) 및 사업시행자 지정과 그 지정 내용의 고시가 구분되는 행위인지 여부(적극)

구 국토계획법상 도시계획시설사업에서 **사업시행자 지정**은 특정인에게 도시계획시설사업을 시행할 수 있는 권한을 부여하는 처분이고, 사업시행자 지정 내용의 **고시**는 사업시행자 지정 처분을 전제로 하여 그 내용을 불특정 다수인에게 알리는 행위로서 위 사업시행자 지정과 그 고시는 명확하게 구분되는 것이다(대판 2017.7.11. 2016두35120 참조).

| 예상지문 |

① 「국토의 계획 및 이용에 관한 법률」상 도시계획시설사업에서 **사업시행자 지정**은 특정인에게 도시계획시설사업을 시행할 수 있는 **권한을 부여**하는 처분이다. (O)

② 사업시행자 지정 내용의 고시는 사업시행자 지정처분을 전제로 하여 그 내용을 불특정 다수인에게 알리는 행위이고, **사업지정자 지정과 그 고시**는 명확하게 구분되는 것으로, 사업시행자 지정 처분이 '고시'의 방법으로 행하여질 수 있음은 별론으로 하고 그 처분이 **반드시 '고시'의 방법**으로만 성립하거나 효력이 생긴다고 볼 수 없다. (O)

02 퇴거청구 [대판 2022.11.17. 2022다242342]

도시개발사업의 시행자가 사업시행에 방해가 되는 지장물에 관하여 공익사업을 위한 토지 등의 취득 및 보상에 관한 법률 제75조 제1항 단서 제2호에 따라 지장물의 가격으로 보상한 경우, 지장물의 소유자는 같은 법 제43조에 따라 사업시행자에게 지장물을 인도할 의무가 있는지 여부(원칙적 적극)

도시개발법 제22조 제1항에 따라 준용되는 공익사업을 위한 토지 등의 취득 및 보상에 관한 법률(이하 '토지보상법') 제43조는, "토지소유자 및 관계인과 그 밖에 토지소유자나 관계인에 포함되지 아니하는 자로서 수용하거나 사용할 토지나 그 토지에 있는 물건에 관한 권리를 가진 자는 수용 또는 사용의 개시일까지 그 토지나 물건을 사업시행자에게 인도하거나 이전하여야 한다"라고 규정하고 있다.

도시개발사업의 시행자가 사업시행에 방해가 되는 지장물에 관하여 토지보상법 제75조 제1항 단서 제2호에 따라 물건의 가격으로 보상한 경우, 사업시행자가 당해 물건을 취득하는 제3호와 달리 수용의 절차를 거치지 아니한 이상 사업시행자가 그 보상만으로 당해 물건의 소유권까지 취득한다고 보기는 어렵지만, 지장물의 소유자가 토지보상법 시행규칙 제33조 제4항 단서에 따라 스스로의 비용으로 철거하겠다고 하는 등 특별한 사정이 없는 한 사업시행자는 자신의 비용으로 이를 제거할 수 있고, 지장물의 소유자는 사업시행자의 지장물 제거와 그 과정에서 발생하는 물건의 가치 상실을 수인하여야 할 지위에 있다(대판 2012.4.13. 2010다94960, 대판 2019.4.11. 2018다277419 등 참조).

따라서 사업시행자가 지장물에 관하여 토지보상법 제75조 제1항 단서 제2호에 따라 **지장물의 가격으로 보상**한 경우 특별한 사정이 없는 한 **지장물의 소유자**는 사업시행자에게 지장물을 **인도할 의무**가 있다.

관련 판례

「공익사업을 위한 토지 등의 취득 및 보상에 관한 법률」(이하 '토지보상법') 제75조 제1항은 "건축물·입목·공작물과 그 밖에 토지에 정착한 물건(이하 '건축물등')에 대하여는 이전에 필요한 비용(이하 '이전비')으로 보상하여야 한다. 다만 다음 각호의 어느 하나에 해당하는 경우에는 해당 물건의 가격으로 보상하여야 한다. 1. 건축물등을 이전하기 어렵거나 그 이전으로 인하여 건축물등을 종래의 목적대로 사용할 수 없게 된 경우, 2. 건축물등의 이전비가 그 물건의 가격을 넘는 경우, 3. 사업시행자가 공익사업에 직접 사용할 목적으로 취득하는 경우"라고 규정하고 있다. 이와 함께 「공익사업을 위한 토지 등의 취득 및 보상에 관한 법률 시행규칙」 제33조 제4항, 제36조 제1항 등 관계 법령의 내용에 비추어 보면, 사업시행자가 사업시행에 방해가 되는 지장물에 관하여 법 제75조 제1항 단서 제2호에 따라 이전에 소요되는 실제 비용에 못 미치는 물건의 가격으로 보상한 경우, 사업시행자로서는 물건을 취득하는 제3호와 달리 수용 절차를 거치지 아니한 이상 보상만으로 물건의 소유권까지 취득한다고 볼 수 없다(대판 2022.11.17. 2022다253243).

| 예상지문 |

① 도시개발사업의 **시행자**가 **지장물**에 관하여 토지보상법 제75조 제1항 단서 제2호에 따라 **물건의 가격으로 보상**한 경우 지장물의 소유자가 스스로의 비용으로 철거하겠다고 하는 등 특별한 사정이 없는 한 **사업시행자는 자신의 비용**으로 이를 **제거할 수 있고**, 지장물의 **소유자**는 사업시행자의 지장물 제거와 그 과정에서 발생하는 물건의 가치 상실을 **수인하여야 할 지위**에 있다 (O)

② 사업시행자가 **지장물**에 관하여 토지보상법 제75조 제1항 단서 제2호에 따라 **지장물의 가격으로 보상**한 경우 특별한 사정이 없는 한 **지장물의 소유자**는 사업시행자에게 지장물을 **인도할 의무**가 있다. (O)

---

03 공탁된 지연가산금에 대한 가산금청구의 소 – 수용재결에 대한 불복

[대판 2022.4.14. 2021두57667]

사업시행자가 수용재결에 불복하여 이의신청을 한 후 다시 이의재결에 불복하여 행정소송을 제기하였으나 행정소송이 각하·기각 또는 취하된 경우 토지보상법 제87조 제2호가 적용되는지(적극)

'사업시행자가 수용재결에 불복하여 이의신청을 한 후 다시 이의재결에 불복하여 행정소송을 제기하였으나 행정소송이 각하·기각 또는 취하된 경우'에는 토지보상법 제87조 제2호가 적용되어 사업시행자는 이의재결서 정본을 받은 날부터 판결일 또는 취하일까지의 기간에 대하여 지연가산금을 지급할 의무가 있고, 위 경우에까지 토지보상법 제87조 제1호가 동시에 적용된다고 볼 수는 없다.

> 토지보상법 제87조(법정이율에 따른 가산지급) 사업시행자는 제85조제1항에 따라 사업시행자가 제기한 행정소송이 각하·기각 또는 취하된 경우 다음 각 호의 어느 하나에 해당하는 날부터 판결일 또는 취하일까지의 기간에 대하여 「소송촉진 등에 관한 특례법」 제3조에 따른 법정이율을 적용하여 산정한 금액을 보상금에 가산하여 지급하여야 한다.
> 1. 재결이 있은 후 소송을 제기하였을 때에는 재결서 정본을 받은 날
> 2. 이의신청에 대한 재결이 있은 후 소송을 제기하였을 때에는 그 재결서 정본을 받은 날

⇨ 원심은 '사업시행자가 수용재결에 불복하여 이의신청을 한 후 다시 이의재결에 불복하여 행정소송을 제기하였으나 행정소송이 각하·기각 또는 취하된 경우'에는 토지보상법 제87조 제2호가 적용된다고 보았고, 대법원은 이와 같은 원심의 판단에 토지보상법 제87조의 해석 및 적용에 관한 법리를 오해한 잘못이 없다고 판단하였음.

다만, 원고들은 토지보상법 제87조에 따른 지연가산금의 지급을 구하면서 그 기산일을 같은 법 제87조 제1호에 따른 '수용재결서 정본 송달일'로 정하여야 한다고 주장하며 이를 전제로 계산한 금액을 청구하는 한편, 수용재결서 정본 송달일부터의 지연가산금이 인정되지 않는다면 적어도 토지보상법 제87조 제2호에 따른 이의재결서 정본 송달일부터의 지연가산금이라도 인용해줄 것을 구하였던 것으로 보임에도, 이 사건에 토지보상법 제87조 제1호가 적용되지 않는다는 이유로 원고들의 청구를 전부 배척한 원심의 조치에는 판단 누락, 석명권 불행사 및 심리미진의 위법이 있다고 보아 파기환송 판결을 선고함.

│ 예상지문 │

> 이의재결을 거친 후 행정소송을 제기한 경우에는 수용재결서 정본을 받은 날부터 이의재결서 정본을 받은 전날까지의 기간에 대해서는 지연가산금을 보상할 의무가 없다. (O)

04 손실보상금 [대판[전합] 2022.11.24. 2018두67]

공익사업을 위한 토지 등의 취득 및 보상에 관한 법률에 따른 토지소유자 또는 관계인의 사업시행자에 대한 손실보상금 채권에 관하여 압류 및 추심명령이 있는 경우, 채무자인 토지소유자 등이 보상금의 증액을 구하는 소를 제기하고 그 소송을 수행할 당사자적격을 상실하는지 여부(소극)

토지보상법 제85조 제2항에 따른 보상금의 증액을 구하는 소(이하 '보상금 증액 청구의 소')의 성질, 토지보상법상 손실보상금 채권의 존부 및 범위를 확정하는 절차 등을 종합하면, 토지보상법에 따른 토지소유자 또는 관계인(이하 '토지소유자 등')의 사업시행자에 대한 **손실보상금 채권**에 관하여 **압류 및 추심명령**이 있더라도, 추심채권자가 보상금 증액 청구의 소를 제기할 수 없고, **채무자인 토지소유자 등**이 보상금 증액 청구의 소를 제기하고 그 소송을 수행할 **당사자적격을 상실하지 않는다**고 보아야 한다. 그 상세한 이유는 다음과 같다.

① 토지보상법 제85조 제2항은 토지소유자 등이 보상금 증액 청구의 소를 제기할 때에는 사업시행자를 피고로 한다고 규정하고 있다. 위 규정에 따른 <u>보상금 증액 청구의 소</u>는 토지소유자 등이 사업시행자를 상대로 제기하는 <u>당사자소송의 형식을 취하고</u> 있지만, 토지수용위원회의 재결 중 보상금 산정에 관한 부분에 불복하여 그 증액을 구하는 소이므로 <u>실질적으로는 재결을 다투는 항고소송의 성질을 가진다.</u>

행정소송법 제12조 전문은 "취소소송은 처분 등의 취소를 구할 법률상 이익이 있는 자가 제기할 수 있다"라고 규정하고 있다. 앞서 본 바와 같이 보상금 증액 청구의 소는 항고소송의 성질을 가지므로, <u>토지소유자 등에 대하여 금전채권을 가지고 있는 제3자는 재결에 대하여 간접적이거나 사실적·경제적 이해관계를 가질 뿐 재결을 다툴 법률상의 이익이 있다고 할 수 없어 직접 또는 토지소유자 등을 대위하여 보상금 증액 청구의 소를 제기할 수 없고</u>, 토지소유자 등의 손실보상금 채권에 관하여 압류 및 추심명령이 있더라도 추심채권자가 재결을 다툴 지위까지 취득하였다고 볼 수는 없다.

② 토지보상법 등 관계 법령에 따라 토지수용위원회의 재결을 거쳐 이루어지는 손실보상금 채권은 관계 법령상 손실보상의 요건에 해당한다는 것만으로 바로 존부 및 범위가 확정된다고 볼 수 없다. 토지소유자 등이 사업시행자로부터 손실보상을 받기 위해서는 사업시행자와 협의가 이루어지지 않으면 토지보상법 제34조, 제50조 등에 규정된 재결절차를 거친 뒤에 그 재결에 대하여 불복이 있는 때에 비로소 토지보상법 제83조 내지 제85조에 따라 이의신청 또는 행정소송을 제기할 수 있을 뿐이고, 이러한 절차를 거치지 않은 채 곧바로 사업시행자를 상대로 손실보상을 청구하는 것은 허용되지 않는다.

이와 같이 <u>손실보상금 채권은 토지보상법에서 정한 절차로서 관할 토지수용위원회의 재결 또는 행정소송 절차를 거쳐야 비로소 구체적인 권리의 존부 및 범위가 확정된다.</u> 아울러 토지보상법령은 토지소유자 등으로 하여금 위와 같은 손실보상금 채권의 확정을 위한 절차를 진행하도록 정하고 있다. 따라서 사업인정고시 이후 위와 같은 절차를 거쳐 장래 확정될 손실보상금 채권에 관하여 채권자가 압류 및 추심명령을 받을 수는 있지만, 그 <u>압류 및 추심명령이 있다고 하여 추심채권자가 위와 같은 손실보상금 채권의 확정을 위한 절차에 참여할 자격까지 취득한다고 볼 수는 없다.</u>

③ 요컨대, 토지소유자 등이 토지보상법 제85조 제2항에 따라 보상금 증액 청구의 소를 제기한 경우, 그 손실보상금 채권에 관하여 압류 및 추심명령이 있다고 하더라도 추심채권자가 그 절차에 참여할 자격을 취득하는 것은 아니므로, 보상금 증액 청구의 소를 제기한 토지소유자 등의 지위에 영향을 미친다고 볼 수 없다. 따라서 <u>보상금 증액 청구의 소의 청구채권에 관하여 압류 및 추심명령이 있더라도 토지소유자 등이 그 소송을 수행할 당사자적격을 상실한다고 볼 것은 아니다.</u>

⇨ <u>보상금증감에 관한 소송은 형식적 당사자소송의 일종으로서 항고소송의 실질을 가지고 있다. 대법원은 이러한 특색에 착안하여, 손실보상금 채권에 관한 압류 및 추심명령에 의하여 추심채권자가 재결을 다툴 지위까지 취득할 수 없다는 입장에 있다.</u> 이는 "채권에 대한 압류 및 추심명령이 있으면 제3채무자에 대한 이행의 소는 추심채권자만 제기할 수 있고 채무자는 피압류채권에 대한 이행소송을 제기할 당사자적격을 상실한다"라는 민사소송에서의 판례(대판 2000.4.11. 99다23888)와는 정반대의 결론이다(하명호, 「행정법」(6판), 박영사, 2024, 735~736쪽).

| 예상지문 |

> ① 「공익사업을 위한 토지 등의 취득 및 보상에 관한 법률」에 따른 토지소유자 또는 관계인의 사업시행자에 대한 **손실보상금 채권**에 관하여 **압류 및 추심명령**이 있는 경우, 채무자인 토지소유자 등이 **보상금의 증액**을 구하는 소를 제기하고 그 소송을 수행할 **당사자적격**을 상실한다. (×)
>
> ② **보상금 증액 청구의 소**의 청구채권에 관하여 **압류 및 추심명령**이 있더라도 토지소유자 등이 그 소송을 수행할 **당사자적격을 상실**한다고 볼 것은 **아니다**. (○)

③ 보상금 증액 청구의 소는 항고소송의 성질을 가지므로, 토지소유자 등에 대하여 금전채권을 가지고 있는 제3자는 재결을 다툴 법률상의 이익이 있다고 할 수 없어 직접 또는 토지소유자 등을 대위하여 보상금 증액 청구의 소를 제기할 수 없다. (O)

05 소유권이전등기 – 환매권 행사요건 [대판 2021.4.29. 2020다280890]

공익사업을 위한 토지 등의 취득 및 보상에 관한 법률 제91조 제1항에서 환매권을 인정하는 취지 / 도시계획시설사업의 시행자로 지정되어 도시계획시설사업의 수행을 위하여 필요한 토지를 협의취득하였으나 시행자 지정이 처음부터 효력이 없거나 토지의 취득 당시 해당 도시계획시설사업의 법적 근거가 없었던 것으로 볼 수 있는 등 협의취득이 당연무효인 경우, 협의취득일 당시의 토지소유자가 위 조항에서 정한 환매권을 행사할 수 있는지 여부(소극)

토지보상법 제91조 제1항은 해당 사업의 폐지·변경 또는 그 밖의 사유로 취득한 토지의 전부 또는 일부가 필요 없게 된 경우 취득일 당시의 토지소유자 또는 그 포괄승계인(이하 '토지소유자')은 그 토지에 대하여 받은 보상금에 상당하는 금액을 사업시행자에게 지급하고 그 토지를 환매할 수 있다고 규정하고 있다.

토지보상법이 환매권을 인정하는 취지는, 토지의 원소유자가 사업시행자로부터 토지 등의 대가로 정당한 손실보상을 받았다고 하더라도 원래 자신의 자발적인 의사에 기하여 그 토지 등의 소유권을 상실하는 것이 아니어서 그 토지 등을 더 이상 당해 공익사업에 이용할 필요가 없게 된 때, 즉 공익상의 필요가 소멸한 때에는 원소유자의 의사에 따라 그 토지 등의 소유권을 회복시켜 주는 것이 공평의 원칙에 부합한다는 데에 있다.

한편 구 토지보상법 제4조 제7호, 구 국토계획법 제95조 제1항에 의하면, 구 국토계획법에 따른 도시계획시설사업은 구 토지보상법 제4조의 공익사업에 해당하는데, 구 국토계획법 제86조 제5항은 같은 조 제1항 내지 제4항에 따른 행정청이 아닌 자가 도시계획시설사업을 시행하기 위해서는 대통령령이 정하는 바에 따라 건설교통부장관 등으로부터 시행자로 지정을 받도록 규정하고 있다.

이러한 토지보상법 및 구 국토계획법의 규정 내용과 환매권의 입법 취지 등을 고려하면, 도시계획시설사업의 시행자로 지정되어 그 도시계획시설사업의 수행을 위하여 필요한 토지를 협의취득하였다고 하더라도, 시행자 지정이 처음부터 **효력이 없거나** 토지의 취득 당시 해당 도시계획시설사업의 법적 근거가 없었던 것으로 볼 수 있는 등 **협의취득**이 **당연무효**인 경우, 협의취득일 당시의 토지소유자가 소유권에 근거하여 등기 명의를 회복하는 방식 등으로 권리를 구제받는 것은 별론으로 하더라도 토지보상법 제91조 제1항에서 정하고 있는 **환매권**을 행사할 수는 **없다**고 봄이 타당하다.

⇨ 사안의 경우, 휴양형 주거단기 개발사업의 사업시행자로 지정되어 원고 소유 토지를 협의매수한 피고 제주국제자유도시개발센터를 상대로 원고가 토지보상법 제91조 제1항에 따라 환매권을 행사하였다. 이에 대하여 대법원은, 협의취득이 사업시행자의 지위에 있지 아니한 피고가 체결한 것으로서 법률상 요건을 갖추지 못하였으므로 그 효력이 없으며, 결국 원고는 당초부터 계속해서 토지에 대한 소유권을 보유하고 있었으므로, 환매권을 행사할 수는 없다고 판단하였다.

06 토지보상법상 지장물의 소유권 취득 및 철거요구 [대판 2021.5.7. 2018다256313]

판결요지

토지보상법상 사업시행자가 사업시행에 방해가 되는 **지장물**에 관하여 토지보상법 제75조 제1항 단서 제2호에 따라 이전에 드는 **실제 비용에 못 미치는** 물건의 가격으로 **보상**한 경우, 사업시행자가 해당 물건을 취득하는 제3호와 달리 **수용절차를 거치지 않은** 이상 사업시행자가 그 보상만으로 해당 물건의 **소유권까지 취득**한다고 보기는 **어렵다**. 또한 사업시행자는 지장물의 소유자가 토지보상법 시행규칙 제33조 제4항 단서에 따라 스스로의 비용으로 철거하겠다고 하는 등의 특별한 사정이 없는 한 지장물의 소유자에 대하여 그 **철거 등을 요구**할 수 **없고 자신의 비용으로** 직접 이를 제거할 수 있을 뿐이다.

| 예상지문 |

토지보상법상 사업시행자가 사업시행에 방해가 되는 **지장물**에 관하여 **실제 비용에 못 미치는** 물건의 가격으로 **보상**한 경우에도 해당 물건의 **소유권을 취득**하고, 가사 소유권을 취득하지 못한다 하더라도 지장물의 소유자에 대하여 그 **철거 등을 요구**할 수 있다. (×)

제3장 공용환지·공용환권

01 조합설립인가처분취소 [대판 2020.9.7. 2020두38744]

판결요지

재개발조합의 설립 동의 및 인가와 관련한 도시 및 주거환경정비법(이하 '도시정비법' 또는 '법') 제35조 제2항, 제7항, 제8항, 도시 및 주거환경정비법 시행령(이하 '시행령') 제30조 제1항, 제2항, 제32조, 도시 및 주거환경정비법 시행규칙(이하 '시행규칙') 제8조 제3항 [별지 제6호 서식]의 내용과 체계, 입법 취지 등을 종합하면, 재개발조합 설립인가 신청을 받은 행정청은 ① 추진위원회가 시행규칙 제8조 제3항에 규정된 [별지 제6호 서식] '조합설립동의서'(이하 '법정동의서')에 의하여 토지 등 소유자의 동의를 받았는지(시행령 제30조 제1항), ② 토지 등 소유자가 성명을 적고 지장을 날인한 경우에는 신분증명서 사본이 첨부되었는지(법 제36조 제1항), 토지 등 소유자의 인감증명서를 첨부한 경우에는 그 동의서에 날인된 인영과 인감증명서의 인영이 동일한지(법 제36조 제2항)를 확인하고, ③ 법 제36조 제4항, 시행령 제33조에 의하여 동의자 수를 산정함으로써 법 제35조 제2항에서 정한 토지 등 소유자 동의 요건이 충족되었는지를 심사하여야 한다.

또한, 추진위원회가 **법정동의서**에 의하여 토지 등 소유자로부터 **조합설립 동의**를 받았다면 그 조합설립 동의는 도시정비법령에서 정한 절차와 방식을 따른 것으로서 **적법·유효**한 것이라고 보아야 하고, 단지 그 서식에 토지 등 **소유자별**로 구체적인 **분담금 추산액이 기재**되지 않았다거나 추진위원회가 그 서식 외에 토지 등 소유자별로 분담금 추산액 산출에 필요한 **구체적인 정보나 자료**를 충분히 **제공하지 않았다**는 사정만으로 개별 토지 등 소유자의 **조합설립 동의를 무효**라고 볼 수는 **없다**.

| 예상지문 |

> 주택재개발조합설립추진위원회가 **토지등소유자들**로부터 조합설립 **동의를 받기 전**에 토지등소유자별 **분담금 추산액**에 관하여 '구체적인 수치'를 기재하지 않고 단지 '**산정공식**'만을 기재한 경우 도시정비법에 따른 추정 분담금 등 정보 제공 의무를 이행한 것으로 볼 수 없으므로, 토지등소유자들의 조합설립 동의는 **모두 무효**이다.
>
> (×)

02 관리처분계획인가처분 취소 [대판 2020.6.25. 2018두34732, 표준판례 13]

판결요지

[1] 조합의 총회는 재건축정비사업조합의 최고의사결정기관이고 정관 변경이나 관리처분계획의 수립·변경은 총회의 결의사항이므로, **조합의 총회**는 상위법령과 정관이 정한 바에 따라 **새로운 총회결의로써** **종전 총회결의의 내용을 철회**하거나 **변경**할 수 있는 자율성과 형성의 **재량**을 가진다. 구 도시정비법은 '재건축정비사업조합이 조합의 비용부담에 관한 정관을 변경하고자 하는 경우에는

제16조 제2항의 규정에도 불구하고 조합원 3분의 2 이상의 동의를 얻어 시장·군수의 인가를 받아야 한다'고 규정(제20조 제3항, 제1항 제8호)하고, '총회의 소집절차·시기 및 의결방법 등에 관하여는 정관으로 정한다'고 규정(제24조 제6항)하고 있으므로, 조합의 정관이 조합의 비용부담 등에 관한 총회의 소집절차나 의결방법에 대하여 상위법령인 구 도시정비법이 정한 것보다 더 엄격한 조항을 두지 않은 이상 조합의 비용부담에 관한 정관을 변경하고자 하는 총회결의에는 조합원 3분의 2 이상의 의결정족수가 적용되고, 변경되는 정관의 내용이 상가 소유자 등 특정 집단의 이해관계에 직접적인 영향을 미치는 경우라 할지라도 구 도시정비법 제16조 제2항이 적용되거나 유추적용된다고 볼 수는 없다.

[2] 단체의 **총회에 소집공고** 등 **절차상 하자**가 있더라도 구성원들의 **총회 참여**에 어떠한 **지장도 없었다면** 그와 같은 절차상 **하자**는 경미한 것이어서 **총회결의는 유효**하다.

[3] **신뢰보호의 원칙**은 행정청이 **공적인 견해**를 표명할 당시의 **사정이** 그대로 **유지됨을 전제**로 적용되는 것이 원칙이므로, **사후에** 그와 같은 **사정이 변경**된 경우에는 그 공적 견해가 더 이상 개인에게 **신뢰의 대상**이 된다고 보기 **어려운** 만큼, 특별한 사정이 없는 한 행정청이 그 **견해표명에 반하는 처분**을 하더라도 **신뢰보호의 원칙에 위반**된다고 할 수 **없다.**

한편 재건축조합에서 일단 내부 규범이 정립되면 조합원들은 특별한 사정이 없는 한 그것이 존속하리라는 신뢰를 가지게 되므로, 내부 규범 변경을 통해 달성하려는 이익이 종전 내부 규범의 존속을 신뢰한 조합원들의 이익보다 우월해야 한다. 조합 내부 규범을 변경하는 총회결의가 신뢰보호의 원칙에 위반되는지를 판단하기 위해서는, 종전 내부 규범의 내용을 변경하여야 할 객관적 사정과 필요가 존재하는지, 그로써 조합이 달성하려는 이익은 어떠한 것인지, 내부 규범의 변경에 따라 조합원들이 침해받은 이익은 어느 정도의 보호가치가 있으며 침해 정도는 어떠한지, 조합이 종전 내부 규범의 존속에 대한 조합원들의 신뢰 침해를 최소화하기 위하여 어떤 노력을 기울였는지 등과 같은 여러 사정을 종합적으로 비교·형량해야 한다.

⇨ 상가조합원들이 최초 정관보다 불리하게 변경된 정관을 기초로 수립된 이 사건 관리처분계획에 대하여, 무효인 조합원총회결의 및 정관에 기초한 것이거나 신뢰보호의 원칙에 위반된다고 주장하며 무효 또는 취소를 구한 사건

| 예상지문 |

① 재건축정비사업조합의 총회가 **새로운 총회결의**로써 종전 총회결의의 내용을 **철회**하거나 **변경할 수 있는** 자율성과 형성의 **재량**을 가진다. (○)

② 단체의 **총회에 소집공고** 등 **절차상 하자**가 있는 경우에는 구성원들의 **총회 참여**에 어떠한 **지장도 없었다고** 하더라도 이러한 총회는 이미 절차적 정당성을 상실하였으므로, 그와 같은 절차상 하자에 의하여 **총회결의는 무효**이다. (×)

① **신뢰보호의 원칙**은 행정청이 **공적인 견해를 표명**할 당시의 **사정이** 그대로 **유지됨을 전제**로 적용되는 것이 원칙이므로, 사후에 그와 같은 **사정이 변경**된 경우에는 그 공적인 견해가 더 이상 **개인에게 신뢰의 대상**이 된다고 보기 **어려운** 만큼, 특별한 사정이 없는 한 행정청이 그 **견해표명에 반하는 처분**을 하더라도 신뢰보호의 원칙에 **위반**된다고 할 수 **없다**. [21변시] [23국회8급]　　　　　　　　　　　　　　　　　　　(O)

② 공적 견해표명 당시의 사정이 사후에 변경된 경우 특별한 사정이 없는 한 행정청이 그 견해표명에 반하는 처분을 하더라도 신뢰보호원칙에 위반된다고 할 수 없다. [22국가7급]　　　　　　　　　　(O)

③ 행정청이 공적인 견해를 표명한 이후에 사정이 변경되었다고 하여 그 공적 견해가 더 이상 신뢰의 대상이 된다고 볼 수 없는 것은 아니므로, 특별한 사정이 없는 한 행정청이 그 견해표명에 반하는 처분을 하였다면 신뢰보호의 원칙에 위반된다. [23변시]　　　　　　　　　　　　　　　　　　　　　(×)

④ **재건축조합**에서 일단 **내부 규범**이 정립되면 조합원들은 특별한 사정이 없는 한 그것이 **존속**하리라는 **신뢰**를 가지게 되므로, **내부 규범을 변경**할 경우 내부 규범 변경을 통해 달성하려는 이익이 종전 내부 규범의 존속을 **신뢰한 조합원들의 이익보다 우월해야** 한다. [21국회8급]　　　　　　　　　　　　　(O)

03 손해배상(기) [대판 2022.7.14. 2022다206391]

[1] 도시 및 주거환경정비법상 주택재건축정비사업조합의 법적 지위(=행정주체) / 주택재건축정비사업조합이 행정주체의 지위에서 수립하는 관리처분계획의 법적 성격(=행정처분) 및 이에 관하여 조합이 갖는 재량권의 행사 방법

도시정비법에 따른 **주택재건축정비사업조합**(이하 '재건축조합')은 관할 행정청의 감독 아래 도시정비법상의 주택재건축사업을 시행하는 공법인(도시정비법 제38조)으로서, 그 목적 범위 내에서 법령이 정하는 바에 따라 일정한 행정작용을 행하는 **행정주체의 지위**를 갖는다. 재건축조합이 행정주체의 지위에서 도시정비법 제74조에 따라 수립하는 **관리처분계획**은 정비사업의 시행 결과 조성되는 대지 또는 건축물의 권리귀속에 관한 사항과 조합원의 비용 분담에 관한 사항 등을 정함으로써 조합원의 재산상 권리·의무 등에 구체적이고 직접적인 영향을 미치게 되므로, 이는 **구속적 행정계획**으로서 재건축조합이 행하는 독립된 **행정처분**에 해당한다(대판[전합] 1996.2.15. 94다31235, 대판[전합] 2009.9.17. 2007다2428 등 참조). 재건축조합이 행정주체의 지위에서 수립하는 관리처분계획은 행정계획의 일종으로서 이에 관하여는 재건축조합에 상당한 재량이 인정되므로, 재건축조합은 종전의 토지 또는 건축물의 면적·이용상황·환경 그 밖의 사항을 종합적으로 고려하여 대지 또는 건축물이 균형 있게 분양신청자에게 배분되고 합리적으로 이용되도록 그 재량을 행사해야 한다(대판 2014.3.27. 2011두24057 등 참조).

[2] 주택재건축정비사업조합의 총회가 새로운 총회결의로써 종전 총회결의의 내용을 철회하거나 변경할 수 있는 자율성과 형성의 재량을 가지는지 여부(적극) / 주택재건축정비사업조합의 내부 규범을 변경하는 총회결의가 적법하기 위한 요건 및 그 총회결의가 신뢰보호원칙에 위반되는지 판단하는 방법

주택재건축정비사업조합(이하 '재건축조합')의 총회는 조합의 최고의사결정기관이고, 정관 변경이나 관리처분계획의 수립·변경은 총회결의사항이므로, 새로운 총회결의로써 종전 총회결의의 내용을 철회하거나 변경할 수 있는 자율성과 형성의 재량을 가진다. 그러나 이러한 자율성과 재량이 무제한적일 수는 없으므로, 조합 내부의 규범을 변경하고자 하는 총회결의가 적법하려면 상위법령·정

관에서 정한 절차와 의결정족수를 갖추어야 한다. 나아가 그 내용도 상위법령·정관에 위배되지 않아야 함은 물론 재건축조합에서 일단 내부 규범이 정립되면 조합원들은 특별한 사정이 없는 한 그것이 존속하리라는 신뢰를 가지게 됨에 비추어 내부 규범 변경을 통해 달성하려는 이익이 종전 내부 규범의 존속을 신뢰한 조합원들의 이익보다 우월하여야 한다. <u>조합 내부 규범을 변경하는 취지의 총회결의가 신뢰보호원칙에 위반되는지를 판단하기 위해서는, 종전 내부 규범의 내용을 변경하여야 할 객관적 사정과 필요가 존재하는지, 그로써 조합이 달성하려는 이익은 어떠한 것인지, 내부 규범의 변경에 따라 조합원들이 침해받는 이익은 어느 정도의 보호가치가 있으며 그 침해 정도는 어떠한지, 조합이 종전 내부 규범의 존속에 대한 조합원들의 신뢰 침해를 최소화하기 위하여 어떤 노력을 기울였는지 등과 같은 여러 사정을 종합적으로 비교·형량해야</u> 한다(대판 2018.3.13. 2016두35281, 대판 2022.5.26. 2022두30539 등 참조).

▌예상지문▐

① 「도시 및 주거환경정비법」에 따른 **주택재건축정비사업조합**은 관할 행정청의 감독 아래 「도시 및 주거환경정비법」상의 주택재건축사업을 시행하는 공법인으로서, 그 목적 범위 내에서 법령이 정하는 바에 따라 일정한 행정작용을 행하는 **행정주체의 지위**를 갖는다. (O)

② 재건축조합이 행정주체의 지위에서 「도시 및 주거환경정비법」에 따라 수립하는 **관리처분계획**은 정비사업의 시행 결과 조성되는 대지 또는 건축물의 권리귀속에 관한 사항과 조합원의 비용 분담에 관한 사항 등을 정함으로써 조합원의 재산상 권리·의무 등에 구체적이고 직접적인 영향을 미치는 **구속적 행정계획**으로서 재건축조합이 행하는 **독립된 행정처분**에 해당한다. (O)

③ **재건축조합의 총회**는 조합의 최고의사결정기관이고, 정관 변경이나 관리처분계획의 수립·변경은 총회결의 사항이지만, 조합원의 신뢰보호를 위하여 **새로운 총회결의로써** 종전 총회결의의 내용을 **철회하거나 변경**할 수 있는 **자율성과 형성의 재량**을 가진다고 볼 수는 없다. (×)

④ **조합 내부규범을 변경**하고자 하는 총회결의가 적법하려면 상위법령·정관에서 정한 절차와 의결정족수를 갖추어야 하고, 나아가 그 내용도 상위법령·정관에 위배되지 않아야 함은 물론 재건축조합에서 일단 내부 규범이 정립되면 조합원들은 특별한 사정이 없는 한 그것이 존속하리라는 신뢰를 가지게 됨에 비추어 내부 규범 변경을 통해 **달성하려는 이익**이 종전 내부 규범의 존속을 **신뢰한 조합원들의 이익보다 우월**하여야 한다. (O)

제9편

개별 행정작용법

제1장　경찰행정법
제2장　경제행정법
제3장　개발행정법
제4장　환경행정법
제5장　조세행정법

제1장 경찰행정법

01 손해배상(기) [대판 2022.11.30. 2016다26662, 2016다26679, 2016다26686]

[1] 경찰관이 불법적인 농성을 진압하는 과정에서 특정한 경찰장비를 필요한 최소한의 범위를 넘어 관계 법령에서 정한 통상의 용법과 달리 사용함으로써 타인의 생명·신체에 위해를 가한 경우, 그 직무수행은 위법하다고 보아야 하는지 여부(원칙적 적극) 및 이때 상대방이 그로 인한 생명·신체에 대한 위해를 면하기 위하여 직접적으로 대항하는 과정에서 경찰장비를 손상시킨 경우, 정당방위에 해당하는지 여부(적극)

구 경찰관 직무집행법 제1조 제2항은 "이 법에 규정된 경찰관의 직권은 그 직무수행에 필요한 최소한도 내에서 행사되어야 하며 이를 남용하여서는 아니 된다"라고 규정하여 **경찰비례의 원칙**을 명시적으로 선언하고 있다. 이는 경찰행정 영역에서의 헌법상 과잉금지원칙을 표현한 것으로서, 공공의 안녕과 질서유지라는 공익목적과 이를 실현하기 위하여 개인의 권리나 재산을 침해하는 수단 사이에는 합리적인 비례관계가 있어야 한다는 의미를 갖는다(대판 2021.11.11. 2018다288631 참조).

경찰관이 구체적 상황에 비추어 인적·물적 능력의 범위 내에서 적절한 조치라는 판단에 따라 범죄의 진압 및 수사에 관한 직무를 수행한 경우에는 그러한 직무수행이 객관적 정당성을 상실하여 현저하게 불합리한 것으로 인정되지 않는 한 이를 위법하다고 할 수는 없다. 한편 불법적인 농성 진압의 경우 진압의 필요성, 농성의 태양 및 장소의 상황 등에서 예측되는 피해 발생의 구체적 위험성의 내용 등에 비추어 볼 때 농성 진압을 계속 수행할 것인지 여부 및 그 방법 등이 현저히 합리성을 결하여 위법하다고 평가할 수 있는 때에 그 직무집행이 법령을 위반한 것이라고 할 수 있다(대판 2010.11.11. 2010도7621 참조).

구 경찰관 직무집행법 제10조 제3항은 "경찰장비를 임의로 개조하거나 임의의 장비를 부착하여 통상의 용법과 달리 사용함으로써 타인의 생명·신체에 위해를 주어서는 아니 된다"라고 정하고, 구 경찰장비의 사용기준 등에 관한 규정(대통령령) 제3조는 "경찰장비는 통상의 용법에 따라 필요한 최소한의 범위 안에서 사용하여야 한다"라고 정하고 있는바, 위 조항에서 말하는 경찰장비는 '인명 또는 신체에 위해를 가할 수 있는 경찰장비(이하 '위해성 경찰장비')'를 뜻한다(위 규정 제2조 참조). 위 규정들은 경찰비례의 원칙에 따라 경찰관의 직무수행 중 경찰장비의 사용 여부, 용도, 방법 및 범위에 관하여 재량의 한계를 정한 것이라 할 수 있고, 특히 **위해성 경찰장비**는 그 사용의 위험성과 기본권 보호 필요성에 비추어 볼 때 본래의 사용방법에 따라 **지정된 용도로 사용되어야** 하며 **다른 용도나 방법으로 사용**하기 위해서는 **반드시 법령에 근거**가 있어야 한다(헌재 2018.5.31. 2015헌마476 참조).

위와 같은 경찰관의 직무수행 및 경찰장비의 사용과 관련한 재량의 범위 및 한계를 고려해 보면, 불법적인 농성을 진압하는 방법 및 그 과정에서 어떤 경찰장비를 사용할 것인지는 구체적 상황과 예측되는 피해 발생의 구체적 위험성의 내용 등에 비추어 경찰관이 재량의 범위 내에서 정할 수

있다. 그러나 그 직무수행 중 특정한 경찰장비를 **필요한 최소한의 범위를 넘어** 관계 법령에서 정한 **통상의 용법과 달리 사용**함으로써 타인의 **생명·신체에 위해**를 가하였다면, 불법적인 농성의 진압을 위하여 그러한 방법으로라도 해당 경찰장비를 사용할 필요가 있고 그로 인하여 발생할 우려가 있는 타인의 생명·신체에 대한 위해의 정도가 통상적으로 예견되는 범위 내에 있다는 등의 특별한 사정이 없는 한 그 **직무수행은 위법**하다고 보아야 한다. 나아가 경찰관이 농성 진압의 과정에서 경찰장비를 위법하게 사용함으로써 그 직무수행이 적법한 범위를 벗어난 것으로 볼 수밖에 없다면, 상대방이 그로 인한 생명·신체에 대한 위해를 면하기 위하여 <u>직접적으로 대항하는 과정에서 경찰장비를 손상시켰더라도</u> 이는 위법한 공무집행으로 인한 신체에 대한 현재의 부당한 침해에서 벗어나기 위한 행위로서 <u>정당방위</u>에 해당한다.

[2] 산업별 노조인 甲 노동조합의 지부가 조합원들을 각 거점에 배치하고 새총, 볼트, 화염병 등을 소지한 채 공장 점거파업을 계속하자 경찰이 점거파업을 진압하기 위하여 헬기에서 조합원들이 있던 공장 옥상을 향하여 다량의 최루액을 살포하거나 공장 옥상으로부터 30~100m 고도로 제자리 비행을 하여 조합원들을 헬기 하강풍에 노출되게 하였고, 그 과정에서 헬기가 새총으로 발사된 볼트 등의 이물질에 맞아 손상된 사안에서, 헬기를 위와 같은 방법으로 사용하여 불법적인 농성을 진압하는 것은 경찰장비를 위법하게 사용함으로써 적법한 직무수행의 범위를 벗어났다고 볼 여지가 있는데도, 甲 노동조합 등에 대하여 헬기의 손상에 관한 손해배상책임이 성립한다고 본 원심판단에 심리미진 등의 잘못이 있다고 한 사례

| 예상지문 |

> 경찰관이 농성 진압의 과정에서 **경찰장비를 위법하게 사용**함으로써 그 직무수행이 적법한 범위를 벗어난 것으로 볼 수밖에 없다면, 상대방이 그로 인한 생명·신체에 대한 위해를 면하기 위하여 직접적으로 **대항하는 과정**에서 **경찰장비를 손상**시켰더라도 이는 위법한 공무집행으로 인한 신체에 대한 현재의 부당한 침해에서 벗어나기 위한 행위로서 **정당방위**에 해당한다.
> (O)

02 집시법상 해산명령과 손해배상 [대판 2021.10.28. 2017다219218]

판결요지

집시법상 집회 또는 시위에 대한 **해산명령**이 객관적 정당성을 잃은 것인지 판단할 때, 집회·시위의 경우 많은 사람이 관련되고 시위 장소 주변의 사람이나 시설에 적지 않은 영향을 줄 수 있으므로 집회 장소에서 예상치 못한 행동이 발생했을 때 경찰공무원이 집회를 허용할 것인지는 **많은 시간을 두고 심사숙고**하여 결정할 수 있는 것이 **아니고, 현장에서 즉시 허용 여부를 결정**하여 이에 따른 **조치를 신속하게** 취해야 할 사항이다.

甲 등이 그들이 속한 단체가 개최한 집회와 기자회견에서 있었던 乙 등 **경찰의 집회 장소 점거행위**와 乙의 **해산명령**이 위법한 공무집행에 해당하고 이로 인해 집회의 자유가 침해되었다며 국가와 乙을 상대로 **손해배상**을 구한 사안에서, 사건 당일 발생한 상황뿐만 아니라 <u>위 집회 장소에서 점거와 농성이 시작된 이후 천막 등 철거의 행정대집행에 이르기까지 **다수의 공무집행방해와 손괴행위**가 발생하였고 장기간 불법적으로 물건이 설치되었던</u> 일련의 과정을 고려하여 보면, 乙 등 경찰의 집회 장소 점거 행위는 불법적인 사태가 반복되는 것을 막기 위한 **필요 최소한도의 조치**로 볼 수 있고, 경찰이 집회참가자들을 향하여 유형력을 행사하지 않고 **소극적**으로 자리를 지키고 서 있었을 뿐인데도 일부 집회참가자들이 경찰을 밀치는 행위를 하는 등 당시의 현장 상황에 비추어 보면, 乙로서는 집회참가자들이

경찰에 대항하여 공공의 질서유지를 해치는 행위를 하는 것으로 판단할 수 있는 상황이었으므로, 당시 **해산명령이 객관적 정당성을 잃은** 것이라고 **단정할 수 없**는데도, 위 집회 장소 점거 행위와 해산명령을 법적 요건을 갖추지 못한 위법한 경찰력의 행사로 보아 국가와 乙의 손해배상책임을 인정한 원심판단에는 국가배상책임의 성립 요건과 위법성 여부에 관한 법리오해 등 잘못이 있다.

| 예상지문 |

> **집시법상** 집회 또는 시위에 대한 **해산명령**은 집회 장소에서 예상치 못한 행동이 발생했을 때 경찰공무원이 집회를 허용할 것인지는 **많은 시간을 두고 심사숙고**하여 결정할 수 있는 것이 **아니고, 현장에서 즉시 허용 여부를 결정**하여 이에 따른 **조치를 신속하게** 취해야 할 사항이다. (○)

03 미신고 옥외집회 또는 시위에 대한 해산명령과 손해배상 [대판 2021.11.11. 2018다288631]

판결요지

집회 신고는 행정관청에 집회에 관한 구체적인 정보를 제공함으로써 공공질서의 유지에 협력하도록 하는 데 의의가 있는 것으로 집회의 허가를 구하는 신청으로 변질되어서는 아니 되므로, **신고를 하지 아니하였다는 이유만으로 옥외집회 또는 시위**를 헌법의 보호 범위를 벗어나 개최가 **허용되지 않는** 집회 내지 시위라고 **단정할 수 없다.** 따라서 집시법 제20조 제1항 제2호가 미신고 옥외집회 또는 시위를 해산명령의 대상으로 하면서 **별도의 해산 요건**을 정하고 있지 않더라도, 그 옥외집회 또는 시위로 인하여 타인의 법익이나 **공공의 안녕질서**에 대한 **직접적인 위험이 명백**하게 초래된 경우에 **한하여** 위 조항에 기하여 **해산을 명할 수** 있고, 이러한 요건을 갖춘 해산명령에 불응하는 경우에만 집시법 제24조 제5호에 의하여 처벌할 수 있다고 보아야 한다.

甲 등이 **세월호 진상규명** 등을 촉구하는 기자회견을 한 후 청와대에 서명지 박스를 전달하기 위한 행진을 시도하였으나 관할 경찰서장인 乙 등이 **해산명령과 통행차단 조치**를 하였고, 이에 甲 등이 乙 등을 상대로 **손해배상**을 구한 사안에서, **기자회견 및 행진**으로 인하여 **타인의 법익**이나 **공공의 안녕질서**에 대한 **직접적인 위험이 명백**하게 초래되었다고 보기 **어려우므로** 甲 등에 대한 해산명령 및 통행차단 조치는 **위법**하지만, 乙 등은 당시 甲 등에게 내린 해산명령 및 통행차단 조치가 집회법 및 경찰관 직무집행법에서 허용되는 범위를 넘어선다는 것을 인식하지 못하였다고 볼 여지가 있고, 나아가 위와 같이 인식하지 못한 데에 고의에 가까울 정도로 현저히 주의를 결여하였다고 단정하기 어려운데도, **乙 등에게 중과실이 있다**고 보아 乙 등의 **손해배상책임**을 인정한 원심판단에 법리오해의 **잘못**이 있다.

| 예상지문 |

> ① 집시법상 **신고를 하지 아니하였다는 이유만으로 옥외집회 또는 시위**를 헌법의 보호 범위를 벗어나 개최가 **허용되지 않는** 집회 내지 시위라고 **단정할 수 없다.** (○)
> ② 미신고 옥외집회 또는 시위를 해산명령의 대상으로 하면서 **별도의 해산 요건**을 정하고 있지 않더라도, 그 옥외집회 또는 시위로 인하여 **타인의 법익**이나 **공공의 안녕질서**에 대한 **직접적인 위험이 명백**하게 초래된 경우에 **한하여** 위 조항에 기하여 **해산을 명할 수** 있다. (○)

제2장 경제행정법

제3장 개발행정법

01 개발행위불허가처분등취소 [대판 2020.12.24. 2020두46769]

판결요지

[1] 가축분뇨의 관리 및 이용에 관한 법률(이하 '가축분뇨법') 제8조 제1항, 토지이용규제 기본법 제2조 제1호, 제5조 제1호 [별표], 제3조, 제8조 제2항 본문, 제3항 본문을 종합하면, **가축분뇨법에 따라 가축의 사육을 제한하기 위해서는 원칙적으로 시장·군수·구청장이 조례가 정하는 바에 따라 일정한 구역을 가축사육 제한구역**으로 지정하여 토지이용규제 기본법에서 정한 바에 따라 지형도면을 **작성·고시하여야** 하고, 이러한 지형도면 **작성·고시 전에는** 가축사육 제한구역 지정의 **효력이 발생**하지 **아니한다.**

[2] 토지이용규제 기본법(이하 '토지이용규제법')이 '지역·지구 등'을 지정할 때 원칙적으로 지형도면을 작성·고시하도록 규정한 취지는 지역·지구 등의 지정으로 토지이용제한을 받게 되는 토지와 이용제한의 내용을 명확히 공시하여 토지이용의 편의를 도모하고 행정의 예측가능성과 투명성을 확보하려는 데 있다. 관보나 공보는 B5(182mm×257mm) 또는 A4(210mm×297mm) 규격으로 제작되어 지형도면을 그대로 수록하기가 어렵고, 만일 이를 축소하여 관보·공보에 수록하게 한다면 지형도면의 축척을 일정 비율로 규정한 취지가 무의미해지는 점 및 토지이용규제법 제8조 제9항이 지형도면 고시 내용을 국토이용정보체계 등 인터넷에 등재하도록 규정함으로써 일반인이 지형도면에 쉽게 접근할 수 있도록 한 점 등을 아울러 감안하면, **토지이용규제법 제8조에 따라 행정청이 지역·지구 등 지정에 따른 지형도면을 작성하여 일정한 장소에 비치한 사실을 관보·공보에 고시하고 그와 동시에 지형도면을 그 장소에 비치하여 일반인이 직접 열람할 수 있는 상태에 놓아두었다면** 이로써 지형도면 **고시가 적법**하게 이루어진 것이라고 보는 것이 옳다.

⇨ 사안의 경우 피고 홍천군수는 가축사육 제한구역 지정에 따른 지형도면을 작성하여 가축사육 제한구역 지형도면 변경 고시를 하면서 그 고시문에 지형도면 자체를 수록하지는 않았으나 '지형도면을 홍천군청 환경위생과 사무실에 비치하였고 부동산종합공부시스템에 등재하였으며 토지이용규제정보시스템에서 열람할 수 있다'는 취지를 기재하였다.

| 예상지문 |

① 가축분뇨의 관리 및 이용에 관한 법률에 따라 **가축의 사육을 제한**하기 위하여 시장·군수·구청장이 **조례가** 정하는 바에 따라 일정한 구역을 **가축사육 제한구역으로 지정**하는 경우, 토지이용규제 기본법에서 정한 바에 따라 **지형도면을 작성·고시해야** 가축사육 제한구역 지정의 **효력이 발생**한다. (○)

② 토지이용규제법 제8조에 따라 행정청이 지역·지구 등 지정에 따른 **지형도면을 작성하여 일정한 장소에 비치**한 사실을 **관보·공보에 고시**하고 그와 동시에 지형도면을 그 장소에 비치하여 **일반인이 직접 열람**할 수 있는 상태에 놓아두었다면 이로써 지형도면 **고시가 적법**하게 이루어진 것이라고 본다. (○)

[1] 표준지로 선정된 토지의 표준지공시지가에 대한 불복방법 및 그러한 절차를 밟지 않은 채 토지 등에 관한 재산세 등 부과처분의 취소를 구하는 소송에서 표준지공시지가결정의 위법성을 다투는 것이 허용되는지 여부(원칙적 소극)

표준지로 선정된 토지의 표준지공시지가를 다투기 위해서는 처분청인 국토교통부장관에게 이의를 신청하거나 국토교통부장관을 상대로 공시지가결정의 취소를 구하는 행정심판이나 행정소송을 제기해야 한다. 그러한 절차를 밟지 않은 채 토지 등에 관한 재산세 등 부과처분의 취소를 구하는 소송에서 표준지공시지가결정의 위법성을 다투는 것은 원칙적으로 허용되지 않는다(대판 1995.11.10. 93누16468, 대판 1997.9.26. 96누7649 참조).

[2] 甲 주식회사가 강제경매절차에서 표준지로 선정된 토지를 대지권의 목적으로 하는 집합건물 중 구분건물 일부를 취득하자, 관할 구청장이 재산세를 부과한 사안에서, 위 부동산에 대한 시가표준액이 감정가액과 상당히 차이가 난다는 등의 이유로 시가표준액 산정이 위법하다고 본 원심판결에 법리오해 등의 잘못이 있다고 한 사례

甲 주식회사가 강제경매절차에서 표준지로 선정된 토지를 대지권의 목적으로 하는 집합건물 중 구분건물 일부를 취득하자, 관할 구청장이 재산세를 부과한 사안에서, 위 토지는 표준지로서 시가표준액은 표준지공시지가결정에 따라 그대로 정해지고, 위 건축물에 대한 시가표준액은 거래가격 등을 고려하여 정한 기준가격에 건축물의 구조, 용도, 위치와 잔존가치 등 여러 사정을 반영하여 정한 기준에 따라 결정되므로, 법원이 위 건축물에 대한 시가표준액 결정이 위법하다고 판단하기 위해서는 위 각 산정 요소의 적정 여부를 따져보아야 하는데, 이를 따져보지 않은 채 단지 위 건축물에 대한 시가표준액이 그 감정가액과 상당히 차이가 난다거나 위 건축물의 시가표준액을 결정할 때 위치지수로 반영되는 위 토지의 공시지가가 과도하게 높게 결정되었다는 등의 사정만으로 섣불리 시가표준액 결정이 위법하다고 단정할 수 없으므로, 위 부동산에 대한 시가표준액이 감정가액과 상당히 차이가 난다는 등의 이유로 시가표준액 산정이 위법하다고 본 원심판결에 법리오해 등의 잘못이 있다.

| 예상지문 |

① 표준지로 선정된 토지의 **표준지공시지가**에 대한 불복방법 및 그러한 절차를 밟지 않은 채 토지 등에 관한 **재산세 등 부과처분**의 취소를 구하는 소송에서 표준지공시지가결정의 위법성을 다투는 것이 허용된다.

(×)

② **표준지공시지가결정**이 위법한 경우에는 그 자체를 행정소송의 대상이 되는 행정처분으로 보아 그 위법 여부를 다툴 수 있음은 물론, **수용보상금의 증액**을 구하는 소송에서도 선행처분으로서 그 수용대상 토지 가격 산정의 기초가 된 비교표준지공시지가결정의 위법을 독립한 사유로 주장할 수 있다.

(○)

제4장 환경행정법

01 건축허가취소처분취소 [대판 2020.7.23. 2019두31839]

[4] 환경영향평가법 시행령 제59조 [별표 4] 제1호 (다)목에서 소규모 환경영향평가의 대상으로 정한 '국토의 계획 및 이용에 관한 법률 제6조 제3호에 따른 농림지역의 경우 사업계획 면적이 7,500㎡ 이상인 개발사업'에서 '사업계획 면적'의 의미

환경영향평가법 제2조 제3호, 제43조 제1항, 제44조 제1항, 같은 법 시행령 제59조 [별표 4] 제1호 (다)목에 의하면, **'소규모 환경영향평가'**란 환경보전이 필요한 지역이나 난개발이 우려되어 계획적 개발이 필요한 지역에서 개발사업을 시행할 때에 입지의 타당성과 환경에 미치는 영향을 미리 조사·예측·평가하여 환경보전방안을 마련하는 것을 말한다. 국토의 계획 및 이용에 관한 법률 제6조 제3호에 따른 '농림지역'의 경우 사업계획 면적이 7,500m² 이상인 개발사업은 소규모 환경영향평가의 대상이며, 해당 개발사업을 하려는 사업자는 해당 개발사업의 승인 등을 받기 전에 소규모 환경영향평가서를 작성하여 승인기관의 장에게 제출하여야 한다.

여기에서 '사업계획 면적'은 소규모 환경영향평가의 대상을 판정하는 기준이 된다. 개발사업의 입지의 타당성과 개발사업이 환경에 미치는 영향을 미리 조사·예측·평가하여 환경보전방안을 마련하고자 하는 소규모 환경영향평가 제도의 취지를 고려하면, '사업계획 면적'이란 개발사업이 이루어지는 전체 면적으로서, 사업자가 해당 개발사업의 사업계획을 수립·시행하기 위하여 관계 법령상 행정청의 인허가를 받아야 할 필요가 있는 모든 토지 면적의 총합을 의미한다고 봄이 타당하다.

⇨ 대법원은 이러한 판단에 따라 이 사건 축사 건축허가가 소규모 환경영향평가 대상에 해당한다고 보았으며, 이를 거치지 않아 위법하다고 판시하였다.

[5] 수익적 행정처분을 직권으로 취소할 수 있는 경우 및 수익적 행정처분의 하자가 처분상대방의 사실은폐나 그 밖의 부정한 방법에 의한 신청행위에 기인한 경우, 처분상대방의 처분에 관한 신뢰이익을 고려해야 하는지 여부(소극)

처분청은 행정처분에 하자가 있는 경우에는 별도의 법적 근거가 없더라도 스스로 이를 취소할 수 있고, 다만 수익적 행정처분을 취소할 때에는 이를 취소하여야 할 중대한 공익상 필요와 취소로 인하여 처분상대방이 입게 될 기득권과 법적 안정성에 대한 침해 정도 등 불이익을 비교·교량한 후 공익상 필요가 처분상대방이 입을 불이익을 정당화할 만큼 강한 경우에 한하여 취소할 수 있다. 수익적 행정처분의 하자가 처분상대방의 사실은폐나 그 밖의 부정한 방법에 의한 신청행위에 기인한 것이라면 처분상대방은 행정처분에 의한 이익을 위법하게 취득하였음을 스스로 알아 취소가능성도 예상하고 있었다고 보아야 하므로, 그 자신이 행정처분에 관한 신뢰이익을 원용할 수 없음은 물론이고, 행정청이 이를 고려하지 아니하였다고 하여도 재량권 일탈·남용에는 해당하지 않는다.

| 예상지문 |

'소규모 환경영향평가'란 환경보전이 필요한 지역이나 난개발이 우려되어 계획적 개발이 필요한 지역에서 개발사업을 시행할 때에 입지의 타당성과 환경에 미치는 영향을 미리 조사·예측·평가하여 환경보전방안을 마련하는 것을 말한다. (○)

제5장 조세행정법

01 조세채권존재확인 [대판 2020.3.2. 2017두41771]

[1] 민법 제168조 제1호에서 소멸시효의 중단사유로 규정하고 있는 '청구'가 국세징수권의 소멸시효 중단사유가 될 수 있는지 여부(한정 적극)

구 국세기본법 제27조 제2항은 국세징수권의 소멸시효에 관하여 국세기본법 또는 세법에 특별한 규정이 있는 것을 제외하고는 민법에 따른다고 규정하고 있고, 제28조 제1항은 납세고지(제1호), 독촉 또는 납부최고(제2호), 교부청구(제3호), 압류(제4호)를 국세징수권의 소멸시효 중단사유로 규정하고 있다.

위 납세고지, 독촉 또는 납부최고, 교부청구, 압류는 국세징수를 위해 국세징수법에 규정된 특유한 절차들로서 국세기본법이 규정한 특별한 국세징수권 소멸시효 중단사유이기는 하다. 그러나 구 국세기본법은 민법에 따른 국세징수권 소멸시효 중단사유의 준용을 배제한다는 규정을 두지 않고 있고, 조세채권도 민사상 채권과 비교하여 볼 때 성질상 민법에 정한 소멸시효 중단사유를 적용할 수 있는 경우라면 준용을 배제할 이유도 없다. 따라서 구 국세기본법 제28조 제1항 각호의 소멸시효 중단사유를 제한적·열기적 규정으로 보아 구 국세기본법 제28조 제1항 각호가 규정한 사유들만이 국세징수권의 소멸시효 중단사유가 된다고 볼 수는 없다. 이와 같은 관련 규정의 체계와 문언 내용 등에 비추어, 민법 제168조 제1호가 소멸시효의 중단사유로 규정하고 있는 '청구'도 그것이 허용될 수 있는 경우라면 구 국세기본법 제27조 제2항에 따라 국세징수권의 소멸시효 중단사유가 될 수 있다고 봄이 타당하다.

[2] 조세채권의 소멸시효 중단을 위한 재판상 청구에 예외적으로 소의 이익이 있는 경우

조세는 국가존립의 기초인 재정의 근간으로서, 세법은 공권력 행사의 주체인 과세관청에 부과권이나 우선권 및 자력집행권 등 세액의 납부와 징수를 위한 상당한 권한을 부여하여 공익성과 공공성을 담보하고 있다. 따라서 조세채권자는 세법이 부여한 부과권 및 자력집행권 등에 기하여 조세채권을 실현할 수 있어 특별한 사정이 없는 한 납세자를 상대로 소를 제기할 이익을 인정하기 어렵다.

다만 납세의무자가 무자력이거나 소재불명이어서 체납처분 등의 자력집행권을 행사할 수 없는 등 구 국세기본법 제28조 제1항이 규정한 사유들에 의해서는 조세채권의 소멸시효 중단이 불가능하고 조세채권자가 조세채권의 징수를 위하여 가능한 모든 조치를 충실히 취하여 왔음에도 조세채권이 실현되지 않은 채 소멸시효기간의 경과가 임박하는 등의 특별한 사정이 있는 경우에는, 그 시효중단을 위한 재판상 청구는 예외적으로 소의 이익이 있다고 봄이 타당하다.

[3] 국가 등 과세주체가 당해 확정된 조세채권의 소멸시효 중단을 위하여 납세의무자를 상대로 제기한 조세채권존재확인의 소의 법적 성질(=공법상 당사자소송)

국가 등 과세주체가 당해 확정된 조세채권의 소멸시효 중단을 위하여 납세의무자를 상대로 제기한 조세채권존재확인의 소는 **공법상 당사자소송**에 해당한다.

| 예상지문 |

① **조세채권자**는 세법이 부여한 부과권 및 **자력집행권** 등에 기하여 조세채권을 실현할 수 있어 **특별한 사정**이 없는 한 **납세자를 상대로 소를 제기할 이익**을 인정하기 **어렵지만**, 납세의무자가 무자력이거나 소재불명이어서 체납처분 등의 **자력집행권을 행사할 수 없는** 등의 특별한 사정이 있는 경우에 그 **시효중단을 위한 재판상 청구**는 예외적으로 **소의 이익**이 있다. (O)
② 국가 등 과세주체가 당해 확정된 **조세채권의 소멸시효 중단**을 위하여 납세의무자를 상대로 제기한 조세채권존재확인의 소는 **공법상 당사자소송**에 해당한다. (O)

02 법인세등부과처분취소 [대판 2020.10.29. 2017두51174]

[1] 과세관청이 세무조사결과통지 후 과세전적부심사 청구나 그에 대한 결정이 있기 전에 과세처분을 한 경우, 절차상 하자가 중대하고도 명백하여 과세처분이 무효인지 여부(원칙적 적극)

세무조사결과통지 후 **과세전적부심사** 청구나 그에 대한 **결정 전**에 **과세처분**을 하는 것은 원칙적으로 과세전적부심사 이후에 이루어져야 하는 과세처분을 그보다 앞서 함으로써 과세전적부심사 제도 자체를 형해화시킬 뿐 아니라 과세전적부심사 결정과 과세처분 사이의 관계 및 불복절차를 불분명하게 할 우려가 있으므로, 그와 같은 과세처분은 납세자의 절차적 권리를 침해하는 것으로서 절차상 **하자가 중대**하고도 **명백**하여 **무효**이다.

[3] 구 법인세법 시행령 제109조 제1항 후문에서 납세고지서에 부기하여야 한다고 정한 '납세지 관할 지방국세청장이 조사·결정하였다는 뜻'이 납세고지서의 필요적 기재사항인지 여부(소극) 및 과세관청이 과세처분에 앞서 납세자에게 보낸 세무조사결과통지 등에 납세고지서의 필요적 기재사항이 제대로 기재되어 있어 처분에 대한 불복 여부의 결정 등에 지장을 받지 않았음이 명백한 경우, 납세고지서의 하자가 보완되거나 치유될 수 있는지 여부(적극)

과세관청이 과세처분에 앞서 납세자에게 보낸 세무조사결과통지 등에 납세고지서의 **필요적 기재사항**이 제대로 기재되어 있어 납세의무자가 처분에 대한 **불복 여부의 결정** 및 불복 신청에 **전혀 지장을 받지 않았음이 명백**하다면, 이로써 납세고지서의 하자가 보완되거나 **치유**될 수 있다.

| 예상지문 |

① 세무조사결과통지 후 **과세전적부심사** 청구나 그에 대한 **결정 전**에 **과세처분**을 하는 것은 과세전적부심사 제도 자체를 형해화시킬 뿐 아니라 납세자의 절차적 권리를 침해하는 것으로서 **절차상 하자에 해당하므로 취소인 하자**에 해당한다. (×)
② 과세관청이 납세자에게 보낸 세무조사결과통지 등에 납세고지서의 **필요적 기재사항**이 제대로 기재되어 있어 납세의무자가 처분에 대한 **불복 여부의 결정** 및 불복 신청에 **전혀 지장을 받지 않았음이 명백**하다면, 이로써 납세고지서의 하자가 보완되거나 **치유**될 수 있다. (O)

03 소득금액변동통지무효확인 등 청구의 소 [대판 2021.4.29. 2020두52689]

원천징수의무자인 법인에 대한 소득금액변동통지가 법인의 납세의무에 직접 영향을 미치는 조세행정처분인지 여부(적극) / 소득금액변동통지가 납세고지에 해당하는지 여부(소극) / 구 국세기본법 시행령 제63조의14 제2항 제3호가 정한 '납세고지'에 '납세고지와 유사한 성격을 갖는 것'도 포함되는지 여부(소극)

원천징수의무자인 법인에 대한 **소득금액변동통지**는 원천징수의무자인 법인의 납세의무에 직접 영향을 미치는 조세행정처분이다. 원천징수의무자인 법인은 소득금액변동통지서를 받은 날에 그 통지서에 기재된 소득의 귀속자에게 해당 소득금액을 지급한 것으로 의제되어 그때 원천징수하는 소득세 또는 법인세의 납세의무가 성립함과 동시에 확정된다. 원천징수의무자인 법인으로서는 소득금액변동통지서에 기재된 소득처분의 내용에 따라 원천징수세액을 그 다음 달 10일까지 관할 세무서장 등에게 납부하여야 한다.

원천징수의무자인 법인에 대한 소득금액변동통지는 원천징수하는 소득세 또는 법인세의 납세의무를 확정하는 효력이 있다는 점에서 부과고지의 효력을 갖는 납세고지와 유사한 부분이 있다. 그러나 소득금액변동통지는 소득처분의 내용 중 법인의 원천징수의무 이행과 관련된 사항을 기재하여 원천징수의무자에게 통지하는 것으로서, 과세관청이 세금을 징수하기 위하여 세액 등 세금의 납부와 관련된 사항을 법정의 서류(납세고지서)로 납세자에게 알리는 납세고지에 해당한다고 볼 수 없다.

그리고 구 국세기본법 시행령(대통령령) 제63조의14 제2항 제3호가 정한 '납세고지'에 '납세고지와 유사한 성격을 갖는 것'도 포함된다고 해석하는 것은 조세법규에 대한 엄격해석 원칙에 비추어 허용될 수 없다.

| 예상지문 |

> 원천징수의무자인 법인에 대한 **소득금액변동통지**는 원천징수의무자인 법인의 납세의무에 직접 영향을 미치는 **조세행정처분**이다. (○)

부록

판례색인

[헌법재판소 결정]

헌재 1995.11.30. 93헌바32   213
헌재 1996.8.29. 95헌바36   167
헌재 2006.1.26. 2005헌마424   167
헌재 2010.7.29. 2009헌가25   102
헌재 2014.3.27. 2011헌바42   41
헌재 2018.5.31. 2015헌마476   282
헌재 2021.10.28. 2019헌바50   41
헌재 2022.1.27. 2016헌마364   167
헌재 2022.2.24. 2020헌가12   210
헌재 2022.9.29. 2018헌바356   41
헌재 2022.10.27. 2019헌바117   261

[대법원 결정]

대결 1962.3.2. 62두1   209
대결 2000.10.10. 2000무17   207
대결 2010.5.14. 2010무48   207
대결 2012.3.30. 2008모481   121
대결 2016.7.12. 2015모2747   121
대결 2020.11.3. 2020마5594   21
대결 2020.12.18. 2020마6912   103
대결 2022.2.11. 2021모3175   121
대결 2022.9.29. 2022마118   93
대결 2024.6.19. 2024무689   206
대결[전합] 2011.4.21. 2010무111   206, 207

[대법원 판결]

대판 1959.7.16. 4291민상437   209
대판 1976.1.13. 75누175   212
대판 1987.4.28. 86누887   212
대판 1987.9.22. 87다카1164   154
대판 1989.10.10. 88다카18023   218
대판 1993.2.12. 91다43466   154
대판 1993.3.12. 92누11039   228
대판 1993.6.11. 92누14021   18

대판 1993.8.24. 92누18054   209
대판 1993.11.26. 93누7341   205
대판 1995.6.13. 94다56883   227
대판 1995.6.21. 95두26   228
대판 1995.11.10. 93누16468   286
대판 1996.5.10. 95추87   245
대판 1997.3.28. 96누15022   221
대판 1997.9.26. 96누7649   286
대판 1997.12.12. 95다29895   161
대판 1998.6.26. 96누12634   91
대판 1998.12.8. 98두14112   34
대판 1999.2.23. 98두14471   209
대판 1999.3.9. 98두19070   19
대판 1999.8.20. 97누6889   228
대판 2000.3.10. 97누9918   39
대판 2000.3.23. 99다44823,44830   145
대판 2000.4.11. 99다23888   273
대판 2000.5.12. 99다70600   136, 152
대판 2000.5.26. 98두5972   55
대판 2001.3.9. 2000다29905   143, 144
대판 2001.4.24. 2000다16114   143, 144
대판 2001.6.29. 2000다17339   91
대판 2001.10.12. 2001다47290   143, 144
대판 2002.2.22. 2001다23447   134, 135
대판 2002.3.26. 2001두5927   241, 244
대판 2002.4.12. 2000두2655   60
대판 2002.8.23. 2002다9158   164
대판 2002.8.23. 2002두66   107
대판 2003.5.30. 2003다6422   93
대판 2003.7.11. 99다24218   144
대판 2003.10.10. 2003두5945   255
대판 2003.11.27. 2001다33789, 33796, 33802, 33819
   152
대판 2003.12.12. 2003두8050   126
대판 2004.9.23. 2003두1370   126
대판 2004.12.9. 2003다50184   136
대판 2004.12.10. 2003두3246   48
대판 2005.4.14. 2003두7590   228
대판 2005.6.10. 2005두1190   209
대판 2005.7.29. 2003두3550   23
대판 2005.9.9. 2003다29517   145
대판 2005.12.23. 2005두3554   212, 228

대판 2006.5.11. 2003다37969 93
대판 2006.6.9. 2004두46 19
대판 2006.8.25. 2004두2974 39
대판 2006.10.12. 2006추38 251
대판 2006.12.7. 2004다14932 145
대판 2007.4.12. 2005두15168 178
대판 2007.5.11. 2007두1811 222
대판 2007.7.13. 2005두8733 125
대판 2008.4.24. 2008두3500 183
대판 2008.6.12. 2007다64365 140
대판 2009.1.30. 2007두13487 202, 205
대판 2009.3.12. 2008두19321 60
대판 2009.6.11. 2007두25138 86
대판 2009.6.25. 2009다22037 218
대판 2009.12.24. 2009두7967 112
대판 2010.3.11. 2008두15169 221
대판 2010.4.29. 2009두17797 42
대판 2010.5.13. 2009두3460 212
대판 2010.7.8. 2007다55866 130
대판 2010.9.9. 2008다6953 260
대판 2010.9.30. 2009도3876 102
대판 2010.11.11. 2010도7621 282
대판 2010.11.25. 2008다67828 73
대판 2010.11.25. 2008두23177 86
대판 2010.12.23. 2008두13101 125
대판 2011.1.13. 2010두1835 112
대판 2011.4.28. 2011다12163 194
대판 2011.6.10. 2010두7321 183
대판 2011.9.8. 2009다65249 260
대판 2012.2.23. 2011두5001 202
대판 2012.4.13. 2010다94960 271
대판 2012.5.10. 2011두13484 70
대판 2012.5.24. 2012도1284 135
대판 2012.9.27. 2011두31970 31
대판 2012.9.27. 2011두31987 31
대판 2012.11.15. 2011다48452 135
대판 2012.12.13. 2010두20782, 20799 184
대판 2012.12.13. 2012두18202 196
대판 2013.4.11. 2011두12153 241
대판 2013.4.11. 2012추22 245, 248
대판 2013.6.27. 2009추206 252
대판 2013.7.12. 2011두20321 226

대판 2013.7.25. 2012두12297 260
대판 2013.9.12. 2011두10584 112
대판 2013.9.12. 2011두33044 192
대판 2013.10.24. 2013다208074 164
대판 2014.3.27. 2011두24057 278
대판 2014.7.24. 2012두23501 39
대판 2014.10.27. 2013다217962 136
대판 2014.11.27. 2014두37665 228
대판 2015.3.26. 2012다48824 136
대판 2015.7.23. 2012두19496, 19502 207
대판 2016.2.18. 2015두50474 221
대판 2016.7.27. 2014다227843 154
대판 2016.10.13. 2014다215499 143, 144
대판 2016.10.13. 2016다221658 225
대판 2016.10.27. 2015두41579 82
대판 2016.10.27. 2016두44711 107
대판 2016.11.10. 2014추19 242, 246
대판 2016.12.15. 2013두20882 121
대판 2016.12.15. 2015도10671 194
대판 2017.3.15. 2014두7305 121
대판 2017.3.15. 2016두55490 38, 73, 77, 82
대판 2017.4.13. 2015다16620 218
대판 2017.6.19. 2013두17435 212
대판 2017.7.11. 2016두35120 270
대판 2017.10.31. 2017두46783 82
대판 2017.11.9. 2015다215526 99
대판 2017.11.9. 2017다228083 132
대판 2017.12.5. 2016추5162 241, 242, 244, 246
대판 2017.12.13. 2014추644 248
대판 2018.3.13. 2016두35281 279
대판 2018.3.27. 2015두47492 205
대판 2018.4.12. 2013도6962 102
대판 2018.5.15. 2016두57984 54
대판 2018.5.15. 2017두41221 173
대판 2018.6.15. 2018두35681 173
대판 2018.6.28. 2015두58195 222
대판 2018.7.20. 2015두4044 173
대판 2018.8.30. 2017두56193 43, 44
대판 2018.9.28. 2017두47465 188
대판 2018.10.25. 2013다44720 139
대판 2018.10.25. 2016두33537 176, 177, 184
대판 2018.11.29. 2018두48601 61

대판 2018.12.27. 2018두49796   82
대판 2019.1.10. 2017두43319   39, 95
대판 2019.1.31. 2016두64975   110
대판 2019.4.11. 2018다277419   271
대판 2019.7.4. 2016두47567   71
대판 2019.7.11. 2017두38874   38
대판 2019.8.9. 2019두38656   209
대판 2019.8.14. 2016다217833   157
대판 2019.9.26. 2017두48406   54
대판 2019.10.17. 2018두40744   23, 40
대판 2019.11.14. 2018다233686   165, 166
대판 2019.12.13. 2018두41907   112
대판 2019.12.24. 2019두45579   82
대판 2020.1.16. 2019다264700   211, 222
대판 2020.2.13. 2017두47885   213
대판 2020.2.13. 2017추5039   243, 250
대판 2020.3.2. 2017두41771   288
대판 2020.3.26. 2017두41351   44
대판 2020.3.27. 2017추5060   252
대판 2020.4.9. 2015다34444   26
대판 2020.4.9. 2019두49953   203
대판 2020.4.9. 2019두61137   67, 176, 177
대판 2020.4.29. 2015다224797   139, 142
대판 2020.4.29. 2017도13409   103
대판 2020.4.29. 2017두31064   94
대판 2020.4.29. 2019두32696   171
대판 2020.4.29. 2019두52799   18
대판 2020.5.14. 2018다298409   97
대판 2020.5.14. 2019두63515   61, 219
대판 2020.5.28. 2017다211559   147
대판 2020.5.28. 2017두66541   50
대판 2020.5.28. 2017두73693   46
대판 2020.6.4. 2015다233807   140
대판 2020.6.11. 2019두49359   216
대판 2020.6.11. 2020두34384   71, 75
대판 2020.6.25. 2015다71726   260
대판 2020.6.25. 2018두34732   276
대판 2020.6.25. 2018두67251   235
대판 2020.6.25. 2019두52980   74
대판 2020.6.25. 2019두56135   227
대판 2020.6.25. 2019두57404   57
대판 2020.7.9. 2016다268848   160

대판 2020.7.9. 2017다56455   156
대판 2020.7.9. 2017두39785   76
대판 2020.7.9. 2020두36472   104
대판 2020.7.23. 2017두66602   110, 114
대판 2020.7.23. 2019두31839
    20, 34, 35, 77, 92, 117, 287
대판 2020.7.23. 2020두33824   18
대판 2020.7.23. 2020두36007   79, 111
대판 2020.7.29. 2017두63467   236
대판 2020.8.20. 2019두34630   87
대판 2020.8.27. 2019두60776   38, 39
대판 2020.9.3. 2019두58650   237
대판 2020.9.3. 2019두60899   71
대판 2020.9.3. 2020두34070   208
대판 2020.9.7. 2020두38744   276
대판 2020.10.15. 2017다278446   158
대판 2020.10.15. 2019두45739   77
대판 2020.10.15. 2020다222382   223
대판 2020.10.15. 2020두41504   22
대판 2020.10.29. 2017다269152   63, 68
대판 2020.10.29. 2017두51174   289
대판 2020.10.29. 2019두43719   266
대판 2020.11.12. 2017다228236   26
대판 2020.11.12. 2017두36212   47
대판 2020.11.26. 2020두42262   264
대판 2020.12.10. 2019다234617   98
대판 2020.12.24. 2018두45633   111
대판 2020.12.24. 2020두30450   196, 197
대판 2020.12.24. 2020두39297   53
대판 2020.12.24. 2020두46769   285
대판 2020.12.30. 2020두37406   238
대판 2021.1.14. 2019두59639   109
대판 2021.1.14. 2020두50324   179, 188
대판 2021.1.28. 2019다260197   153
대판 2021.2.4. 2015추528   232
대판 2021.2.4. 2017다207932   68
대판 2021.2.4. 2019다277133   98, 101
대판 2021.2.4. 2020두48390   105
대판 2021.2.10. 2020두47564   186, 188
대판 2021.2.10. 2020두48031   65
대판 2021.2.25. 2019두53389   73
대판 2021.2.25. 2020두51587   59

대판 2021.3.11. 2019두57831   83
대판 2021.3.11. 2020다229239   267
대판 2021.3.11. 2020두42569   119
대판 2021.3.25. 2020두51280   78
대판 2021.4.1. 2020도15194   103
대판 2021.4.15. 2019다244980, 244997   229
대판 2021.4.29. 2016두45240   233
대판 2021.4.29. 2020다280890   274
대판 2021.4.29. 2020두52689   290
대판 2021.4.29. 2020두55695   57
대판 2021.4.29. 2020수6304   259
대판 2021.5.7. 2018다256313   275
대판 2021.5.7. 2020두57042   48, 49
대판 2021.6.10. 2017다286874   154
대판 2021.6.10. 2020두55282   85
대판 2021.6.24. 2021두33883   120
대판 2021.6.30. 2017다249219   136, 151
대판 2021.6.30. 2021두35681   83
대판 2021.7.21. 2021두33838   149
대판 2021.7.29. 2015다221668   159
대판 2021.7.29. 2016다259363   90
대판 2021.7.29. 2018두55968   68
대판 2021.7.29. 2021두33593   56
대판 2021.8.12. 2015다208320   160
대판 2021.8.19. 2018두56404   128
대판 2021.9.16. 2019도11826   89
대판 2021.9.16. 2020추5138   247
대판 2021.9.30. 2020두48857   105
대판 2021.9.30. 2020두55220   129
대판 2021.9.30. 2021두34732   96
대판 2021.10.14. 2018도2993   106
대판 2021.10.28. 2017다219218   152, 283
대판 2021.11.11. 2015두53770   123
대판 2021.11.11. 2018다204022   170
대판 2021.11.11. 2018다288631   282, 284
대판 2021.11.11. 2021두43491   100, 200
대판 2021.12.10. 2018두42771   16
대판 2021.12.16. 2019두45944   175, 225
대판 2021.12.30. 2018다241458   189
대판 2021.12.30. 2021두45534   60
대판 2022.1.14. 2017두41108   107
대판 2022.1.14. 2019다282197   165

대판 2022.1.27. 2019다289815   66
대판 2022.1.27. 2019두59851   251
대판 2022.1.27. 2020두39365   69, 70
대판 2022.1.27. 2021다219161   225
대판 2022.1.27. 2021두40256   203
대판 2022.2.10. 2019두50946   217
대판 2022.2.11. 2021도13197   254
대판 2022.2.11. 2021두40720   209
대판 2022.2.11. 2021두45633   53
대판 2022.2.17. 2019두55835   108
대판 2022.3.17. 2019다226975   143, 144
대판 2022.3.17. 2019두35978   108
대판 2022.3.17. 2021다283520   270
대판 2022.3.17. 2021두53894   191
대판 2022.4.14. 2020두58427   234
대판 2022.4.14. 2020추5169   244
대판 2022.4.14. 2021두57667   271
대판 2022.4.14. 2021두60960   53
대판 2022.4.28. 2017다233061   151
대판 2022.4.28. 2019다272053   97
대판 2022.4.28. 2021두58837   221
대판 2022.4.28. 2021두61932   221
대판 2022.4.28. 2021추5036   241
대판 2022.4.28. 2022두30546   70
대판 2022.5.12. 2020두35592   199
대판 2022.5.12. 2022다200904   15
대판 2022.5.12. 2022두31433   86
대판 2022.5.13. 2018두50147   286
대판 2022.5.13. 2019두49199, 49205   221
대판 2022.5.26. 2021두45848   169
대판 2022.5.26. 2022두30539   279
대판 2022.5.26. 2022두33439   126
대판 2022.5.26. 2022두33712   220
대판 2022.5.26. 2022두34562   125
대판 2022.6.30. 2021두62171   93
대판 2022.6.30. 2022다209383   28
대판 2022.6.30. 2022추5040   245
대판 2022.7.14. 2017다266771   138
대판 2022.7.14. 2017다290538   132
대판 2022.7.14. 2020다253287   139
대판 2022.7.14. 2020두54852   199
대판 2022.7.14. 2021두46285   200

대판 2022.7.14. 2021두62287 94
대판 2022.7.14. 2022다206391 278
대판 2022.7.14. 2022두33323 115
대판 2022.7.14. 2022두37141 42
대판 2022.7.28. 2019두63447 185
대판 2022.7.28. 2021두60748 184
대판 2022.7.28. 2021추5050 250
대판 2022.7.28. 2021추5067 243
대판 2022.7.28. 2022다225910 163
대판 2022.8.25. 2020도12944 30
대판 2022.9.7. 2020두40327 32
대판 2022.9.7. 2021두39096 70
대판 2022.9.7. 2022두40376 72
대판 2022.9.7. 2022두42365 176
대판 2022.9.16. 2021다295165 134
대판 2022.9.16. 2021두58912 49
대판 2022.9.16. 2022다236781 135
대판 2022.9.29. 2018다224408 140
대판 2022.10.14. 2021두45008 107
대판 2022.10.14. 2022두45623 255
대판 2022.10.27. 2022도9510 129
대판 2022.10.27. 2022추5026 242
대판 2022.11.10. 2018도1966 128
대판 2022.11.17. 2021도701 102
대판 2022.11.17. 2021두44425 226
대판 2022.11.17. 2022다242342 270
대판 2022.11.17. 2022다253243 271
대판 2022.11.30. 2016다26662, 26679, 26686 282
대판 2022.11.30. 2019다216879 165
대판 2022.11.30. 2022두50588 31
대판 2022.12.1. 2019두48905 178
대판 2022.12.1. 2022두39185 29
대판 2022.12.29. 2020두49041 84
대판 2022.12.29. 2022다218585 110
대판 2023.1.12. 2020다210976 137
대판 2023.1.12. 2021다201184 138
대판 2023.1.12. 2022두56630 192
대판 2023.2.2. 2020다270633 138
대판 2023.2.2. 2020두43722 38
대판 2023.2.2. 2020두48260 179, 180
대판 2023.2.2. 2022다226234 260
대판 2023.2.23. 2021두44548 181

대판 2023.3.9. 2021다202903 166
대판 2023.3.9. 2022추5118 248
대판 2023.3.13. 2020두53545 257
대판 2023.3.16. 2022두58599 218
대판 2023.4.13. 2021다254799 263
대판 2023.4.13. 2022두47391 52
대판 2023.4.27. 2018두62928 196
대판 2023.4.27. 2020도17883 89
대판 2023.4.27. 2020두47892 180
대판 2023.6.1. 2019두41324 122
대판 2023.6.1. 2021다202224 143
대판 2023.6.15. 2022두66576 120
대판 2023.6.29. 2020두46073 212
대판 2023.6.29. 2021다250025 98
대판 2023.6.29. 2022두44262 210
대판 2023.6.29. 2023다205968 161
대판 2023.6.29. 2023두30994 61
대판 2023.7.13. 2016두34257 182
대판 2023.7.13. 2022추5149 249
대판 2023.7.13. 2022추5156 239
대판 2023.7.27. 2022두52980 127
대판 2023.7.27. 2023두35661 81
대판 2023.8.18. 2020두53293 47
대판 2023.8.18. 2021두41495 42
대판 2023.8.31. 2021다243355 88
대판 2023.9.14. 2023두37858 73
대판 2023.9.21. 2022두31143 34
대판 2023.9.21. 2023다230476 150
대판 2023.9.21. 2023두39724 110
대판 2023.10.26. 2018두55272 212
대판 2023.10.26. 2020두50966 17
대판 2023.11.16. 2022두61816 58
대판 2023.11.30. 2019두38465 217
대판 2023.12.14. 2023다248903 162
대판 2023.12.21. 2023두42904 215
대판 2023.12.28. 2019다300866 163
대판 2023.12.28. 2020두49553 224
대판 2024.1.4. 2022두65092 258
대판 2024.1.25. 2023두49172 173
대판 2024.2.8. 2020다209938 155
대판 2024.2.8. 2022두50571 201
대판 2024.2.15. 2023다295442 168

대판 2024.3.12. 2020다290569   145

대판 2024.3.12. 2021다224408   91

대판 2024.3.12. 2021두58998   193

대판 2024.3.12. 2022두60011   19

대판 2024.4.16. 2022두57138   197

대판 2024.5.9. 2023도3914   116

대판 2024.5.17. 2018다262103   130

대판[전합] 1984.2.28. 83다카1981   226

대판[전합] 1992.3.31. 91다32053   212

대판[전합] 1996.2.15. 94다31235   278

대판[전합] 2008.3.20. 2007두6342   228

대판[전합] 2009.9.17. 2007다2428   278

대판[전합] 2010.11.18. 2008두167   176, 179, 181, 184

대판[전합] 2012.11.22. 2010두19270   241, 248

대판[전합] 2019.11.21. 2015두49474   183

대판[전합] 2020.2.20. 2019두52386   198, 199, 200, 202

대판[전합] 2020.9.3. 2016두32992   14

대판[전합] 2021.3.18. 2018두47264   36

대판[전합] 2022.8.30. 2018다212610   136, 137

대판[전합] 2022.11.24. 2018두67   272

대판[전합] 2023.9.21. 2016다255941   133

[기타 판결]

대구지법 2024.1.10. 2023구단11356   115

MEMO

MEMO

MEMO